Taschenbuch 9

VON SPITZBUBEN, LIEDERLICHEN WEIBSMENSCHEN UND ANDEREN GALGENVÖGELN

Räuberbanden des 17.–19. Jahrhunderts

Herausgegeben von
G. E. KÖNIG & MICHAEL RUDOLF

1992
Verlag Weisser Stein
Greiz

Taschenbuch 9

Gartenweg 6, O-6600 Greiz
Gesetzt aus der Borgis Walbaum
Gesamtherstellung Offizin Andersen Nexö Leipzig

ISBN 3 928681 10 9

Inhalt

Quellennachweise

Der Text über Nickel List wurde entnommen aus: *Räubergallerie. Anonym, Celle 1718*; über die Köthner Bande aus: *Gründliche Nachricht von einigen Räubern und Spitzbuben. Pseudonym E.G.H., o.O. 1714*; über die Moselbande und Schinderhannes aus: *Actenmäßige Geschichte der Räuberbanden an den beyden Ufern des Rheins. Erster Theil. B.Becker, Köln 1804* (auch als Reprint d. Zentralantiquariates der DDR 1988); über die reußischen Gauner aus: *Die Kochemer Waldiwerei in der Reußischen Märtine oder Die Gauner und Gaunerarten im Reußischen Voigtlande und der Umgegend, ihre Taktik, ihre Aufenthaltsorte und ihre Sprache. D.Bischoff, Neustadt 1822*. Die Abbildungen stammen aus den jeweiligen Originalbüchern der Seiten 129 und 145 aus *Gründliche Nachricht* ..., der Seite 209 aus: *Actenmäßige Relation von denen beyden Schloßdieben Daniel Stieffen und Valentin Runcken. Berlin 1720.*

Verlag und Herausgeber danken dem Museum Schloß Burgk und dem Museum Hohenleuben-Reichenfels für die freundliche Unterstützung. Die Reproduktionen wurden von Renate Vogel angefertigt.

G.E.K./M.R.

Die Geschichte der grossen Inquisition, von Einbringung des Nickel Listens, Andreas Schwartzen, Christian Müllers und Christoph Panten in Celle, bis auf die erste Execution die an Christian Schwancken, Andreas Schwartzen, dem Regiments-Quartiermeister Peermann, Christoph Panten, Jürgen Kramern und dem Gotteslästerlichen Juden Jonas Meyer vorgenommen worden, das ist, vom 5. Jan. bis den 21. März 1699.

Die Haupt-Persohn, die nun bey der grossen Inquisition zugegen ist, ist der Weiland, seinem Vorgeben nach, gewesene Herr Johann Rudolph von der Mosel, jetzo aber der in dem einen Kercker des Weissen Hauses in Felsen gelegte, und mit Arm- und Bein-Stöcken wol verschlossene Nickel List. Ehe wir aber denselben in die Verhör-stube begleiten, und seiner Beichte und Bekänntniß zu hören, wollen wir von dieses Mannes Ankunfft, unlöblich geführten Wandel, und von allen Tugenden unselig genommenen Abschied etwas vorher abhandeln. Allein hier bedaure ich, daß ich bey seinem Lebzeiten nicht habe vorher wissen mögen, daß ich würde diese Geschichte und in selbiger seinen Lebenslauff schreiben. Es waren das zu der Zeit meine allerwenigsten Gedancken. Ich hätte sonst vieles von ihm und aus seinem Munde anmercken können, indem ich manchmal gantze Stunden bey ihm im Gefängniß gesessen, da er, wann ich meine geistliche Unterredung mit ihm geschlossen, gar gern von seinem Leben erzehlete, welches ich aber so groß nicht achtete, so fern es nicht zu meinem damahligen Zweck gereichte, der allein die Erkenntniß seiner Sünden, und andere zur Aufhelffung seiner in tieffster Reue zerknirschten Seelen nöthige Dinge angieng. Muß also nur das erzehlen, wessen ich mich noch erinnern kan, und was ich nechst dem in dem gantzen CORPORE ACTORUM* hin und wieder gefunden, und als kleine Stücklein und Brosamen zusammen getragen habe, auch was ich sonst aus andern gantz glaubhafften Berichten erfahren können.

Es war besagter Nickel List gebohren ums Jahr 1656. Sein Vater Hans List ist gewesen ein Tagelöhner zu Waldenburg, seine Mutter Magdalena Grentzin von Dorffkauffung bürtig. Besagtes Waldenburg ist ein Städtlein etwa 2 Meilen von Zwikkau an der Schneebergischen Mulde belegen, und denen Freyherren von Schönburg, die unter des H. Römischen Reichs Grafen und Herren in den Wetterauischen COLLEGIO ihren Sitz haben, zugehörig.

Von diesem hochherrlichen Geschlechte der Herren von Schönburg ist beyläuffig zu wissen, daß es schon vor langen Zeiten in grossem Ansehen gewesen. Der gemeine bekandte Stamm-Vater der jetzo blühenden Hauses ist Herr Ernst, welcher ums Jahr Christi 1483. gelebet, und die Herrschafften Glauchau, Hartenstein, Waldenburg und Lichtenstein beherrschet, zu welchem seine Gemahlinn Penig zugebracht hat. Jetzo theilet es sich in zwo Hauptlienien die Waldenburgische, (in welcher das nunmehrige Haupt der Familie Herr Otto Ludovicus den 16. Sept. 1643. gebohren ist) und die Penigsche, die sich wieder in den Remissauischen, Wexelburgischen und Penickischen Zweig erbreitet hat. Die ihnen gehörende Herrschafft Hartenstein ist gegen Schneeberg zu belegen, und von

* Aktenstoß

Herren Veit von Schönburg An. 1308. von denen Burggraffen zu Meissen erkaufft worden. In derselben ist Leisnig die Hauptstadt, und wird diese Herrschafft noch heutiges Tages von Chur-Sachsen, als ein Böhmisches Affter-Lehn, durch die Herren Grafen von Schönburg recognosciret.*

Zu Waldenburg nun ward Nickel List gebohren, und in seiner Jugend zur Schule gehalten, darinn er wegen seines fähigen und scharffen Ingenii was hätte fortbringen können, wann ihn nicht seiner Eltern Armuth den von GOtt verliehenen natürlichen Verstand auszuüben gehemmet hätte. Muste derohalben die Studia quitiren, und sich bey vornehmen Leuten in Dienst begeben; bey welchen er sich nicht unlöblich verhielt, bis er endlich an einen Gräfflichen Hoff kam, und bey seiner Aufwartung allda die Regeln der Reitkunst fassete, in welchen er ihm eine zimliche Übung erworben. Bey heran wachsenden Jahren begab er sich in Krieges-Diensten, und ließ sich unter die Chur-Brandenburgischen Truppen werben, unter welchen er Anno 1675. der berühmten ACTION bey Fehrbellin, hernach im Elsaß verschiedenen RENCONTRES** beygewohnet, auch den Zug in Ungarn wider den Erb-Feind mitgethan, und in der blutigen Belagerung der Haupt-Stadt Ofen mit gewesen ist. Weil er nun einen guten natürlichen Verstand und dabey viel Feuer hatte, so hielte er sich überall wol und klüglich, und zeigete, daß es ihn weder an Hertz noch Klugheit fehlete. Dahero sich nicht leicht jemand an ihm reiben mochte.

Des Krieges ward er endlich müde, verheyrathete sich derohalben, ließ sich häuslich nieder

* ausgekundschaftet
** feindliche Begegnungen

zu Ramsdorff, und trieb allda Wirthschafft. Dazumahl, wie er meynete zur Ruhe zu kommen, suchte er vor sein INGENIUM Speise und Nahrung, und verliebte sich in die Schrifften des tieffsinnigen PHILOSOPHI, THEOPHRASTI PARACELSI, und andere Chymischen Bücher, in Meynung daraus einige PRINCIPIA in der Artzney Kunst zu fassen, zu welcher er fast eine natürliche INCLINATION* hatte. Wie er dann einen zimlichen Vorrath von allerhand RECEPTEN gesammlet, auch einige Wissenschafft der Kranckheiten und dero Curirung ihm zu wege gebracht. Dahero er je zuweilen guten Freunden bey ihrer Unpäßlichkeit guten Rath gegeben, ihnen auch wol ein Recept verschrieben, sonst aber nichts als diesen Lohn davon gehabt, daß man ihn, wo er nicht recht bekandt war, vor einen DOCTOR hielt, ihn auch mit diesem Titel beehrete. Wiewol er öffters bezeuget, daß er sich davor niemahls selbst ausgegeben, und ihm der DOCTOR-Titel ohne seinem Willen und Begehren von denen beygeleget worden, die da gemeynet, daß der müste DOCTOR seyn, der ein Recept schriebe, und der ein Koch, der ein lang Messer trüge.

Es war aber sein Unglück, daß er Wirthschafft trieb, massen er durch solche Gelegenheit zu böser Gesellschafft, und mit verschiedenen Gaudieben in Kundschafft kam, und dadurch den Ursprung zu seinem Verderben legte. Unter welchen sonderlich ein abgedanckter Wachtmeister, und ein STUDIOSUS aus Oesterreich, des Satans Lock-Vögel waren, die ihn in ihr Netz verführeten.

Die bösen Buben verleiteten ihn, da er mit nach Mechelgrün ritt, etliche Meilen von Plauen im Voigtlande, da sie der Frauen von Tettau ihr Ge-

* Vorliebe

wölbe mit einem Brecheisen, gewaltsamer Weise aufsprengeten, und bey 5000 Thal. wegraubeten, wovon er zu seinem Antheil 1200 Thal. kriegte. Er hatte aber bey diesem Diebstahl wenig Glück, massen ihm die COMPLICEN vieles wieder wegnahmen, und über dem ein gewisser Kerl, der mit drum gewust hatte, seine Portion forderte, und weil er die andern nicht fassen konte, sich an ihm hielt. List gab demselben zwar zu seinem Theile 30 Thl. in Meynung, ihn damit von sich abzukauffen, er war aber damit nicht vergnüget, sahe seine Gelegenheit ab, und überfiel seine Frau in seinem Abwesen selb siebende. Diese 7. Plage-Geister quäleten sie rechtschaffen, liessen sich sieben Tage lang in Essen und Trincken wol tractiren, und wie sie mit der Speise, so die Frau aufsetzte, nicht zu frieden waren, suchten sie selbst im Hause herum, nahmen was sie funden, und zwungen die Frau, daß sie dem Kerl, der die PRAETENSION* machte, noch 30. Thal. denen übrigen aber jeglichen 6. Thl. an bahrem Gelde geben müssen. Und damit ritten sie davon.

Dabey bliebs nicht, sondern ein Unglück both dem andern die Hand, gestalten ihm einst des Nachts 6. bis 7. Kerl ins Haus brachen, ihn überfielen, die Hände ihm auf den Rücken bunden, und 320. Thl. an Gelde, samt seinen 2. Pferden, eines zu 60. das andere zu 36. Thl. wehrt, mit Gewalt weg raubeten, wobey ein Jude, des Schönen Bruder, und der Student aus Oesterreich mit gewesen. Den folgenden Tag ward er abermahls bestohlen, da ihm seine und seiner Frauen Kleider nebst einigen Türckischen Aspern, die er noch aus Ofen mitgebracht hatte, genommen wurden, wozu der Christian Müller versöhnlich mit geholffen, welcher

* Anspruch

auf den Hintritt einen silbernen Knopff in die Pistole solle geladen haben, weil, seiner Meynung nach, die Leute in Listens Hause feste wären.

Dieser Verlust setzte ihn in grossen Unmuth, deshalben er den Ort veränderte, nach Beutha ins Hartensteinische hinzog, und allda von dem übrigen, was er noch hatte, das dasige Wirthshaus kauffte. Er führete aber nebst seinen andern Unglücken eine ungerathene Ehe, und kam durch seiner Frauen Verthulichkeit und verdächtigen Umgang mit den Spitzbuben ferner gutentheils um das Seine.

Hie hätte er theils die Stimme GOttes sollen erkennen, die ihn zur Busse rieff, und sein Hauswesen klüglicher einrichten; Aber er verfiel auf einen andern Weg, und wandte sich zu den Spitzbuben, weil er sahe, daß ihr Handwerck Geld brachte, in Hoffnung bey ihnen sein Glück auch zu finden, und nach seinem erlittenen Schaden sich wieder zu erhohlen. Denselben nun wurd er ein willkommener Gast, weil er in Erfindung der Anschläge wegen seines scharffsinnigen Verstandes es ihnen allen fast zuvor that, in Ausübung aber der Unternehmungen und hertzhafften Muth den vornehmsten gleich war. Nach einigen abgelegten Proben kam er bald aus dem Gymnasio der ersten Lehrmeister zur Academia und hohen Schule der rechten Haupt-Diebe, das ist, zu den Juden, die ihm in ihrer DISCIPLINA ARCANI* die geheimte Anweisung thaten, die Schlösser abzudrucken, und nach der abgedruckten Figur, die Schlüssel zu machen und auszufeilen. Welchem Werck er dergestalt ferner nachdachte, und darinn durch seine Geschicklichkeit und grosse Fähigkeit es dahin brachte, daß er

* geheime Künste

in solcher Kunst auf die höchste Staffel kam, und seinen DOCTORIBUS es weit zuvor that. Dahero dieselbigen, wenn es hauptsächlich auf Bereitung der Schlüssel ankam, sich seiner Hülffe gern gebrauchten, und ohne ihm nicht leicht in solchen Fällen was wichtiges vornahmen. Hierzu war das Löthen nöthig, weil man nicht überall einem Schmiede das Werck vertrauen durffte. List ersann auch dazu seinen Handgriff, und hatte seine eigene kleine Machine und Blasebalg bey sich, so er in den Wirthshäusern auf seiner Stuben gebrauchen konte; womit er aber so heimlich pflegte umzugehen, daß er auch dem Andreas Schwartzen, seinem nachmahligen treuen Gefehrten, nicht einst vergönnen wollen, der Arbeit beyzuwohnen, und zuzuschauen. Bey denen Vorhänge und Hehleschlössern brachte ers dahin, daß er dieselbigen mit solcher Behändigkeit und Geschwindigkeit aufmachen konnte, daß es versichert zu verwundern war. Ich habe davon selbst eine Probe gesehen, den Tag vor seinem Tode, da er auf Begehren einer vornehmen Obrigkeitlichen Person, (welche mich, da ich eben im Weissen Hause eine Besuchung der armen Sünder verrichtet, und den LIEUTENANT dem die Oberaufsicht auf die Wachen bey den Gefangenen anvertrauet war, mit zu ihm hinein zu nehmen beliebte) sich von seinen Banden los machte. Denn da machte er in unserer dreyer beysein (weil die andern, so die Wache hatten, aus erheblichen Ursachen so lange für die Thür zu treten befehliget wurden) die Ketten an den Händen und Füssen in Geschwindigkeit loß. Bey dem Schloß an seinen Händen brauchte er nur einen Bindfaden, und bey dem grossen Hehlenschloß an seinen Füssen nur einen kleinen Pflock; über welche OPERATION, die doch gantz natürlich zugieng, man gewiß erstaunen muste. Man hat sonst viel Geschwätz gehabt, als thäte er derogleichen Dinge durch Zauberey und Magische Künste. Allein er wuste von solchen Dingen nichts, und bestand die grösseste Heimlichkeit aller seiner MAGIE in seinem hurtigen Verstande, und der Geschicklichkeit seiner Hände. Dieses heillose Werck hat er getrieben, nur etwa 5. Jahr. Nach dero Verflissung war sein PERIODUS zum Ende. In so weniger Zeit aber hat er durch seine Handgriffe manche Gotteshäuser erbrochen, manche Schätze der Armen geraubet, und manche Gewölbe reicher Leute bekümmert. Wiewol er von seinen vielen und wichtigen Diebereyen wenig gehabt, und das Geraubte entweder durch die Flucht bey der Nachjagt verlauffen müssen, oder es ist ihm dasselbe durch andere Gaudiebe wieder gestohlen, oder die Juden, an die er das Gestohlne verhandelt, haben ihn nach ihrer uhralten Gewohnheit mercklich betrogen, und den meisten Vortheil davon gezogen, über dero grosse Tücke, Falschheit und Verrätherey er offtmahls geklaget. So bald er nun oberzehlter massen unter die schnöde Gesellschaft der Diebe sich begeben, zog er zwar seiner neuen Profession nach, man sahe ihn aber davor noch nicht an, der er war, so wol wuste er seine Persohn zu verstellen. Er gab sich dazumahl vor einen Pferdehändler aus, schweiffete unter dem Vorwand Pferde aufzusuchen, und mit selbigen zu handeln, hin und wieder im Lande herum, und hatte seine öfftere Ablage bey Caspar Starcken, der zu selbiger Zeit seine Wohnung hatte zu Oberheinsdorf, unter des Herrn Adam Friedrich Metzschens auf Reichenbach und Friesen Ober-Gerichten, welcher Starcke nebst seinem Sohn Christian wegen angeschuldeter Diebereyen zu Reichenbach zwar schon vormahls inhafftiret, und durch Verhalten in der Tortur sich wieder frey gemachet, nachgehends aber An. 1699. im Junio, da sie beyderseits durch zweener, in dem Frey-Herrlichen Schönburgischen Ampte Lichtenstein justificirter DELIQUENTEN Barthols und Zacharias, der Röhnerte Uhrgicht, und sonsten anderweit graviret, wiederum in gefängliche Hafft, und zur Inquisition gezogen worden.

Anno 1694. den 4. Novembr. halff er nebst Schillingen, und andern Bösewichtern den grossen Diebstahl vollbringen in des nunmehro sehligen Freyherren von Meußbach, Herren Johann Georgii, Römischer Käyserl. Majestät Reichs-Hoffraths und Pfennigmeisters auch Chur-Sächsischen Kammer-Herrns Schlosse zu Braunsdorf, zwischen Gera und Schleiz, im Fürstl. Zeitzischen TERRITORIO belegen. Artzhäusel war der Angeber davon der von einem Büttel bey Moisebach die Kunde gekriegt. Ein gewisser Cammerdiener war auch mit interessiret. Schilling führte sie hin; der Fourier Christian Bremer blieb bey den Pferden, Hanß Mey, der lange Henning, und noch ein Baur, Hans genandt, bewachten den Hoff, List aber und Schilling krochen zum Fenster hinein, traten in die offen gefundene Kammer, und raubten aus derselben nebst einer güldenen Uhr, deren oberster Deckel mit Diamanten und Smaragden versetzet gewesen, sehr viel Silber-Geschirr an Kannen, Schwengkesseln, Gießbecken, Leuchtern, Tellern, Löffeln etc. so man insgesamt an die 4000. Thl. æstimiret. Wovon List zu seinem Theil 8. Pfund Silber bekommen, welche er das Pfund vor 13. Thl. wieder losgeschlagen, und also insgesamt 104. Thal. empfangen.

Etwa im Jahr 1695. halff er nebst dem Corporal Bartheld, Gottfried Müllern, Schillingen, Hanß Hinrich Henningen (so allbereit tod) und Christian

Bremern dem FOURIER den Diebstahl an dem Floßverwalter zu Halle, (welchen Hanß Wolff Ekkert angegeben) mit ausüben, da sie wol 8. Wochen vorher hingewest, und die Gelegenheit besehen. Einer von ihnen, Gottfried Müller, kroch dazumahl von hinten durch die Hinter-Thüre, machte die Thüre auf, und nahm den Abdruck von den Schlössern der Hinter- und Gewölbethüre. Sie reiseten darauf wieder weg, und List verfertigte die Schlüssel. Wie nun selbe fertig, und zur würcklichen Verrichtung alles bereit war, zogen sie wieder hin, stelleten den Henning bey die Pferde, giengen zusammt hinein, funden allerhand harte Thaler, Schaustücke, Silbergeschirr, Ringe, Perlen und andere Kostbarkeiten, mit welchen sie auf Aschersleben zu ritten, und selbige vorm Thore im Zollhause theileten. List bekam davon einen Ring, zwey doppelte Thaler, etwas Silbergeschirr, zwey Schnüre Perlen und eine Brasselette* von Perlen. Wie auch Schilling von dem Raube vieles untergeschlagen, solches aber List gewahr worden, bekam er noch von selbigem in Vertrauen 7. Ducaten, welches aber nicht lange bey ihm daurete, massen die doppelte Thaler in Böhmen bald wieder fortgiengen. Die Perlen schlug er einem ihm unbekandten Juden zu Berlin vor 18. Thl. auch liederlich loß, und das übrige fand auch bald seinen Weg.

Weil er nun seiner Dieberey halber hin und wieder herum schwebete, und der Ruff davon sich begunte nachgerade zu erbreiten, seine Wohnung auch zu Beutha ein rechtes Diebes-Nest ward, dahin die Spitzbuben zusammen flogen, als ward in den Freyherrlichen Schönburgischen Gerichten zu Hartenstein beschlossen, sich seiner zu versichern,

* Armband

und An. 1696 etwa um Ostern der Landrichter nebst 22. Mann beordert, ihn in gefängliche Hafft zu nehmen, die sich auch dero Behuff nach Beutha vor sein Haus machten. Wie er aber solche seine Fänger sahe ankommen, und unter denselben den Landrichter, auf welchen er ohnedem einen Verdruß hatte, nahm er die Pistole von der Wand, um nach ihn zu schiessen, der Landschöppe aber zu Hartenstein Christoph Kneuffler, wie er solch Vorhaben merckte, wolte ihm die Pistole ausschlagen, um Unglück zu verhüten, hatte aber selbst das Unglück, daß die Pistole loß ging, ihn selbst traff, und durch den Leib tödtlich danieder schoß, da sonst der List gar nicht in willens hatte, denselbigen zu beschädigen. Drauf nahm er die andere Pistole, und schoß zum Schrecken ins blinde zum Hause hinaus, da er abermahls Unglück anrichtete, dem Hoff-Schlächter zum Hartenstein, Gottfried Locardten, durch den Hals traff, und übern Hauffen warff. Worauf die andern 20. Kerl davon lieffen, und zur Flucht Zeit und Gelegenheit gaben. Er hat diese beyde Entleibung jederzeit sonderlich mit grosser Reue und Zerknirschung beweinet, und sie immer für die allergrösten Sünden gehalten, die er sein Tage begangen. Er meynete, er würde auch dazu nicht gekommen seyn, wann er nicht des vorigen Tages mit seinen Complicen gar starck getruncken, und aus der Böllerey dazumahl noch gantz unruhig, wild und verstört im Kopffe gewesen wäre. Es ward sein Haus darauf von den Einwohnern abgebrochen, geschleiffet und der Erden gleich gemacht, zum Schimpff und unsehligem Gedencken ihres so heillosen und unartigen Nachbarn. Weil er nun dadurch, wie ein ander Cain, muste unstet und flüchtig seyn, und nach dem Seinen nicht wiederkehren durffte, so ergab er sich vollends der Dieberey und allem unordentlichen Leben, hielt sich sonderlich um Leipzig herum auf, da die jährliche Messen der Spitzbuben Lockspeise seyn, und fing nunmehro an vom stehlen und andern Sünden rechte PROFESSION zu machen. Und da wurd weder Kirche noch Armen-Kasten mehr verschonet.

Um MICHAELIS gab er davon, selb siebende, ein Exempel an der Kirche zu Hof im Voigtlande, von dannen er nach der hand, wie sein Maaß voll gewesen, hieher gebracht worden. C. Müller und der kleine Leopold hatten dazu die Gelegenheit ausgesehen, und es der Gesellschaft offenbahret, so damahls aus Christian Müllern, dem kleinen Leopold. langen Hanse, Kessel-Petern, Gottfried Müllern, Hahntoffeln, und dem Nickel List bestanden. Wiewol die Inquisiten wegen des langen Hansen und Hahntoffeln sich nicht recht vergleichen konnten, ob sie dabey gewesen, und an des einen statt den Corporal Barthel substituirten. Wie sich nun die Rotte deswegen versammlet, nahmen sie eine Leiter in der Vorstadt von einem Hause weg, setzten sie ans Fenster, stiegen hinein, und brachen 2. Kisten mit ihren bey sich führenden Brecheisen auf, und nahmen Geld und Kleider heraus, welches sie im Holtze unter sich vertheileten. Dazumahl bekam Nickel List, so viel er sich nachgehends noch erinnern kunnte, für seinem Antheil etwa 40. Thl.

In ermeldetem Jahre noch vor der Leipziger Michaelis-Messe im Septembr. gieng der Anschlag auf Herrn Hieronymus Pittmann, Raths-Verwandten und Gold-Arbeitern in Altenburg, welchen der zu Helffte in Hafft gerathene lahme Fendrich angegeben, Christian Müller aber nebst Corporal Barthels die Gelegenheit dazu ausgesehen. Wie sie nun zu Stedten, (denn da pflegte sich schon zu der Zeit die Bande zu versammlen,) die Abrede genommen, reiseten List, der grosse Schöne, der Corporal, Gottfried Müller, Kessel-Peter, und der kleine Leopold zur Ausführung dahin, liessen Schönen und Gottfried Müllern bey den Pferden, und krochen von hinten zu durch das Wasserloch in der Stadt-Mauer in die Stadt, schlossen die kleine Thür im Thorwege auf, giengen ins Haus, das sie unverschlossen funden, nahmen ihr Brech-Eisen zur Hand, und erbrachen damit die Gewölbe-Thüre, die mit einem Vorlege- und noch einem andern Schlosse verwahrt war. Worauf die andern auf dem Hofe und vorm Thore stehen blieben, und Listen nebst dem Corporal hinein schickten. Diese eröffneten die im Gewölbe stehenden Kisten, funden allerhand Silberwerck, viel Ringe mit Diamanten, und allerhand Edelgesteinen, so auf Kartenblättern sassen, nebst Ohrenringen, Brasseletten, Knöpffen in die Hembder, Rosen, und dergleichen; unter andern 3. Ringe, bey welchem der Preiß gezeichnet, das jedes 80. Thal. werth sey. Dieses alles, so insgesamt bey die 3000. Thal. austrug, nahmen sie heraus, stecktens in einen Quersack, versiegeltens, setzten sich wieder auf ihre Pferde, und ritten damit nach Halle. Sie funden aber einen Juden, A. M., welchen sie alle Edelgesteine vor gar geringes Geld verkaufften. Der Jude fand sich auch in seinem Gewissen eben nicht verbunden, den Kauff auszuschlagen, den ihm zu seinem grossen Vortheil die Gojim* anboten, ohnerachtet man ihm deutlich gnug sagte, daß die Sachen in Altenburg gestohlen.

Denselbigen Herbst gieng die Reise nach Zerbst,

* Nichtjuden

allwo ein Goldspinner herhalten muste. Christian Müller war der Anführer, und die Gefehrten nebst Listen, der Corporal Barthels, Gottfried Müller, der kleine Leopold, und Hahntoffel. Christian Müller und einige mehr blieben bey den Pferden, List aber und die andern stiegen auf einer Wagenleiter über die Mauer in die Stadt, funden die Fenster-Laden an dem gesuchten Fenster offen, beugeten einen eisernen Stab, der schon etwas loß war vollends aus, und liessen Listen und den Corporal hinein steigen; welche in der Stube allerhand gesponnen Silber und andere Sachen funden, und solches in die Quersäcke steckten. Sie ergriffen aber auch ein ziemlich schweres Stück, worüber sie sich sehr erfreuten, und es in ihrem Sack mit steckten, in Meynung es wäre klares gegossenes Silber. Wurden aber hernach in ihrer Meynung mächtig betrogen, da sie den Schatz recht ansahen. Dann da erblickten sie zwar Metall, aber zu ihrem grossen Leidwesen, hatte sichs in Kupffer verwandelt. Und mit kupffern Beuthen war ihnen überall wenig gedienet. Das geraubte muste auch nach Halle, allwo sich der vorige Jude Afs. M. zum Kauff wieder anfand. Des Listens Antheil belieff sich wieder gegen 40. Thl.

Den darauf folgenden 21. Octobr. giengs nach Arnstadt. Obgemeldeter lahme Fendrich Werthal war einst in des dasigen Kramers Johann Wilhelm Magens Behausung gewesen, hatte aus dem Laden was gekaufft, und zugleich die Gelegenheit ausgesehen. Solches hatte er der Compagnie, die eben gewöhnlicher massen zu Stedten, bey ihrem Wirth, der seiner Profession nach ein Wagenmacher ist, sich aufhielt, angemeldet. Die Resolution war bald gefasset, denn die Sache lieff in ihre Profession. List, als Professor privatissimus doch Ordinarius, führte abermahls den Troupp. Ihn begleiteten der

Corporal, Christian Müller, des Wirths Sohn Hans Ernst Buttelstedt, der kleine Leopold, Gottfried Müller, Kessel-Peter und Hahntoffel. Diese ritten gegen die Nacht von Stedten weg, und gleich auf Arnstadt zu, nahmen einen ledigen Wagen mit, liessen denselben eine Meile von der Stadt in einem Busche stehen, kamen um Mitternacht vor Arnstadt, liessen die Pferde dichte vor der Stadt vorm Thore, stiegen über die Pallisaden, kamen vors Haus, und weil sie mit ihren Dietrichs die Thüre nicht schliessen konnten, machte Nickel neben der Thür, so nach dem Holtzmarck gieng, ein Loch in die leimerne Wand, und zog den Riegel vor der Thüre weg, griff darauf nach seinen Brecheisen, und öffnete den Laden. Aus demselben nahmen sie die drinn liegende Waaren an allerhand seidenen und kostbaren Stoffen, Band, güldenen und silbernen Gallonen, und dergleichen, nebst etwann 30. Thaler an bahrem Gelde weg, legten die Sachen bey sich auf ihre Pferde, und ritten wieder nach dem Busch zu, da sie die Sachen auf den Wagen legten, und damit gleiches weges auf Halle nach ihrem bekandten Freunde, Assur Marx zuführen. Mercklich ists bey diesem Einbruch, daß da der Kramer nebst seiner Frauen nechst an dem Kramgewölbe schlieffen, auch ein Nachtlicht bey sich brennen hatten, und sich fast nichts sonst regen kunnte, so sie nicht höreten, überdem auch beyde sonst keinen festen Schlaff hatten, dennoch der List mit seiner Gesellschafft den Zweck erreichet. Man meynete zwar, es hätte solches durch natürliche Mittel unmöglich zugehen können, allein es blieb Nickel List immer beständig dabey, daß er von dergleichen Dingen nicht die allergeringste Kundschafft hätte, auch von solchen nie etwas gebrauchet. So ist dann leicht zu schliessen, daß er sein Werck mit gantz ungemeiner Geschwindigkeit und Stille habe verüben können.

Hernach und zwar einige Nächte vor dem Christ-Feste, begieng er nebst dem Schönen ohne Daumen, dem kleinen Gottfried, kleinen Hanß, dem Fourier (den sie auch wol den Hahntoffel hiessen) und Kessel-Petern, den Gewaltsamen Einbruch auf der Pfarre zu Schlettau, nahe unter Halle belegen. Unterwegens traffen sie in dem Teutschen Thale bey Halle den Andreas Luci, den man sonst den Drachenstüber nandte, an, und nahmen denselben auch mit. Ritten also insgesamt nach Schlettau zu, nahmen das Fenster aus, in welches List selb vierdte hinein stieg, das Haus aufmachte, und den Drachenstüber auf die Dihle zur Schildwache hinstellete. List hatte seinen Degen an der Seite, und sein Brecheisen in der Hand, die übrigen hatten auch ihre Degen, und nechst denselben ihre Pistohlen bey sich, ausser einem, der bey den Pferden bleiben muste. Sie stiegen die Treppe im Hause hinan, erbrachen das Schlaffgemach, und indem List die Kasten eröffnete, hielten der kleine Frantz, Gottfried Müller, und Kessel-Peter den Prediger nebst seiner Frauen im Bette, und Schöne die Magd. Sie befestigten auch mit einem Block von aussen noch eine Kammer, in welcher sie Leute vermutheten. Indem aber die Frau erbärmlich anfing zu schreyen, um desto mehr, da sie ihren Mann droheten aufzuhengen, hörten das zweene Bauren, die vorbey giengen. Dieselbe lieffen so fort nach dem Dorffe zu, und machten Lärmen, welches der Drachenstüber seinen Complicen ungesäumet anzeigete; die sich anfänglich nichts daran kehreten. Wie sich aber die Bauren näherten, sagt es ihnen der Drachenstüber zum andern mahl, und lieff davon. Die Diebe machten sich auch darauf zur Flucht fertig, wie sie gewahr wurden, daß die Bauren ihnen näher auf den Hals kamen. Einer aber von ihnen, der etwas zurücke blieb, (List meynte, es wäre Schöne gewesen) gab Feuer unter die Bauren. Unter welchem Lärmen sie endlich alle davon kamen, und das geraubte Geld mitkrigten. Sie ritten damit auf ein Dorff nahe bey Buttstedt, anderthalb Meil von Eckartsberga, und theileten die Beute, da sie den Drachenstüber für seine gehaltene Schildwache 2 SPECIES Thaler und etwa 18. Thl. an klein Gelde abgaben.

Und nunmehro begundte die Bande all entsetzlich zu werden, indem sie nicht nur ausgiengen zu stehlen, sondern dafern man sie deswegen bekümmern wolte auch zu würgen und umzubringen. Solches bewiesen sie zu Rosian im Hertzogthum Magdeburg unweit Lohburg etwa 4 Meilen von Magdeburg belegen, allwo die beyden Schönen, so der Orten bekandt waren, einen Diebstahl angaben. Nickel List, ermeldete Schönen, der kleine Leopold, Christian Müller, und der kleine Gottfried ritten zu dem Vorhaben dahin, und nahmen den Drachenstüber abermahls mit. Wie sie aber des Nachts daselbst auf der Streu lagen, trat der Voigt nebst etlichen Bauren in die Stube, und kündigte ihnen von wegen des Amptes Lohburg den Arrest an. Wie aber, sich zum Arrest zu bequemen, ihre Gelegenheit gantz nicht war, die Bauren dahero wacker auf sie schlugen, griffen sie zum Gewehr, und tathen drey Schüsse, wodurch sie den Voigt übern Hauffen warffen, sich auf ihre Pferde setzten und davon randten. Der Drachenstüber, der inzwischen aus Angst unter den Tische gekrochen, kam auch wiewol ohne Hosen davon, bey welcher Flucht Nickel List den übrigen zurieff, sie solten nur die Degen verwendet in die Scheide stecken, und umkehren, und sich nur nichts fürchten, weil er wol eher gehöret, daß, wenn man solches thäte, sich diejenigen verirreten, so einen verfolgten. So war denn der Anschlag zu Wasser.

Aber zu Gommern, 2. Meilen von Magdeburg, einem Chur-Sächsischen zum Burggraffthum Magdeburg gehörigen Ampt und Städtlein an der Ehle, die von Lohburg herab nach der Elbe zugelauffen kommt, waren sie um Weynachten 1696. etwas glücklicher in ihrem Vornehmen. Ein gewisser Soldat, der hernach vor Ofen blieben, hatte ihnen daselbst zum Diebstahl Gelegenheit gegeben, worauf List, der grosse Schöne, der Drachenstüber, und Kessel-Peter sich dahin machten, den Drachenstüber bey den Pferden liessen, in die Amptstube giengen, den Tisch-Kasten mit einem Dieterich eröffneten, und das darinn gefundene Geld nebst noch etwas Gelde, so sie auf einem Brete erblickten, zu sich nahmen, davon einem jeden zu seinem Antheil 30. Rthl. zufielen. In der Kammer waren sie noch viel Geld vermuthen, im massen List deswegen auch die Thür eröffnete, und hinein gehen wolte. Weil er aber eine Persohn in Bette liegen, und bey derselben ein Licht stehen sahe, so liessen sie es vor dieses mahl bey der erlangten Beute bewenden.

Zu Zeiten war die Beute noch schlechter. Sie musten sich damit denselbigen Winter begnügen, als sie zu Allstedt unweit Jena einen Kürßner besuchten, und sich mit Peltzwerck gegen die Kälte zu verwahren gedachten. Hornickel (so nandten sie den zu Hof gehenckten Krausen) gab diesen Diebstahl an. List war mit der EXECUTION fertig, und nahm von seinen Nachtgeistern den grausam klingenden Drachenstüber, Hornickeln, kleinen Leopold, Gottfried Müllern, Kessel-Petern, und den Fourier mit sich, mit welchem er von Teutschenthal weg ritt, sein Vorhaben auszuführen. Zweene, der kleine Leopold, und der FOURIER blieben bey den Pferden, und Drachenstüber stund etwas von ferne auf der Schildwache, davor er hernach zu seinem RECOMPENS* eine Mütze, und etwa drittehalb Thaler an Gelde bekam. Worauf List die Hespe an der Thüre ausborete, und seinen Cameraden zur Raubung des Fellwercks den Weg öffnete. Etwas davon behielten sie, das übrige kam wieder nach Halle, da der mehr gemeldete Mann, der sich von den Leuten herschrieb, die Moses aus Egypten geführet, diesen Gojim aus Mitleiden wieder aus der Noth halff, und ob sie ihm gleich ihre Noth klagten, daß die Wahre gestohlen sey, sich dennoch erbarmete, sie von dem Geschleppe abhalff, und an dessen statt etwas leichters Silber, das besser fortzubringen war, so viel er meynete, daß ihnen dienete, entweder zur Zahlung, oder, weil er alles sehr schlecht bezahlete, zu einer Reuter Zehrung mit auf dem Weg gab, da denn ein jeder über 3. Thl. nicht viel kriegte. Will man wissen, wie dieser Mann heisset? Es dienet dem Leser im höchsten Vertrauen zur Antwort. Er heisset Assur Marx. Seiner werthen Person ist schon mehr gedacht, und gleich jetzo werden wir seiner wieder gedencken. An. 1697. etwa im Frühling bekam ein Kramer zu Schaffstädt, eine Meile von Querfurth, und zwey von Halle die Visite. Der kleine Leopold war der Angeber, die EXECUTORES aber Nicol List, Hans David Schilling, der kleine Gottfried, und Leopold der BAAL DABHAR oder Angeber. List blieb dasmahl bey den Pferden, die andern aber raubten Linnen und anderes Zeug, welches der Jude Assur Marx, (des Listens Aussage nach) in Halle, wel-

* Entschädigung

chem er ausdrücklich gesagt, daß die Sachen gestohlen, an sich kauffte. Dennoch behielt ein jeder ein paar Stücke Linnewand für sich. Ein jeder ward um 10. Thaler dasmahl reicher.

In Aug. desselben Jahres galts Christoph Petzschen, dem Schencken zu Zwochau, einem Dorffe des Amts Delitzsch, etwa 3. Meile von Halle. Nickel List nahm den Buttelstedt und noch 3. von seiner Gesellschafft zu sich. Diese zusammen ritten am 4. Aug. aus, und kamen des Abends um Grebehna, bunden des Nachts ihre Pferde hinter Zwochau an die Weiden, machten nebst der Hausthüre ein Loch, und giengen durch eine eiserne Thüre ins Gewölbe. Jederman verwunderte sich, wie diese Geister durch die eiserne Thüre dringen, und selbige ohn alle Verletzung erbrechen können. Aber man wuste nicht, daß der Schlüssel einsmahls in der Thüre stecken blieben, und von diesen Gesellen so fort in Wachs abgedruckt worden, welche nach dem Abdruck ihnen auch einen Schlüssel bereitet. Denn da gieng der Durchgang durch die eiserne Thüre gantz natürlich zu. Die Beute bestand aus ohngefehr vier- bis fünffhundert Thalern bahres Geldes, an Ducaten und andern Speciebus, auch verschiedenen Schaustücken und Kleiderwerck.

Um diese Zeit begabs sichs, daß Andreas Schwartze, wegen einer bey Leipzig geschehenen Entleibung, ausweichen muste, auf dem Wege aber den Fuß verrenckte, und zu Stedten ins Wirthshaus kam, sich allda wieder zu erhohlen. Bey der Gelegenheit gerieth er mit Listen in Bekandschafft, der ihn davor ansahe, welcher er war. Und weil er bey ihm eine ungemeine RESOLUTION und ACTIVITÄT verspürete, nahm er ihn in seine Dienste, und begunte einen Staat zu formiren. Sich selbst nandte er Johann Rudolph von Mosel, weil er auf solche Weise gedachte für der Nachspürung aus dem Hartensteinischen desto gesicherter zu seyn, auch nunmehro Lust hatte, sich als ein Edelmann aufzuführen; seinem neuen Diener aber, der, seiner Pferde Wärter, und treuer Geleitsmann seyn solte, welcher aber auch nicht gerne ein blosser Knecht seyn wolte, gab er den Titel vom Jäger, und die damit accordirende Mundirung, und machte mit ihm den Vergleich, daß er ihm sein Pferd und Kost wolte halten, und dafür bey den Diebs-Portionen das ihm, dem Schwartzen, zufallende Antheil halb zu sich nehmen. Hierauf zog man ferner der PROFESSION nach, weil Herr und Knecht gerne was gutes essen, und die Pferde auch nicht schmachten wolten.

Um Jacobi, 1697. ward der Herr von Mosel, oder der bey den Gaudieben in grosser REPUTATION stehende Nickel List von einem der Cameraden, (welchem zweene Studenten, Brückner und Malsius einen Diebstahl im COLLEGIO zu Leipzig an Herr Prof. Pfautzen zu begehen angegeben,) nach Leipzig beruffen, den Diebstahl auszuführen. Die VOCATION* vermochte er nicht auszuschlagen, zog also hin, legte eine Leiter ans Stubenfenster, stieg hinein, öffnete das verschlossene und versiegelte Cabinet mit einem Messer, und Brecheisen, erbrach einen allda verhandenen Kasten, nebst einen in der Wand stehenden Schrancken. Allein, O des unverhofften Anblicks! er fand nichts als Briefe, damit ihm wenig gedienet war. Und bedaurete er sein Unglück, daß er eine vergebliche Reise und Mühe gehabt hatte.

Kurtz vor der drauf folgenden MICHAELIS Messe

* Berufung, Einladung

ersetzte er diesen Schaden zu Lindenau auf des von Minckewitz seinem Gute, da er selb fünffte, dem kleinen Leopold, Gottfried Müller, Hirtentoffel, und Schillingen, nachdem ihnen ein gewisser Müller des Nachts beym Mondenschein die Gelegenheit angewiesen, und zweene Wirthe die Anlaß mir gegeben, sie auch zum grossen Hahn ihre Abrede genommen,) dahin geritten. Zweene von ihnen, Schilling und Hirtentoffel, hohleten aus dem Dorffe eine neue Leiter, legten sie über den Graben, der um das Schloß gieng, nahmen Bretter bey der Mühle, deckten sie auf die Leiter, und giengen hinüber. Wie sie an die lebende Hecke kamen, schnitten sie mit dem Messer ein Loch dadurch, zogen ein Brett aus einer Plancke und drungen dadurch hinein. Vor der Kammer funden sie ein eisern Gitter, dasselbe brachen sie mit einem Baum mit Gewalt hinweg, da dann List, der kleine Gottfried und Leopold hinein krochen, eine grosse höltzerne Kiste, wovor ein grosses Hengeschloß und inwendig ein grosses Plat-Schloß war, eröffneten, vermittelst einer Winde, derogleichen die Fuhrleute bey ihren Wagen gebrauchen, steckten das Geld und was sie funden in zweene Quer-Säcke, Gottfried reichte es Schillingen aus dem Fenster zu, da es dann diese beyde nach den Pferden brachten, damit sämptlich nach einem Busche bey Wurzen ritten, und es unter sich theileten. Für die beyden Wirthe und dem Müller nahm der kleine Leopold 3. PORTIONES, vor jeglichen 100. Thaler zu sich, nahm sie mit auf Leipzig mit der Versicherung, daß er sie ihnen wolte zustellen. Welches er denn, seinem nachmahligen Vorgeben nach, auch würcklich gethan. Nach Abzug dieser 300. Thal. bekam ein jeder von den fünffen, und also auch List an Gold und Silber bey 800. Thal.

In der MICHAELIS Messe bekam er von obgemeldeten beyden STUDIOSIS, dem Brückner und Malsio, VOCATION wieder nach Leipzig, in Herrn Fleischers Hause ihrer Art und Gewohnheit nach eine Veränderung zu machen. Es gieng also List mit einem Stricke und Brecheisen bewaffnet des Abends unter der Mahlzeit hin, in Geleitschafft des Brückners, (denn Malsius blieb mit dem Vorbedacht zu Hause, daß man keinen Verdacht auf ihn schöpffen möchte) nahm 2. Leitern zur Hand, setzte die eine ans Dach und die andere darauf, öffnete mit seinem Brecheisen die Garten-thüre, und kroch durchs Fenster nach der Kummer, da es ihm anfangs bald unglücklich ergangen wäre indem er an das unrechte Fenster kam, und wenig fehlte, daß er nicht die Treppe hinunter purtzelte; Dahero er wieder herunter steigen muste. Kroch also in das andere Fenster hinein, hub den gantzen Flügel aus, und reichte selbigen dem Brückner zu. Hier aber fand er alles stockfinster, deswegen er genöthiget ward Licht anzuschlagen. Weil es aber ihm damit zu lange werden, und der Zunder nicht fassen wolte, tapte und fühlete er im blinden herum, und fand zu seiner Freude den gesuchten Kasten unterm Bette. Denselben kunte er schon auch im finstern aufkriegen, denn seine Hände waren gleichsam voll Augen durch die ungemeine Übung geworden. Da er dann einen Topff mit Gelde, nebst einer Schachtel, und was er sonst drinn zu fassen kriegte, heraus nahm, und nebst seinem COMPLICEN nach dem Eselsplatze zueilete, da sie den Topff zerschmissen, das Geld unter einander schütteten, und nach des T. Hause zugiengen. List behielt die Ringe und güldene Kette, mit dem Vorwand er könnte selbige besser menagiren*, daß es

* verbergen

dadurch nicht auskäme, und gab seinen Diebesgenossen einen jeden 100. Thal. ab von der geraubten Beute, seine Kette und Ringe aber brachte er hin nach Halle, erzehlte den Diebshandel seinem beschnittenen Heiligen, der sich rühmete, er hätte Abraham zum Vater, (man Marcks wol) aus welcher Hoheit und Herrlichkeit sein Volck an der Heyden ihren Gütern wol eher einen Anspruch gemacht. Derselbe begehrte es dennoch von seinem List nicht umsonst, sondern gab ihm was für seine Mühe.

Um die Zeit versuchte der List seine Kunst auch an dem Pfarr-Hause zu Hartha, dahin er ebenfalls von dem Malsio gelocket. Denn derselbe hatte etwa zu Baalsdorf gehöret, daß der Prediger zu Hartha viel Geld, und die Beutel nach dem ALPHABETH bey einander stehen hätte, worauf er den Prediger unter dem Schein guter Freundschafft besuchet, das Haus und alle Gelegenheit in Augenschein genommen, und selbe zusampt, so gar auch wo der Hund gelegen, abgerissen. List reisete darauf selb sechste, unter welchen Andreas Schwartze mit war, nach Hartha. Allein das Vorhaben wolte nach Wunsch nicht gelingen. Denn ob sie zwar aus dem CABINETE etliche Kleider wegkriegten, auch die Vorhänge zerschnitten, so war doch die Kammer inwendig mit Eisen zu feste verriegelt, daß sie dieselbe ohne Rumor zu erbrechen ihnen nicht getraueten. Selbigen aber anzufangen trugen sie Bedencken, weil der Prediger daselbst schlieff, und leichte hätte können Lärmen machen. Sonst hätten sie sich dennoch entschlossen, wenn sie, ohne dem Prediger zu wecken, fürher hätten können in die Kammer kommen, alsdenn wenn sie seiner erst wären mächtig gewesen, nach seiner Erwachung wenig zu fragen, und ihn zur Hergebung des Geldes schon mit Nachdruck zu vermögen. Aber GOtt hatte seinen Engeln über diesen Prediger dazumahl befohlen, daß der böse Feind und diese bösen mörderischen Räuber keine Macht an ihn finden kunten.

Um MARTINI verrichtete er nebst Christian Müllern und andern seinen Genossen den Diebstahl in der Pauliner Kirche zu Leipzig, davon wir aus dem Bekänntniß des Malsii schon droben Bericht gethan, welcher nebst dem Brückner auch zu dieser Dieberey Angeber gewesen, in Meynung, daß ein gantzer Karn voll Geld dahin gefahren worden. Sie brachten darüber wol drey Wochen zu, und fand der List an den dazu benöthigten Schlüsseln genug zu feilen, ehe sie in das rechte Gewölbe zu denen zweenen grossen höltzernen mit Eisen beschlagenen Kisten kommen kunnten. Sie funden aber die eine Kiste mit drey grossen Hängeschlössern verwahret, daß sie selbige mit grosser Gewalt wegbrechen musten. Wiewol ihnen bey dem mittelsten die Winde zersprang, dahero sie dennoch unverrichteter Sachen dasmahl wieder heimgehen, und erst den andern Tag eine neue Winde wieder kauffen musten, mit welcher sie hernach dennoch das feste grosse Schloß mit dem inwendigen Schlosse wegsprengeten, und das darinn liegende Geld wegnahmen, so des Listens seiner Erinnerung nach etwa in 350 Thal. bestand, davon ein jeder, weil der Participanten viel waren, sie auch bey so langweiliger OPERATION verschiedenes verunkostet, über 20. Rthl nicht viel kriegte.

Darauf ward der Anschlag gemacht auf den Dohm in Naumburg, und den 1. Novemb. zu Wercke gerichtet, nachdem vorhero zu Stedten die Abrede genommen, und Nickel List die Schlüssel nach dem zu Naumburg geschehenem Abdruck in Wachs verfertiget. Er verrichtete den Kirchen-

Raub in Gesellschafft Christian Müllers, (den sie bey der Thüre liessen,) seines Schwartzen, den er bey den Pferden ließ, des kleinen Gottfrieds, und kleinen Leopolds, und schloß mit denen zu Stedten bereiteten Schlüsseln die Kirche auf, da sie die in einem Gewölbe unter dem Thurn stehende Kisten mit Gewalt erbrochen, die meisten zwar mit Briefen angefüllet, dennoch dabey dasjenige Geld und Kostbarkeiten fanden, davon droben berichtet. Den Ring mit dem schönen Türkois, der auf 80. Rthl. æstimiret worden, wiewol er ihn nur dasmahl vor 45. Rthl. annahm, behielt er vor sich, und verehrete ihn nach der Hand die lastervollen Ehebrecherinn, seiner MAITRESSE, der Annen von Sien.

Weil nun seine sonderbahre Geschicklichkeit in Abdruckung und Bereitung der Schlüssel allen in der Bande bekandt, und er deswegen unter ihnen gantz berühmt worden war, bemüheten sich selbige, wenn sie einen sonderlichen wichtigen Anschlag hatten, den Listen bey sich zu haben. Nun hatten schon vor geraumer Zeit einige Juden, die gifftigen Quellen so vielen Unheils, von dem Hamburger Stadt-Soldaten, auch einem gebohrnen aber nachgehends getaufften Juden Vicent Nicolas, ihnen erzehlen lassen, daß in einem Gewölbe des Dohms zu Hamburg ein Kästlein voller Edelsteinen stünde, ein gantz Königlicher Schmuck, wol eine Tonne Goldes werth, dadurch einer sein Tage sich könnte glücklich machen. Den Juden, bey welchen wenn sonst nicht viel Heiliges ist, war dieses ein Köder zu allerhand Anschlägen, zu diesen Schatz zu gelangen. Es war ihnen gantz unerträglich, daß derselbe ohne Nutzen solte verschlossen und gleichsam vergraben liegen. Weil sie es aber ohne Eröffnung verschiedener Schlösser, und die Eröffnung der Schlösser ohne Schlüssel unmüglich

Nickel List als Johann Rudolph von der Mosel

funden, und der Nickel List in dieser Wissenschafft ungemein erfahren, als luden sie denselben aus Ober- in Nieder-Sachsen, um die Gedenckmahle seiner Kunst und Übung auch allhie zu stifften, und bestellten ihn also nach Hamburg, die vorhabende Handlung mit zu regieren. List blieb in seinem

ELEMENTO, wenns so was zu thun gab. Um desto leichter war es, ihn zu solchem in seine PROFESSION hauptsächlich lauffenden Vorhaben zu bereden. Er steckte also ein VIATICUM* von 200. Ducaten zu sich, tratt seine Reise nach Hamburg an, und nahm seinen Andreas Schwartze mit. Und um desto weniger davor erkandt zu werden, der er war, behielt er den Staat und Caracter eines vornehmen von Adel, nandte sich überall den Herrn Heinrich Rudolph von der Mosel. Sein getreuer Mitdieb blieb gleichfals bey dem Exempel seines Herren, und ließ sich Moritz Richter nennen, gab sich daneben auch in Nieder-Sachsen aus für einen bey seiner Herrschafft bestalten Jäger, richtete auch darnach seine Kleidung ein. Und in solcher Aufführung kam List nach Hamburg. Dazumahl hielt sich einer von den Jüdischen Gaudieben, der Lipmann, fast stets bey Anna von Sien auf, und lebte mit derselben in grosser Vertraulichkeit. Weil nun die Bande auf des Schwancken Sahl bey der Anna von Sien verschiedentlich zusammen kamen, und über den vorgenommenen Kirchenraub sich berathschlagten, als ward durch solche Gelegenheit der Herr von Mosel mit der Anna von Sien, die nicht weniger eine galante Dame seyn wolte, auch bekandt; bald aber gerieth er mit ihr in die allerhöchste Vertraulichkeit, da ihre Hertzen, durch Gleichheit der Gemüther und beyderseits Neigungen, sich durch eine geheime SYMPATHIE mit einem solchen Bande verknüpfften, welches keiner als der Satan, der ein Anbläser aller wider das sechste Gebot aufsteigenden Flammen ist, gewircket hatte. Aber es gieng ihm was Salomo saget: Wie wolte jemand auf Kohlen gehen, daß seine Füsse nicht verbrannt wer-

* »Letzte Kommunion«: hier wohl im Sinne von Reisegeld

den? (Sprüchw. 6) Es war dieser THAIS der rechte Strick seiner Sünden, der ihn ins Verderben gezogen, von welchem (Sprichwört. 5) geschrieben stehet: Die Missethat des Gottlosen wird ihn fahen, und wird mit dem Strick seiner Sünde gehalten werden. Wie nun alles zur Vollstreckung des Diebstahls fertig, ward derselbe am dritten Weynachts Feyertage vorgenommen, und würcklich vollführet.

Inzwischen hatte die Anna von Sien von dem Regiments-Quartiermeister Peermann aus Wünsdorf, bey welchem sie sich eine Zeitlang aufgehalten, Briefe empfangen, daß in Braunschweig ein gutes Stücke Geld zu verdienen (das ist, nach der Sprache der Diebe, eine ansehnliche Summa zu stehlen) wäre, sie möchte also ungesäumt hinüber kommen. Wie nun die Sache im Dohm zu Hamburg ihre Richtigkeit hatte, und es dem Herrn von Mosel so wol dabey gelungen, beredete die Anna von Sien diesem ihren neuen Galan, ihr auf diser Reise Gesellschafft zu leisten, und bey dem Braunschweigischen Anschlag mit Rath und That beyzustehen.

Doch ehe sie diese Reise antraten, that Nickel List im Dohm nebst Moritz Richtern ins geheim und gantz allein noch einen Einbruch, und zwar in der Neuen-Jahrs-Nacht, da er auf einem besondern Zimmer verschiedenes Leinen Geräthe und MOBILIEN wegraubete, selbiges nach seinem Quartier brachte, und es vor alle seine Cameraden, auch die Anna von Sien selbst, der er sonst sein gantzes Hertz vertrauete, verborgen hielt.

Darauf ging die Reise in Gesellschafft der Ehebrecherinn und dero Schwestermanne den Christian Schwancken am Neuen-Jahrs-Tage nach Hannover. Schöne und seine Frau reiseten denselben Tag auch aus Hamburg, und kamen bey Listen auf dem Wege wieder. Reiseten in dessen Gesellschafft auch mit nach Hannover, und blieben daselbst wol 3. Tage bey einander. List und die von Sien giengen nach Wünsdorf, jene aber blieben zu Hannover. Wie man sich nun zu Wünsdorf beredet hatte, kehreten sie auch wiederum, und zogen nach Hannover, von dannen nach Braunschweig, da der List, oder wie er sich dazumahl nandte, der Herr von Mosel, bey dem wichtigen Diebstahl in der S. Cathrinen Kirche das Hauptwerck führete. Nachdem ihm auch dieses nicht mißlungen, ging er wieder nach Blumenau, und von darab nach Lüneburg, allwo er die Nacht auf den Sonntag ESTOMIHI 1698. die güldene Tafel in der S. Michaelis Kirchen beraubete, mit diesem Raube wieder auf Hamburg fuhr, bey Inhafftirung des Christian Schwanckens aber fast alles im Stiche ließ, sich nebst der Anna von Sien und dem Andreas Schwartzen mit der Flucht davon machte, nach Meuslingen eilete, allda sich mit frischen Pferden versahe, und seine Flucht durchs Mecklenburgische nahm, von welcher SUITE und denen in Nieder-Sachsen begangenen Kirchenrauben an gehörigem Ort ausführliche Meldung geschehen wird. Er entfloh also wieder in Ober-Sachsen, hielt sich einige Zeit zu Kerspleben, sonderlich aber zu Stedten auf, und verübete hin und wieder verschiedene neue und wichtige Diebes-Händel.

Den 5. Maji 1698. begieng er den gewaltsamen Einbruch zu Heldrungen in der verwittweten Frau Capellaninn Behausung, dazu dem kleinen Leopold der Anschlag von jemand gegeben worden. Es waren bey selbigen, nebst ihm, der zu Hof nachgehends gehenckte Krause oder Hornnickel, Andreas Schwartze, der kleine Leopold, Schöne, der kleine Frantz und der alte Hahntoffel, nebst dem zu Dresden nach der Hand in Hafft genommenen Scharffrichter zu Neumark Christoph Vieritz, den sie draussen beym Gottesacker bey den Pferden liessen. Einer von ihnen war im Hause bekandt, und wies den andern die Gelegenheit. List schloß die Hausthür auf, und erbrach darauf mit einem Brecheisen die Stubenthür. Darauf der Hornnickel die Frau Wittwe und Andreas Schwartze das andere Frauenzimmer hielten, und ihnen das Bette über den Kopff legten. Hierauf ward von Listen und dem kleinen Leopold der Kuffer geöffnet, und das Geld nebst andern Sachen heraus genommen, welches sie ein paar Meilen davon in einem Holtze vertheileten. Ein jeder kriegte etwa 18. Thaler.

Kurtz darauf that er den Ritt nach dem Gastwirth zu Querfurt. Ihn begleitete abermahls sein Schwartz, Schöne, der Hornnickel oder Hans Krause, der kleine Leopold, kleine Frantz, Fendrich Schmidt. List erbrach zuforderst die Thüre an der Scheune, ließ jemand bey den Pferden, und ging mit etlichen hinein, da sie das eiserne Gitter vorm Gewölbe mit einem grossen Baum auswogen, den Fendrich Schmidt vorm Loche liessen, hinein stiegen, die gefundenen Kleider und Linnen, imgleichen etwas Geld, einige Schnüre kleiner Perlen, und was sie sonst mit fortschleppen kunnten heraus holeten, auf ein Wirthshaus zuritten, und die Sachen zu Gelde schlugen, da einem jeden etwas über 10. Thl. zufiel. Die Perlen aber nahme das Perlen-liebende Jüdlein zu sich.

Nach 14. Tagen verübte er den Diebstahl an einem Kramer zu Cölln an der Lossa, oder wie es etliche insgemein aussprechen, zu Cölln an der Lust, welches Wasser in der Graffschafft Beichlingen entspringet, und seinen Einfluß in die Unstrut, wie diese bey der Naumburg in die Saale, hat. Sein Gefährte war auch hie der Andreas Schwartze, der Scharffrichter Vieritz, Hans Krause oder der Hornnickel, der kleine Frantz, und Fendrich Schmidt. Den kleinen Frantz liessen sie bey den Pferden, die übrigen wanderten nach dem Hause hin, und schlugen die leimerne Wand aus. Darauf der List die Hausthür aufmachte, und das Gewölbe mit einem Dietrich öffnete, die gesamte Gesellschafft hinein führte, und die darinn verhandene Krahmwaaren, an allerhand Zeug, Band, Leinwand, Schleuertuch und derogleichen heraus hohlete. Es waren hiebey noch drey andere nebst dem kleinen Juden Leopold interessiret, empfingen auch gleich den andern ihr Antheil, allein bey der würcklichen Verrichtung des Diebstahls waren sie nicht zugegen. Aber was war diesen Leuten solch Kramzeug nütze? Sie wusten Rath; ritten mit dieser Waare gerades Weges nach dem Gast-Hofe in Teutschenthal, eine Stunde von Halle. Dahin beschieden sie ihren Juden aus Halle. Allein der war eben nicht zu Hause. Doch seine Frau war zu Hause, und eben so mitleidig gegen die armė Gojim, die ihre Beute nicht zu lassen wusten, als ihr lieber mitleidiger Mann. Dieselbe kam in Geleitschafft ihres Bruders hinaus gefahren, und gab ihn vor den gantzen Kram etwa 100. Thal. an Gelde, ob gleich, des Listens nachmahliger Aussage nach, die Sachen gerne noch einmahl so viel werth gewesen. Eben dasselbige bekandte auch Hans Krause zu Hof: »*Und ist durch dieses Exempel abermahl bewehret worden, was man in der gantzen* INQUISITION *durchgehends gefunden, daß die Juden von den Diebereyen immer den grössesten Vortheil gezogen, indem sie die Waaren nicht nur fast vor halb Geld erhan-*

delt, sondern über dem durch ihre unrichtige Gewichte, die unglückseligen Diebe, die überall von ihren Diebereyen den allerwenigsten Nutzen gehabt, jämmerlich bezogen. Welches sonder Zweiffel die betrieglichen Juden, nach ihren Grundsätzen, die in ihren Gehirn allzufeste Wurtzeln geschlagen, noch für eine Göttliche Wolthat werden gehalten haben, daß GOtt so wunderlich ihnen der Heyden ihre Güter zuwendet, wie er etwa ihren Vätern die Güter der Egyptier zugewendet hat. Wie solten sie denn solche SPOLIA ÆGYPTI *ausschlagen?*«

Nebst diesem und andern vielen von dem Nickel List verübten Diebereyen, wird auch in dem zu Hof den 29. Octobr. 1698. über ihn ausgesprochenem Urtheil gedacht, daß er die Kirche zu Budelwitz, nebst Hans Krausen, der Schildwache stehen muste, und andern COMPLICEN mit berauben, und aus selbiger entwenden helffen 93. Thl. nebst etlichen Ducaten. Imgleichen, daß er zum kleinem Bükkerswalde bey Herrn Friedrich Hülberten mit gestohlen, und davon 80. Thl. nur an Silber-Geschmeide ausser dem baren Gelde bekommen. Zu welchen Diebereyen er sich auch allhier, in dem den 19. Jan. mit ihm deswegen angestellten Verhör, bekannt, und hinzu gethan, daß sie zu Budelwitz ins Fenster eingestiegen, und ihm zu seinem Antheil etwa 20. Thl. zugefallen; zu kleinen Bückerswalde aber hätte hinten in der Thür zum Thore ein Schlüssel inwendig gelegen, mit welchen sie hinein kommen.

Den 22. Junii setzte List seine Diebische Klauen in die Kirche zu Waldenburg, in seinem Vaterlande, erbrach nebst Hans Krausen (der bey den Pferden bleiben muste, und davor 25. Thl. kriegte) und seinen Cameraden die Kirchthür, führte dieselbe oben durchs Chor, und raubte das allda befindliche Geld, davon er zu seinem Theil etwa 30. Thl. kriegte.

Den 24. Julii 1698. in der Nacht halff er zu dem Kirchen-Raube zu Wunsiedel, einer Marggräfflichen Brandenb. Culmbachischen Stadt an der Reslau, drey Meilen von Eger, und so weit von Hof belegen. Bey diesem Diebstahl stellete er Hans Krausen auf einen alten Thurn zur Schildwache, und hatte zu seinen Helffern den kleinen Leopold, des Wirths seinen Sohn von Stedten den Buttelstedt, und noch einen, daß ihrer also insgesamt 5. waren. Die Kirchthüre machte List mit seinen dazu bereiteten Schlüssel auf, gieng mit seiner Bande hinein, erbrach die Thüre zur Sacristey, und raubete daselbst eine grosse und eine kleine silberne Kanne, nebst einem silbernen Oblaten-Schächtlein, und einem Buche mit Silber beschlagen, auch einem Kistgen mit Linnen Zeuge. Wiewol er davon vor sich keinen Vortheil gehabt, massen die gestohlenen Sachen ihm bey der Inhafftierung wieder abgenommen worden.

Und länger kunte nun der gerechte GOtt solchem fast nie erhörtem Kirchen-Räubern und Ertz-Diebe nicht mehr zu sehen. Endlich hatte er seinen Bogen gespannet, und zielete, und hatte darauf gelegt tödtliche Geschoß. Seine Pfeile waren zugerichtet zum Verderben, mit welchen er den in allen Jahr-Büchern mit schwartzer Kohle anzuzeichnenden schwartzen Nickel Listen, mitten in seinem Lauffe traff, und anhielt, und ihm gleichsam zurieff: *»Bis hieher solst du kommen, und nicht weiter.«* Als er nemlich den Kirchen-Raub zu Wunsiedel verübet, und mit seinen COMPLICEN auf Rehau zutritt, meldete sich im Wirths-Hause ein bekandter Kerl bey ihnen an, der ihnen die Anleitung gab, wie sie bey Hof durchs Wasser kommen, und den allda wohnenden Fürstl. Brandenb. Umgelds-ADJUNCTUM, Herrn Wolff Christoph Schmiedt bestehlen könnten. Es ritte derselbe auch mit ihnen bis nach Roßbach, da einer der COMPLICEN diesen Rathgeber vor dem Pferdestall vertröstete, er könnte wol auch ein tausend Thaler davon kriegen, da dieser ihm aber antwortete, wenn es nur ein paar hundert Thaler wären, so wäre ihm schon geholffen. Wiewol der leidige Tröster hernach von einem andern deswegen einen derben Verweiß bekommen, mit dem bedeuten, daß man einen solchen Kerl nicht flugs ein tausend Thal. versprechen müste. Es ritten also Nickel List, Hans Ernst Buttelstädt, Hans Krause oder Hans Paul Horn, (den sie insgemein nur den Horn-Nickel, nannten) der kleine Leopold und noch einer, insgesamt ihrer 5. von Roßbach weg nach Hof zu, in Hoffnung, allda eine gar grosse Beute zu kriegen. Unterwegens wurden sie eins zu erst das Wasser zu probieren, obs auch so wäre, wie der Kerl zu Rehau ihnen gesaget, und ob man könnte durchkommen. Wie sie an ein Dorff eine halbe Stunde von Hof kamen, stieg List nebst noch zween vom Pferde, und ging mit ihnen ans Wasser eine Ecke weg zu Fuß. Sie besahens gar genau, kamen aber wieder zurücke, und berichtete List, daß er nicht sehe, wie man beym Wasser könnte ankommen; Es wäre am besten, das Gewölbe von forne anzugreiffen. Solches wurd auch die folgende Nacht bewerckstelliget, da sie das eiserne Gitter gewaltthätiger Weise wegbrachen, ins Gewölbe stiegen, daraus nicht nur viel Zeug und Strümpffe, sondern auch unterschiedliche silberne Becher, Perlen und Ringe entwendeten, den Raub auf ihre Pferde packten, und nach der neuen Schencke zuritten. Daselbst zogen sie ihre Pferde in den Stall, theileten die Sachen unter sich, liessen die Papiere, darauf das Höfische Wapen und des Herrn Schmieds Nahme stand, und damit die Waaren eingebunden und bezeichnet gewesen, ins Feuer werffen, und legten sich nieder zur Ruhe, weil sie in zwo Nächten nicht geschlaffen hatten; Und zwar List nebst ihrer zween oben in einem Zimmer auf die Streu, Hornnickel aber und Buttelstedt, auf dem gegenüber stehenden Heuboden.

Herr Schmiedt fertigte inzwischen ungesäumt Leute ab, diese Diebe zu verfolgen, sie auszukundschafften, und sich ihrer zu versichern; Welche die Regierung GOttes auch eben an den rechten Ort hinführte. Die Diebe lagen in süsser Ruhe, wie des Morgens gar frühe einige von denen Ausgesandten von Hof, so davon Kunde gekriegt, daß die Diebe in die neue Schencke geritten, zu Pferde vor das Wirths-Haus kamen, dem Wirth an dem fördern Thor antraffen, und nach 5. Reutern fragten, die Packen hinter sich auf den Pferden geführet, ob dieselbe nicht bey ihm logirten. Welches der Wirth zwar anfangs leugnete, wie er aber von jemand mit der Pistohle in der Hand gedrohet ward, und ihm Anzeige geschah, daß der Hueffschlag der Pferde in den Hof führete, antwortete er endlich, fast erschrocken, daß sie droben, und die Pferde im Stalle wären; für welchen dann ungesäumet eine Kette geleget ward. Der Wirth that solches so fort den Listen und denen beyden nebst ihm auf der Streu liegenden Cameraden kund, welche augenblicklich erwachten, hefftig erschracken, von ihren Streu aufsprungen, und zur Flucht sich anschickten; Daß also durch solche Anzeige der Wirth verhinderte, daß sie nicht alle fünffe im Schlaff, welches sonst leicht hätte geschehen mögen, ertappet wurden. Es kamen aber die sämptlichen von Hof ausgeschickten so fort heran, und gegen das Haus. Des

Listen zweene Schlaff-Gesellen, wie sie die Gefahr sahen, griffen nach ihren Pistohlen, gaben unter den Hauffen Feuer, schossen Hans Christoph Schmieden mit zween Kugeln in den Leib gantz gefährlich, davon man die eine hernach tieff am Rückgrad heraus schneiden, die andere aber im Leibe lassen müssen; und würde das Blutbad nicht gering gewesen seyn, wenn die Diebe alle 5. hätten können zum Gewehr kommen, gestalten, sie sich bis auf den Tod würden gewehret, und vor ihrer Eroberung noch verschienen das Leben geraubet haben. Dennoch erretteten sich diese beyden unter solchem Rumor mit der Flucht, und brachten wol 400. Thaler am Gelde mit sich davon, ohne dem, was Herr Schmied noch vermisset, und auf mehr als fünfftehalb hundert Thaler angeschlagen worden. List aber der sonst behende und listig genug war, ward von GOtt verblendet, daß er seinen Rock erst anziehen wolte; denn darüber verweilete er sich, und gerieth denen von Hof unter die Hände. Er wolte zwar auch davon eilen, und durchstreichen, er ward aber zu erst von Johann Georg Stempeln angegriffen, der ihn mit Lebens-Gefahr anhielt, aber so bald von Listen an der Hand blessiret, und mit Pulver in die Augen geschossen ward. Ein anderer aber, so Hans Wolff genandt, schlug ihn in währenden desperaten schiessen mit einem Prügel dreymahl zu Boden, bis er endlich nieder fiel, und also ergriffen ward.

Wie man ihn nun zur Erden nieder hielt, und er sich in der höchsten Noth sahe, ergriff er ein ander Mittel, dadurch der Leib zwar der verdienten Abstraffung entgangen, die Seele aber vollends in den Abgrund des ewigen Verderbens gesuncken wäre, wann das Vorhaben gelungen. Er hatte vorn im Rock in einer jeden Tasche ein Messer, in der einen sein Brot- in der andern sein Scheer-Messer. Nach dem Brot-Messer wolte er greiffen, kam aber durch sonderliche Bewahrung GOttes in die unrechte Tasche, und ergriff das Scheer-Messer, mit welchem er so fort zu Halse fuhr, und einen gefährlichen Schnitt in die Gurgel that. Wenn er das andere Messer, das zu solchem Werck vollkommen geschickt gewesen wäre, ergriffen hätte, würde der Schnitt auf der Stelle tödtlich und unheilbar gewesen seyn. Er selbst hat die Göttliche Barmhertzigkeit hernach offt mit vielen Thränen erkandt, und selbiger davor aufs demüthigste gedancket, daß sie ihm nach ihrem unerschöpfflichen Reichthum, so mächtig bewahret, und einen so grossen Sünder, wie er wäre, nicht so fort mitten in seinen Sünden hätte lassen dahin fahren. Jedoch war die Wunde nicht ohne Gefahr, indem ihm die Speise eine Zeitlang immer aus derselben wieder heraus drang. Derohalben er im Gefängniß daran muste curiret werden, und davon die kenntbahre Narbe mit hieher brachte, auch durch diese Verwundung eine gantz gelinde und fast leise Sprache bekommen hatte. Nachdem er also gegriffen, ward er nebst dem Hornnickel und Buttelstedten, erst nach Greitz gebracht, massen der Ort der Anhaltung in der Gräfflichen Reuß-Plauischer Herrschafft belegen; hernach aber den 23. August. auf Fürstl. Brandenburg-Bayreutische REQUISITION* nach Hof ins Gefängniß, und zur fernern INQUISITION, abgeholet.

Bey VISITIRUNG seiner Kleider fand man dazumahl, daß er in der Hose etwas Mooß eingenehet, nebst einem Zettelchen, darauf das letzte Wort Christi am Creutz mit verdorbenen Latein geschrieben: DOMINE IN MANUS TUII COMMITTO SPIRI-

* Beschlagnahme

TUS MEI.* Man hielte zwar solches vor Zauberey, wie manns denn fast unmöglich achtete, daß dieser Mensch so viele Thaten durch natürliche Wege hätte thun können. Allein er berichtete, daß dieses Mooß, so an den Gerichten derer aufs Rad und Pfäle gesteckten und an den Galgen gehenckter Missethäter gewachsen, bloß zu dem Ende von dannen genommen, und ins Brusttuch genehet worden, damit er die Kleider von dem Ungeziefer befreyen möchte, weil man ihn versichert, daß es sich in solch Geräthe nicht setzte, und einniste, darinn ein solcher Mooß verhanden. Wie er dann durchaus von Zauberdingen nichts wissen wolte. Man schwatzte viel, daß er die Leute im Schlaff zu behalten, wann er in die Häuser gebrochen, gewisse Lichter gebrauchet. Allein er betheurete jederzeit, daß er sich solcher Mittel niemahls bedienet, und meynete, daß er solcher Dinge nie bedurfft, massen derogleichen nur vor solche Diebe gehöreten, die in der Kunst noch Anfänger und Stümper wären, da geübte und erfahrne Diebe keine andere Zauber-Lichter hätten, als List, Kunst, Behändigkeit, hertzhafften Muth, Behutsamkeit und Erfahrung, welche Dinge ihnen Lichts gnug wären.

Wir können jedoch nicht leugnen, daß aus einer Erzehlung, welche der List allhier von einem seiner Cameraden gethan, fast etwas mehr als natürliches erhellen solte. Er berichtete, daß dieser sein Camerade einst einem gewissen Wirthe sagen lassen, er wolte diese Nacht kommen, und ihm sein Pferd aus dem Stalle hohlen. Dem Wirth kam dieses Erbieten gantz unartig für, und verwundert sich über dem Dieb, der sein Vorhaben vorher fein

* Herr, in deine Hände übergebe ich meinen Geist

ansaget, bezeugete aber in der Versicherung zu seyn, daß er schon vor sein Pferd solche Sorge zu tragen vermeynete, daß es der Dieb solte ungehohlet lassen. Legte sich also gegen die Nacht selbst für den Stall, und wolte, um aller Behutsamkeit und Sicherheit willen, die Wache selbst halten. Allein was geschicht? Der Mann versanck in einen festen und sehr tieffen Schlaff, der ihn fast gantz fühlloß machte, und alle Sinnen zuschloß. Der Dieb kam also, nahm den Wirth bey den Füssen, zog ihn vorm Stalle weg, holete das Pferd heraus, und setzte sich darauf. Der Wirth beharrete noch immer in seinem Schlaff, bis der Dieb nunmehro fertig war und davon reiten wolte. Darauf nahm dieser die Pistohle, und schoß bey dem Schläffer nieder, davon er endlich aufwachte, sich ermunterte, den wegreitenden Dieb, welcher sich noch dazu vor das Pferd bedanckete, auf seinem Pferde sah, und demselben anfing nachzueilen. Der Dieb aber ritte immer sachte voran. Der Wirth folgte ihm nach, und ward von dem Diebe dieselbe Nacht wol 2. Meile Weges weggelocket, bis ihn der Dieb endlich gar verließ, und mit dem Pferde davon jagte. Das ärgerlichste hiebey war, daß der Bösewicht eben dazu die Sonnabends Nacht erwehlet hatte, da des Tages vorher der Wirth zur Beichte gewesen, und denselben in seiner Andacht zu stöhren, und ihn dadurch in Straffe zu bringen, die er dann auch, weil er sich des folgenden Tages in der Kirche nicht einfinden können, würcklich hat erlegen müssen. Woraus man die List und Bosheit des Satans siehet, dadurch er in seinen Kindern der Finsterniß überall mächtig sich erweiset. Wann diese Geschichte sich also in der That verhalten, wie sie der List allhier erzehlet, und zwar in dem Zustande, da nicht wol zu glauben ist, da er die Unwarheit solte gesaget haben, und ohne alle Noth ein Lügner geworden seyn, so gestehe ich gerne, daß mir die Umstände des so festen Schlaffs verdächtig scheinen, und fast was übernatürliches bey sich führen.

Unser List aber wolte für sich von dergleichen Dingen nichts wissen, sondern schrieb seine Verrichtungen, die man je zuweilen auch nicht wol begreiffen kunnte, der List, Erfindung und Behutsamkeit zu. Von dieser seiner List und Erfindung mag folgende Geschichte zeugen, die er ebenmäßig im Gefängniß selber erzehlet. Er saß einst an einem Orte in Hafft, merckte aber, daß der Boden an demselben Ort, da er lag, und unter welchem ein ander Gefängniß war, nicht sonderlich dick seyn müßte. Machte also mit seinem Geschmeide und Eisen ein Loch hinein, bedeckte selbiges mit einer alten Thür, die ohngefehr im Gefängniß stund, und zwar so, daß er die Lage mit einer Fallbrücke zurichtete. Über selbiges schüttete er Stroh von seiner Lagerstätte, darauf er lag, daß man beym ersten Anblick davon nichts wahrnehmen kunnte. Wie nun der Büttel, (so nennen sie dort zu Lande auch die Wächter und Schliesser) ins Gefängniß kam, dem Gefangenen seine Speise zu bringen, stellete sich List, als könnte er sich nicht aufrichten, und nöthigte ihn, etwas näher zu ihm zu treten; Lockte ihn also auf die gemachte Fallbrücke. So bald er auf selbige trat, fiel er Hals über Kopff hinunter in das untergelegene Zimmer. Nickel List aber streiffete seine Ketten ab, ging zur Thür hinaus, und eilete davon.

Zu Hof wäre er einst zu Nachts auch bald entkommen, indem er die Ketten von seinen Händen völlig abgelöset, und dieselbe wieder mit Bänden an einander gebunden, damit mans nicht bemercken möchte. Es ward aber bey Zeiten wahr genommen, sonsten er aus der Frohn-Feste auf allerhand Art, auch wol mit Erschlagung derer allda sich aufhaltenden Leute, nebst seinen Cameraden, die Befreyung würde versuchet haben. Viele schreiben solches abermahls einer übernatürlichen Kunst zu, um destomehr, da er einigen, so ihn fragten, wie er solches gemacht hätte? zur Antwort gab: Sie solten sich erst, wie er schliessen, und an seine Stelle legen lassen, so wolte ers weisen. Allein wir habens hernach selber allhie mit Augen gesehen, daß es mit solcher Lösung der Ketten gantz natürlich zuging.

Wie er nun endlich wol sahe, daß seine grosse Missethaten kund worden, und es mit ihm zum Ende lieff, fing er schon zu Hof die Vorbereitung zum Tode an. Machte derowegen daselbst den 22. Octobr. sein Testament, und übergabs dem Amts-Verweser von Hartenstein. Es war aber nicht viel über 200. Thl. mehr übrig, so er noch an Schulden ausstehen hatte. In so wenigen bestund all sein Vermögen, darüber er eine DISPOSITION, wie es nach seinem Tode damit solte gehalten werden, aufsetzte, und davon noch 12. Thaler zu seiner Verpflegung im Gefängniß verlangte, die man ihm auch eingewilliget. Wir hoffen, es wird dem Leser nicht unangenehm seyn, des Listen sein Testament zu lesen, und zu vernehmen, was er in demselben für EXPRESSIONES führet. Es lautet aber (nachdem er seine Schulden, und hernach alle seine Kleider und einige Bücher specificiret, welches alles hieher zu setzen ohne Noth und Nutzen ist) folgender Gestalt:

»Welches (die Kleider und Bücher, die er vorhin der Ordnung nach aufgeschrieben) ich gleichfalls (nebst Eintreibung der Schulden) bitte, meinen lieben Ge-

Nickel List in seinem Gefängnis

vatter Christoph Günther zu sich zu nehmen, und zu verkauffen, das Geld von obigen Schulden erheben, und denn meinen hinterlassenen Kindern, Hans Christopff, Hans Nicolas, Anna Catharinen, Sophia

Elisabeth, und der ältesten Tochter solches einem wie den andern zu geben, und auszutheilen, und ihm solches angelegen seyn lassen. Weilen ich mein Vertrauen zu meinen lieben Gevattern Christoph Günthern setze, verhoffe, er wird sich solcher meiner bennahmten verlassenen Kinder annehmen und behülfflich seyn, und sie zu allem Guten ermahnen. Also nehme ich von denselben allen jetzund gute Nacht, und bitte allenthalben um Verzeihung um GOttes willen, und daß meine Kinder mögen ein Beyspiel nehmen, sich vor allem Übel hüten, fleißig bethen, den Lieben GOtt fußfällig anruffen, daß ich meine arme Seele dem lieben GOtt befehle, in sein ewiges Himmelreich mit dem Schächer und andern grossen Sündern, ja mit Petro angenommen werden möge, wie ich nicht zweiffele, daß mich mein GOtt nach Erkänntniß meiner grossen Sünde auch hertzlicher Beweinung und Bereuung ein Kind der ewigen Seligkeit werde sein lassen, hoffend auf die grundlose Barmhertzigkeit GOttes, und auf das hochtheure Verdienst seines lieben Sohnes JEsu Christi, und auf die Güte des Heiligen Geistes, worauf ich getrost sterben wil, und alles Zeitliche verlassen, weil ein Ende hat mein Leiden. Im übrigen bitte ich noch um 12. Thal. die Hochgräffliche Beampte noch vor meinem Ende, sie wollen dieselben von dem an- und aufgeschriebenem Gelde zu Erquickung meines Lebens überschicken: dieweil ich von dem entnommenen oder gestohlenen Gelde wenig genossen, oder mir Gutes gethan. Sie wollen mich ja nicht um GOttes willen lassen.

Schließlichen alle meine liebe Kinder und alle Bekandte, auch alle, so ich beleidigt habe, thue ich nochmahls um Verzeihung bitten um GOttes willen, daneben nochmahl bitten, solches meinen armen unschuldigen Kindern nicht entgelten zu lassen. Wün-

sche nochmahls allen zu tausend mahl tausend guter Nacht.
Hof den 22. Octobr. An. 1698.

Nicolaus List.«

Nachdem nun der 23. May einbrach, ward das mit Spanischen Reutern, wie zuvor, verwahrtes und vor dem Alten-Zeller-Thore belegenes Gerichte von der Militz besetzet und umschlossen, welcher die Ordre gegeben, keinen Menschen, er sey auch wer er wolle, einzulassen, der nicht drin zu thun hätte, und hinein gehöret. Es versamlete sich abermahls eine unzehlbahre Menge Volcks, die von verschiedenen Orten deswegen hieher gekommen, der EXECUTION zuzuschauen, sonderlich des so weit und hochberuffenen Kirchen-Räubers und Gaudiebes, des Nickel Listen, oder, wie man ihn insgemein nandte, des Docter Mosels. Dieser aber war erfreuet, daß der Tag seiner Erlösung kommen, da er seine Bande einst solte ablegen, und aus der Angst und Gerichte genommen werden. Wie nun die dazu bestellete Milice vor das weisse Haus, in welchem die Gefangenen bewahret werden, ankam, ging die Ausführung an. Wir wurden, wie zuvor, von selbiger umschlossen. Ein jeder Verurtheileter hatte einen Prediger, und die beyden Juden auch einen bey sich. Nickel List, den ich begleitete, war in guter Andacht, und seine Mine mehr vergnügt und freudig, als traurig und erschrocken. In solcher PROCESSION gingen wir bis vors Rath-Haus, ans peinliche Hals-Gericht.

Vor selbigem hörete der Nickel List zuerst, nach gethanem obigen Bekäntniß der vor-specificirten Missethaten, sein Urtheil, welches also lautet: In Inquisitions-Sachen, den peinlich angeklagten Nickel Listen betreffend, wird auf vorgebrachte Klage, deren Antwort, auch wahrhaffte Befindung der That, und des INQUISITI eigenen Bekänntniß, durch Urtheiler und Beysitzer dieses peinlichen Hals-Gerichts zurecht erkandt, daß zwar besagter Nickel List, so gegenwärtig vor diesem Gerichte stehet, wegen seiner verübten verschiedenen Kirchen-Räubereyen, und noch anderer vieler guten theils sehr importanten Diebstäle, auch begangenen Entleibung zweener Menschen, wozu er sich vor diesem peinlichen Hals-Gerichte frey, ledig und ungebunden öffentlich bekennet, nach Verordnung der Rechte, und Inhalt Käyser Carlen des Fünfften peinlichen Hals-Gerichtes-Ordnung, eine weit härtere Straffe wol verdienet, massen ihm dann allbereits, da er zu Hof im Voigtlande gefangen gesessen, und bey weitem noch nicht so viel DELICTA, als hernach hieselbst seinentwegen heraus kommen, von der Fürstlichen Marggräflichen Brandenburgische Regierung zu Bayreuth, daß er geschleiffet, und lebendig verbrand werden sol, erkandt worden, nach dem jedoch solche Straffe von Sereniss. Unsern Gnädigsten Fürsten und Herrn Hoch-Fürstl. Durchl. aus ein und andern CONSIDERATIONEN, insonderheit daß er alhier seine und auch von andern begangene DELICTA, frey und offenhertzig ohne TORTUR bekandt, aus Fürstlich hoher Clementz gemildert, derselbe an deren statt, ihm zur wolverdienten Straffe, und andern zum Abscheu und EXEMPEL durch Zerschmetterung seiner Glieder, und zwar an statt des Rades mit eisernen Keulen von unten auff, vom Leben zum Tode gestraffet, der Kopff auff den Pfahl gestecket, der Cörper aber verbrant werden solle; Inmassen derselbe hiermit darzu condemniret* wird, von Rechtswegen.

* verurteilt

Als nun Nickel List seyn Urtheil angehöret, trat er wieder zu mir, bath mich, ich möchte doch nicht von ihm weichen, und continuirte seine Andacht.

Inzwischen ward, zum andern, der Christian Müller vors Hals-Gerichte geführet, und muste, nach wiederhohltem Bekäntniß seiner Thaten, seine SENTENTZ anhören, welche also abgefasset: In Inquisitions-Sachen den peinlich angeklagten Christian Müllers betreffend, wird auff vorgebrachte Klage, deren Antwort, auch wahrhaffte Befindung der Thaten, und des INQUISITI eigener Bekäntniß, durch Urtheiler und Beysitzer dieses peinlichen Hals-Gerichts zu Recht erkandt, daß ernanter INQUISITUS Christian Müller, so gegenwärtig vor diesem Gerichte stehet, wegen der von ihm nebst andern begangenen vielen, theilß importanten Diebstäle, worunter auch der gewaltsame Raub zu Nißma in Meissen geschehen, mit ist, zu welchen allen er sich vor diesem peinlichen Gericht nochmahls frey, ledig und ungebunden öffentlich bekennet, nach Verordnung der Rechte und Inhalt Keysern Carlen des Fünften peinlichen Hals-Gerichts-Ordnung, ihm selbst zur wolverdienten Straffe und andern zum mercklichen Abscheu und EXEMPEL, durch Zerschmetterung seiner Gliedern mit eisernen Keulen von unten auf vom Leben zum Tode gestraffet, und folgends sein Cörper aufs Rad geflochten werden solle; Immassen derselbe hiemit dazu condemniret wird V. R. W.

Zum dritten trat Michael Keyser her, bekandte seine vor NOTARIO und Zeugen, wie oben berichtet, gethane Uhrgicht und Aussage, und hörete darauf folgendes Urtheil an: In Inquisitions-Sachen den peinlich angeklagten Michael Keyser betreffend, wird auf vorgebrachte Klage, deren Antwort, auch wahrhaffte Befindung der Thaten und des INQUISITI eigene Bekänntniß, durch Urtheiler und Beysitzer dieses peinlichen Hals-Gerichts zu Recht erkandt, daß gedachter INQUISIT Michael Keyser, so gegenwärtig vor diesem Gericht stehet, wegen der von ihme theils allein, theils nebst andern ausgeübten Diebstählen, als worzu er sich vor diesem peinlichen Gericht nochmahls frey, ledig und ungebunden öffentlich bekennet, nach Verordnung der Rechte, und Inhalt Kayser Carlen des Fünfften peinlichen Hals-Gerichts-Ordnung ihm selbst zur wohlverdienten Straffe, und andern zum Abscheu und EXEMPEL mit dem Strange vom Leben zum Tode hingerichtet und gestraffet werden solle; Immassen derselbe hiemit dazu condemniret wird, von Rechtswegen.

Zum vierten muste Andreas Luci vors peinliche Gericht treten. Derselbe wiederhohlete ebenmäßig die vor NOTARIO und Zeugen geschehene Bekänntniß, und empfinge folgenden SENTENZ: In Inquisitions-Sachen den peinlich angeklagten Andreas Luci, sonst auch Ulrich oder Voigt genannt, betreffend, wird auf vorgebrachte Klage, deren Antwort, auch wahrhaffte Befindung der Thaten, und des INQUISITI eigene Bekänntniß, durch Urtheiler und Beysitzer dieses peinlichen Hals-Gerichts zu Recht erkannt, daß ernanndter Andreas Luci, so gegenwärtig vor diesem Gerichte stehet, wegen der von ihm ausgeübten vielen Diebstählen und Spitzbübereyen, worzu er sich vor diesem peinlichen Hals-Gerichte nochmahls frey, ledig und ungebunden öffentlich bekennet, nach Verordnung der Rechte, und Inhalt Kayser Carlen des Fünfften peinlichen Hals-Gerichts-Ordnung, ihm selbst zur wohlverdienten Straffe, und andern zum Abscheu und EXEMPEL, mit dem Strange vom Leben zum Tode hingerichtet werden solle; Immassen derselbe hiemit dazu condemniret wird V. R. W.

Zum fünften ward Moses Hoscheneck hergeführet, und muste nach gethanem Bekänntniß seiner Missethaten dieses Urtheil anhören: In Inquisitions-Sachen den peinlich angeklagten Juden Moses Hoscheneck betreffend, wird auf vorgebrachte Klage, deren Antwort, auch wahrhaffte Befindung der Thaten, und des INQUISITI eigenem Bekänntniß, durch Urtheiler und Beysitzer dieses peinlichen Hals-Gerichts zu Recht erkannt, daß ermeldter INQUISIT Moses Hoscheneck, so gegenwärtig vor diesem Gerichte stehet, wegen der von ihm, nebst andern ausgeübten verschiedenen zum Theil importanten Diebstähle, als worzu er sich vor diesem peinlichen Gerichte nochmahls frey, ledig und ungebunden öffentlich bekennet, nach Verordnung der Rechte, und Inhalt Kayser Carlen des Fünfften peinlichen Hals-Gerichts-Ordnung, ihm selbst zur wohlverdienten Straffe, und andern zum Abscheu und EXEMPEL, mit dem Strange vom Leben zum Tode hingerichtet und gestraffet werden solle. Immassen derselbe hiemit dazu condemniret wird. V. R. W.

Endlich und zum sechsten trat auch Samuel Löbel her, bekannte sein Verbrechen, wie er sie vor NOTARIO und Zeugen schon vorher gestanden, und empfing sein Urtheil, welches also lautet: In Inquisitions-Sachen den peinlich angeklagten Juden Samuel oder Schmuel Löbel betreffend, wird auf vorgebrachte Klage, deren Antwort, auch wahrhaffte Befindung der Thaten, und des INQUISITI eigene Bekänntniß, durch Urtheiler und Beysitzer dieses peinlichen Hals-Gerichts zur Recht erkannt, daß ermeldeter INQUISIT Samuel oder Schmuel Löbel, so gegenwärtig vor diesem Gerichte stehet, wegen der von ihm ausgeübten verschiedenen zum Theil importen Diebstähle, und Spitzbübereyen, worzu er sich vor diesem peinlichen Gericht frey, ledig und ungebunden nochmahls völlig bekennet, nach Verordnung der Rechte und Inhalt Kayser Carlen des Fünfften peinlicher Hals-Gerichts-Ordnung, ihm selbst zur wohlverdienten Straffe und andern zum Abscheu und EXEMPEL, mit dem Strange vom Leben zum Tode hingerichtet und gestraffet werden solle; Immassen derselbe hiemit dazu condemniret wird V. R. W.

Nach Verlesung dieser Urtheile setzten wir uns auf die dazu bestellete Wagen; List und Christian Müller auf den ersten, Keyser und Luci auf den andern, und die beyden Juden auf den dritten. Wir fuhren also hinaus nach dem Gerichte, traten zusammen in den engeren Kreiß, und hatten noch unsere DEVOTION, bis man den Listen zur EXECUTION aufforderte. Ich stieg mit ihm hinauf aufs CHAVOT, allwo er noch öffentlich mit Bewegung aller Zuschauer seine Beichte that, seine vielen und grossen Sünden bekandte, und sie GOtt durch Christum abbaht. Worauf ich ihm auf sein Begehren zu guterletzt die Absolution ertheilete. Er rieff den Nahmen des HErrn JEsu noch an, wie er schon die Schläge auf beyde Beine und Arme bekommen hatte, wurd nach Zerschmetterung seiner Glieder umgekehret, und auf dem Leib geleget, da ihm mit einem Beil das Haupt ward abgeschlagen, und samt dem Cörper herab auf die Erde geworffen. Christian Müller folget ihm, dessen freye Gebehrden von vielen vor ein desperates Wesen wurden ausgedeutet. In der That aber haben wir derogleichen nicht an ihm mercken können, massen er mit uns fleißig gebetet, und gesungen, und unter der Anruffung seines Erlösers gestorben ist. Hierauf wurd Michael Keyser, und nach ihm Andreas Luci, beyde an einen Queer-Balcken gehänget. Sie bahten GOTT um des Verdienstes JEsu willen, und flehentlich um ein seliges Ende. Weil aber die CORDE ihnen fast nahe unter den Kinn trat, geschahe ihre Erwürgung was langsam und schwer. Nachdem wir nun gewöhnlicher massen den Gesang zu GOTT dem werthen heiligen Geist, dem höchsten Tröster in aller Noht gesungen hatten, wurden die beyden Juden auch hergeführet, und nachdem sie nochmahls zum Überfluß ermahnet, und ihnen das Evangelium von Christo zum Zeugniß über sie, aber vergeblich, vorgetragen worden, an einen Queer-Balcken, zuerst der Hoscheneck, und hernach der Schmuel Löbel, angeknüpffet. Und wie dieses alles geschehen, endlich des Christian Müllers Leib aufs Rad geleget, des Listen Cörper verbrandt, der Kopff aber auf einen vor andern erhabenen Pfahl gesteckt, und damit die EXECUTION beschlossen.

Was für Diebstahle und Rauberey die in Köthen in Hafft gesessene Diebes-Rotte in dem Hochfürstlichen Köthnischen Antheile ausgeübet. Wer sie gewesen. Wie sie nach und nach zur Hafft gebracht, auch was dieselbe vorhin für ein Leben und Wandel geführet.

Es ist zwar keine Zeit und kein Ort in der Welt so also glücklich gewesen, daß man hätte rühmen können, daß keine böse Thaten und Bubenstücke an Morden, Stehlen, Rauben und dergleichen groben Missethaten ergangen oder ausgeübet worden, sondern man findet fast bey allen Criminalisten, daß sie darüber klagen, daß die Laster und Missethaten von Tage zu Tage auch also zunehmen, daß stetig neue und vielerley Arten der Missethaten sich hervor thäten und dahero, daß die Gesetze, um solche Boßheiten desto besser im Zaum zu halten, desto mehr geschärffet würden, für höchst diensam erachten.

Wie dann auch keine Zeit und kein Ort der Welt seyn wird, da nicht Strassen-Raub, Mord, Diebstahl und Einbrüche von bösen Buben ausgeübet worden, doch wird jeder bekennen müssen, daß sonderlich in diesen Zeiten einige Jahr her solche verruchte Boßheit so weit gestiegen, daß solche böse Buben, Morder und Räuber nicht nur denen Leuten in Nachtschlaffender Zeit, da sie sich es am wenigsten versehen, in die Häuser gebrochen, gestiegen und ihnen das Ihre geraubet, sondern auch gar sich Rotten-weise zusammen gethan und mit sonderbahrer Verwegenheit die Leute in ihren Betten überfallen, die Füsse wie auch die Hände auf den Rücken gebunden, sie hefftig gemartert und gequälet, um sie dahin zu zwingen, daß sie das Ihrige, wo sie es verwahret, ansagen, und ihnen zu ihrem Raube lassen müssen: Ja, sich damit noch nicht begnügen lassen, sondern auch die an Händen und Füssen gebundene, entweder auf ihren Lager oder auch wohl nachdem sie selbige mit dem grösten Ungestüm und Unbarmherzigkeit von dem Lager mit Gewalt auf die Erde gezogen, mit denen Betten, Bettstroh, Stühlen, Tischen und andern Sachen überschüttet und bedecket, daß die ohnedem schon elendiglich zugerichtete Personen fast unter solcher Last ersticken, auch wohl gar crepiren müssen. Wie dann auch leyder die hin und her sich zugetragene bekannte traurige Exempel geben, daß solche bösen Buben die Weibes-Personen gar mit Gewalt geschändet, ja über daß noch ihnen die Brüste aufgeschnitten und ihnen die gröste Schmertzen zugefüget. Nicht weniger auch einige Inquisiten, wann sie zur Hafft und endlich nach langen Leugnen zur Bekänntniß gebracht worden, bekennet und ausgesaget, daß es unterschiedene Rotten solcher bösen Buben gebe, deren jede ihren Rädels-Führer habe und manche Rotte in die 30, 40, 50 und mehr Personen starck sey und von Tage zu Tage je mehr und mehr anwachse und sich in denen Büschen und verborgenen Orten aufhalte.

Dergleichen Boßheit ist auch leyder von einigen bösen Buben und Räubern in dem Hochfürstlichen Köthnischen Antheile in itziger Zeit ausgeübet worden, folgendermaaßen dann den 24. December 1712 dem hochfürstlichen Amte Köthen von einem Unterthan angezeiget ward, daß eine dergleichen räuberische Rotte sich unterstanden, eines Cossathens und Eyer-Kärners zu Großpaschleben nahmens Hansen Schröters Ehe-Frau in seiner Abwesenheit, da er seiner ehrlichen Handthierung halber nach Berlin verreiset gewesen, in der Nacht zwischen den 23. und 24. December des 1712ten Jahres an Händen und Füssen gebunden und ihr alle das Ihre geraubet, selbige auch, da sie hernach selbst darüber vernommen worden, angegeben, daß diese Räuber in itzt gedachter Nacht zwischen 10 und 11 Uhr, da sie in ihrer Stube in dem Bette allein, zwey Kinder hinter dem Ofen und das eine in der Wiege gelegen, sie auch kaum eingeschlaffen, den Laden und das Fenster ausgehoben, zu ihr in die Stube gestiegen und nachdem sie dadurch, daß die Räuber das Tuch mit der Lampe und Feuer-Zeuge vom Tische gerissen und ein Gepolter geworden, erwachet, und sie, da der Wind durch das Fenster ihr entgegen gestossen, unrecht vermercket, eiligst aus dem Bette gesprungen und nach der Stuben-Thüre geeilet, der eine Räuber sie in die Gurgel gefasset, gedämpffet*, zur Erde geschmissen, auf sie gekniet und ihr mit dem Messer drey Schnitt an den Halß gegeben, der ander aber sie gehalten, beyde ihr das Tischtuch um den Kopff gewickelt und es ihr mit einen Stricke um den Hals gebunden, daß sie nicht sehen können, auch indem sie der eine geschnitten, gesprochen: *»Hure! Wo hast du dein Geld? Dein Mann hat befohlen, dir den Hals abzuschneiden! Wir wollen das Geld holen!«* Auch da sie aus Angst gesprochen: *»Ich habe kein Geld. Der Mann hat es ins Bette verstecket«*, das Bette ausgeräumet, und ob sie wol den Beutel mit dem Gelde gefunden, sich daran nicht begnügen lassen, sondern auch in den Wänden, ob etwas daselbst verborgen, gesuchet, die Wände aufgehauen und dasjenige, so dieser ehrliche Mann durch seinen sauren Schweiß gesammlet, nicht nur vollends, sondern auch der Frauen alle ihre Kleider,

* gewürgt

weiß Zeug und Leinen, Geräthe aus denen Laden, welche sie mit Gewalt aufgeschlagen, gestohlen, nicht weniger auch derselben mit ihren eigenen Schurtz-Bande die Hände auf den Rücken und die Füsse an eine in der Stube stehende Seule gebunden, mit Gewalt und gröster Grausamkeit auf sie gekniet, auch ihr zwey Rippen im Leibe eingeknicket und mit dem Raube davon geeilet, sie aber eine lange Zeit in solchem elenden Zustand liegen müssen bis endlich ihre hinter dem Ofen liegende Tochter von 13 Jahren erwachet und sie wieder loßgebunden. Maaßen sie dann von solchen starkken Binden so elend zugerichtet gewesen, daß sie lange Zeit kranck gelegen und ihre Glieder, insonderheit aber die Hände, nicht viel gebrauchen können. Wobey aber dieselbe, wie diese Räuber gestalt oder wie sie ausgesehen, nicht im geringsten angeben konte, indem die Räuber zwar Licht gehabt, sie aber, weil ihr das Tuch um den Kopff gewickelt gewesen, nicht sehen können.

Weil man nun weder wer die Thäter gewesen noch wie sie gestalt erfahren können und selbige gesehen, daß ihnen solche böse That geglücket, sind selbige dadurch desto kühner geworden. Wie dann eine Diebes-Rotte sich abermahls zusammen geschlagen und fast 8 Wochen drauf bey einem andern Cossathen zu Großpaschleben, Hansen Lingen, einen Schneider, dergleichen Boßheit ausgeübet. Maaßen dann am 4. Februar 1713 dem Hochfürstlichen Amte Köthen abermahls denunciiret ward, daß eine Diebes-Rotte in der Nacht zwischen den 3. und 4. Februar 1713 Hans Lingen und dessen Eheweib in ihrer Stube in dem Bette überfallen, an Händen und Füssen gebunden und ihnen das Ihre geraubet. – Es gaben auch Hans Lingen und dessen Eheweib, als sie hernach darüber vernommen worden, beständigst an, daß die Diebes-Rotte, weil sie die mit starcken Riegeln verwahrte Haus-Thüre nicht eröffnen können, vermittelst einer aus der Scheune geholten Leiter durch ein enges Loch ins Haus gestiegen, 4 von diesen Räubern zu ihnen in die Stube mit brennenden Wachs-Lichtern gekommen, ihn, Hans Lingen, einen Mann von 64 Jahren und welcher schon etliche Wochen über kranck und bett lägerig gewesen und dessen Eheweib, so auch von 60 Jahren, in dem Bette überfallen, zu ihnen auf das Bette gesprungen, den Mann aufs Angesicht herum geweltzet. Ingleichen daß zwey von denenselben auf den Mann und 2 auf das Weib, welches sie ebenfalls auf das Angesicht gelegt, gekniet, ihnen die Hände auf den Rücken, auch die Füsse hart mit starcken und voller Knoten geschürtzten Sackbande, damit die Bande nicht leichte aufzureissen, seyn möchte, gebunden und Geld begehret, ihnen auch die Betten auf die Angesichter gedecket, daß sie daher die Diebe nicht erkennen können. Und ob zwar das Weib ihnen vorgestellet, daß sie kein Geld hätten, sondern schon viermahl bestohlen und ihnen das Ihrige geraubet worden, dennoch nicht damit zu frieden gewesen, sondern den Mann in die Gurgel gefasset, gedämpffet und gemartert, endlich aber ihn aus dem Bette geschmissen, nicht weniger das Weib aus dem Bette gehoben, selbige ins Gesichte geschlagen, daß das Blut häuffig herunter geflossen, sie beyde mit den Füssen gantz zu nichte getreten, auf die Angesichter abermals geleget, das Weib auch unter die Ofen-Banck gedrucket und auf beyde die Betten, das Bett-Stroh, die Stühle und Spinn-Räder geschmissen, daß sie fast keine Lufft darunter schöpffen können. Darauf ihnen die Laden zerhauen, einige bleichen Leinewand, 3 Weiber-Röcke, Hemden, Mützen und ander Geräthe, auch eine Speckseite und an die 30 Bratwürste entwendet, am Gelde aber ein mehrers nicht als 1 Thaler gefunden und geraubet und sie also elendiglich gebunden liegen lassen. Wie sie dann auch unter solcher Last die gantze Nacht in Angst und Quaal zugebracht und zu Gott, daß er ihnen jemand zur Errettung senden möchte, geseufftzet, da dann endlich gegen den Morgen des Richters Magd, daß alle Thüren Hans Lingens Hause offen gestanden, gewahr worden, solches einer Frauen, so diesen Leuten in der Kranckheit zur Hand gegangen, eröffnet, diese auch so fort dahin geeilet und selbige in solchen elenden Zustande auch Hanß Lingen fast gantz verblichet angetroffen, selbige auch vermittelst ihres zu hülffe geruffenen Sohnes endlich von der Last und Banden erlöset. Wie dann auch der Augenschein gegeben, daß die Bande sehr tieff in das Fleisch eingeschnitten, davon ihnen dann die Glieder also gar verstarret, daß sie eine lange Zeit zubringen müssen, ehe sie ihre Glieder wiederum in etwas gebrauchen könten, Hanß Lingen auch bis diese Stunde von solchen starcken binden lahm an den Füssen geblieben.

Bey dieser abermahligen entsetzlichen That ward zwar auf gnädigsten Befehl der Hochfürstlichen Herrschafft aller Fleiß angewendet, die Thäter und wo sie sich hingewendet, zu erforschen, es fiel auch zwar bald auf diesen bald auf jenen ein wiewohl irriger Verdacht, aber weil weder die arme gebundene Leute, wie diese Räuber gestalt noch sonst jemand die geringste Anzeige thun konten, verschwand fast alle Hoffnung selbige zu erfahren. Indessen hatte die Boßheit, Kühnheit und Sicherheit der bösen Buben, welche ihnen deswegen keine grosse Gefahr besorget, und sich immerhin in denen Benachbarten Orten, doch unwissend der Obrigkeit, aufgehalten, jemehr und mehr zugenommen, und ward am 22. März 1713 abermals angezeiget, daß in der nechst vergangenen Nacht zwischen den 21. und 22. März 1713 eine Diebes-Rotte bey dem Pfarrer zu Edderitz, Herrn Alrico Plescken, welcher von Geburth ein Brehmer, ein stiller und frommer Mann, von etlichen 50 Jahren und welcher durch einen unglücklichen Fall ohnedem so elend und gebrechlich, daß er ohne einen Stock und einen Leiter fast keinen Schritt thun konte und dessen Wärterin, Marien Catharinen Triptoin, eines Böttchers Wittibe, so auch von ziemlichen Jahren, überfallen, an Händen und Füssen gebunden, der Pfarr auch unter denen auff ihn geworfenen Betten ersticket und ihm alle das Seine geraubet worden. Es ward auch bald Anstalt zur Besichtigung gemacht, da dann der Schulmeister, George Dieterich deponirete, daß der Kirch-Vater, Michael Thormann, des Morgens zum Pfarr gehen wollen, die Thür aber, ungeachtet er starck angeklopffet, nicht aufgemachet werden wollen, er auch ein starck Winseln gehöret. Dahero er, der Schulmeister, seinen Stieff-Enckel über die Pforte des Pfarr-Hoffes steigen und selbige aufmachen lassen, sie auch, je näher sie zum Hause gekommen, das Winseln je stärcker gehöret. Es hätte auch sein Stieff-Enckel durch das Fenster in die Stube steigen müssen, welcher dann den Pfarr im Bette todt und die Wärterin mit Betten bedeckt gefunden. Die Haus-Thüre hätten sie müssen mit der Axt aufmachen, und als sie hinein gekommen, den Pfarr an Händen auf den Rücken und an Füssen gebunden, die quere in dem Bette auf dem Angesichte liegend und todt mit Betten bedecket, die Wärterin aber auch mit Betten über-

Heinrich Friese

decket und gleichesfalls an Händen auf den Rücken und an Füssen im Bette liegend doch noch lebendig gefunden. Es wären die Sack-Bänder, womit diese beyde gebunden gewesen, voller Knoten und so verstrickt gewesen, daß sie solche nicht aufbinden können, sondern mit dem Messer zerschneiden müssen. – Es fand sich auch bey der Besichtigung, daß der Pfarr im Gesichte, auf der Brust, der rechte halbe Rücken und beyde Schenckel mit Blute unterlauffen, ingleichen daß das Blut häuffig aus der Nase gestürtzet, wovon auch das Bette und das Hemde noch gantz blutig war, die Nase auch auf der lincken Seite gantz krum gebogen und der Pfarr einen Stich an den lincken Fusse inwarts an den Knöchel bekommen. Woraus dann, wie unbarmhertzig diese böse Buben mit diesem ehrlichen und gebrechlichen Pfarr gehandelt, sattsam zu schliessen, und urtheilete der Medicus Herr D. Baudis daraus, daß er, weil sonst keine andere FIGNA VIOLENTAE MORTIS* zu spühren wären, unter dem Bette in seinem Blute ersticken müssen. – Es befand sich auch in der Stube, wo der Pfarr ermordet, ein Pflugsech**, welches die Diebe zurück gelassen und womit sie nach ihrer nachdem gethaner Bekänntniß den Überwurff an der Stuben-Thür abgeworffen, und sagte obgedachte Wärterin, da sie noch von dem grossen Schreck und starcken Binden bettlägerich und kranck war, aus, daß in der Nacht um 11 Uhr der vor dem Fenster liegende Ketten-Hund gebellet und sie, weil der Pfarr wegen des Bellens nicht schlaffen können, denselben mit einem Stock aus dem Fenster geschlagen, da sie sich aber kaum wieder niedergelegt, der Überwurff von der Stuben-Thür ab und 4 starcke Kerl mit brennenden Lichtern in die Stube gesprungen, und als sie gefragt: *»Ihr Herren, was wolt ihr?«* Der eine so einen grauen Rock und weisse Stieffeletten angehabt,

* Todesursachen
** messerartiges Teil an der Pflugschar

(wiewohl sie nachgehends angegeben, daß sie nicht eigen sagen könne, daß er einen grauen Rock gehabt) auf sie gefallen, ihr auf die lincke Achsel gekniet, sie auf das Gesichte herum geworffen und gesprochen: *»Ich habe die Magd so lange gehalten, bis die andern 3 mit dem Pfarr fertig gewesen«*, sie wüste aber nicht, wie diese Kerl ausgesehen oder was sie für Kleider angehabt. Als sie den Pfarr angegriffen, hätte er einmahl geschrien: *»Ach, Mutter!«* Weiter hätte sie nichts von ihm gehöret, wisse auch nicht, was sie mit ihm gemachet. Als nun die andern auch zu ihr gekommen, hätten selbige ihr auch die Hände auf den Rücken und die Füsse gebunden. Sie hätte auch zu dem so sie gehalten, gesprochen: *»Lieber Herr, lasset mich doch leben, ich habe eine kleine Wäsche und ein Röckchen, nehmet mir doch nichts!«* Dieser hätte geantwortet: *»Nein, ich will dir nichts nehmen, schrey nur nicht, ich will dich auch wieder aufbinden.«* – Sie hätten auch gefragt, wo das Geld wäre, und als sie geantwortet: *»In dem Kuffer«*, gesprochen: *»Das ist nicht genug, wo ist das Silberwerck? Du mußt es sagen oder wir wollen dich mehr martern.«* Darauf hätte sie geantwortet: *»Der Sohn ist von Bremen hier gewesen und hat es mitgenommen.«* – Den Schlüssel zum Kuffer hätten die Diebe in des Pfarrs Hosen gefunden, auch einen stählernen Zahnstocher, auch 12 Groschen Geld daraus genommen. Den Kuffer hätten sie aufgeschlossen und das Geld so in 15 Beuteln, deren einer mit 16 Groschen Stücken angefüllet gewesen, gestanden, wie auch den übergüldeten Kirchen-Kelch und Teller, welcher 50 Thaler gekostet, genommen. Aus dem Schrancke hätten sie 6 silberne Löffel, wie auch ein paar mit Silber beschlagene Messer gestohlen. Darauff wären die Diebe zur Stuben-Thür hinaus gegangen, und weil sie unter den Betten, welche sie über sie her geschmissen gehabt, sehr ängstiglich gelegen, hätte sie geruffen: *»Ich ersticke!«* Da dann der eine an ihr Bette gegriffen und es ihr etwas abgezogen, davon sie etwas Lufft bekommen. Sie hätte auch mit den Zähnen das Küssen immer in die höhe gezerret, daß sie etwas Lufft schöpffen können. – Die Diebe hätten auch den Schranck im Hause, worzu die Schlüssel an der Seite gehangen, auffgeschlossen, und nachdem sie nachsehen lassen, hätte sie des Pfarrs Schuh, einige Schnuptücher, Servietten, zwey Hüte mit zwey Flöhren vermisset. Sie wären auch auf den Boden in die Stube gegangen und die daselbst stehende Kasten, worinn aber kein Geld, auch kein Leinen-Geräthe gewesen, aufgeschlagen; aus der Ober-Kammer hätten sie eine Speck-Seite und Würste mitgenommen. Wie dann auch die Ober-Stube und die daselbst stehende Kasten besichtiget und gefunden worden, daß der Schranck und die Kasten mit einem Brech-Eisen erbrochen, die in den Kasten gewesene Leichen-Predigten und andere Sachen in der Stube herum gestreuet gewesen und nicht weniger der Ketten-Hund todt und mit dem feste zugeschnalleten Halß-Bande gedämpffet, ingleichen befand sich auch noch die angelegte Leiter, worauff die Diebe durch das Ober-Fenster auf den Boden gestiegen.

Ob es nun zwar vor Menschen-Augen schiene, daß keiner von diesen Thätern so leicht möchte offenbahr und ergriffen werden und daß darzu fast alle Hoffnung verlohren wäre, indem niemand die Gestalt und die Kleidung der Diebe ansagen konte, so hat doch der gerechte und allweise Gott nach seiner allweisen Regierung nach und nach einige Anzeigungen an die Hand gegeben und in dem gantzen INQUISITIONS-PROCESSU gezeiget, daß er mit im Gerichte sey und alles wunderbahr zu seines Nahmens Ehre dirigirt. Dann wie bald anfangs das von den Räubern zurück gelassene Pflugsech am 24. Mart. drauff erkant und angegeben ward, daß die Diebe Johann Georg Biern zu Maaster, den vor seiner Thüre stehenden Pflug weg und hinter das Haus geschleppet und dieses Eisen davon abgeschlagen; gedachter Bieler auch, als er darüber vernommen, solches für das seine agnoscirete; auch darauf unterschiedene Steck-Brieffe hin und her, wiewohl fast verlohren, weil die Räuber an Gestalt und Kleidung nicht beschrieben werden konten, ausgesendet wurden, also ward auch angezeiget, daß die Räuber eine Küssen-Züche* von den gestohlenen Sachen bey Maaster verlohren, dahero dann die Muthmassung fiel, daß sie solches Weges nach den Sächsischen durch das Ostrauische gegangen, deßwegen dann abermahls neue Steck-Brieffe ausgiengen, da es sich dann gefüget, daß, als der Bothe zuletzt auf Kösnitz gekommen, zwey von diesen Räubern Nahmens Hanß Heinrich Richter, ein Bötcher von Jeßnitz, und Christoph Hüntsche, gewesener Schencke zu Kehrau, nebst zwey Weibes-Personen, als Annen Barbaren Försterin und Anna Elisabeth Reiffertin schon von den Adelichen Gerichten daselbst verarrestiret, deren Nahmen, Thun und Wesen aber damahls noch nicht bekannt gewesen, auch von denen Gerichten examiniret und visitiret worden, und obwohl selbige damahls nicht beybehalten, sondern mit Gewalt des Abends um 7 Uhr fortgejagt worden, ungeacht diese gebethen, ihnen die Nacht über die Herberge zu Kösnitz zu verstatten, dennoch die von ihnen zurück gelassene Sachen einen ziemlichen

* Kissenbezug

Verdacht auf diese Personen gegeben. Maassen dann in Mitter-Nacht drauff die Gerichte von Kösnitz nebst dem Schencken daselbst dem Amte Köthen anzeigeten, wie obgedachte 4 Personen am 24. Mart. 1713 als an einem Freytag in der Schencke zu Kösnitz und unter ihnen der Wirth von Kehrau, welcher es mit den Dieben gehalten und des zu Biendorff auff des Herrn General-Majors von Hagen Adelichen Hofe verübten Diebstahls halber zu Calbe lange Zeit in arrest gesessen, gewesen. Dieser wäre von mittelmäßiger Statur, starck von Schultern, schwartz von Angesicht mit einem starcken schwartzen Barthe, gantz dunckel-grauen Rock, Weste und Hosen und redete durch die Nase. Der andere wäre ein langer Kerl mit langen dregen Fingern, braunen Rocke mit Cameel-Haaren Knöpffen, etwas dunckel-brauner Weste, Ledern Hosen, einen kleinen Dolch, so mit einem Elffenbeinen Griffe und welcher wohl beredt wäre. Die eine Weibes-Person wäre ältlich von ohngefehr 40 Jahren, die andere von langer Statur, starck von Gliedern und mit einem kleinen Kinde. Diese wären diesen Abend um 7 Uhr aus der Schencke gegangen, nachdem sie aber weg gewesen, hätten des Schencken Kinder angezeiget, daß die eine Frau was verstecket. Sie hätten auch solches gesuchet und in einer Serviette ein paar schwartze Manns-Schuh mit Schnallen, auch ein stück Speck und einige geräucherte Schlack-Würste gefunden. Wie sie dann auch solches nicht nur ins Amt mit gebracht, sondern auch der Schencke Levin Bergkmann noch am 2. April hernach eine kurtze Brech-Stange, so die Diebe im Garten und einen Puffer, so mit einer Kugel geladen gewesen und die Frau mit dem Kinde hinter dem Schranck versteckt gehabt, ins Amt gebracht und dabey angezeiget, daß die andere Frau (Anna Elisabeth Reiffertin) den folgenden Sonnabend zurück gekommen und seiner Tochter eine gantze Hand voll Geld gebothen, daß sie ihr die Sachen wieder geben möchte, mit dem Vorgeben, daß ihr Mann, den Kehrauischen Christoph Hüntschen meynend, die Schuh zu Halle gekaufft, worauff ihr aber zur Antwort gegeben worden, daß die Sachen nach Köthen geschickt wären.

Es ermangelte zwar das Hochfürstliche Amt Köthen nicht, so fort noch in selbiger Nacht einige Bürger und Diener an die hiesigen Gräntzen nach Prießdorf und Gnetsch zu senden, und ob selbige wieder zu erlangen zu versuchen, auch einen reisenden Boten mit einem Steck-Brieffe an das Hochfürstliche Amt Radegast und zu bitten die Schencken alldort zu visitieren, zu schicken, aber beydes war umsonst, wiewohl nachgehends die Inquisiten gestanden, daß der eine Spitzbube, Christoph Hüntsche, mit der einen Spitzbübin, Anna Elisabeth Reiffertin, selbige Nacht in der Schencke zu Radegast sicher und ungekränckt gelegen. – Wie aber dem Amte angezeiget worden, als ob zu Priesdorf ein Schencke sich aufhielte, welcher wegen des, daß er in kleinen Wülcknitz schon viel Spitzbuben beherberget und darüber schon öffters zur Rede gesetzet worden, auch nachhero einen von ihm theuer geleisteten Eydt gebrochen und dahero den Bürgern und Dienern anbefohlen ward, selbigen mit in Hafft zu nehmen, also brachten dieselbe, und zwar EX ERRORE* den Pacht-Schencken zu Prießdorf, Paul Herteln, nebst dessen Schwieger-Sohn Michael Sandmann und einige Bettler zurück. Da denn zwar diese insgesamt und son-

* irrtümlich

derlich Paul Hertel, welcher doch, wie hernach sich hervor gethan, der Hähler dieser Spitzbuben gewesen und die dem Pfarr zu Edderitz gestohlene Sachen in seinem Stalle wissentlich theilen lassen, auch so wohl, als Michael Sandmann aus der Spitzbuben-Rotte gewesen, genau darauf examiniret wurden, wer am 21. und 22. Mart. zu Prießdorf in der Schencke logiret. Es wolten aber dieselbe und sonderlich Paul Hertel von niemand wissen, welcher letztere auch, durch einige zu Calbe und Pohla, woselbst er hiebevor Schenck-Wirth gewesen, erlangete Attestata sich reine und weiß zu brennen suchte, und muste man damahls diese insgesamt, weil sonst keine indicia verhanden, auch unter Paul Hertels Sachen, welche zu Prießdorf visitiret worden, sich nichts verdächtiges gefunden, vor dismahl dimittiren. Doch wurden die Schuh und das Schnuptuch, so der Schencke Levin Bergkmann von Kösnitz hereingebracht, so fort nach Edderitz der Wärterin, Marien Catharinen Triptoin zugesendet, welche sie auch für des Pfarrers Schuh und Schnuptuch erkante. Es beschrieb zwar auch ein Zeuge von Prießdorf 3 von diesen Personen an Gesichte und Kleidung und gab an, daß er selbige zu Kösnitz in der Schencke gesehen, und daß einer der Kehrauische Schencke und die eine Weibes-Person die Anna Barbar wäre, welche vor 2 Jahren zu Gnetsch wegen Diebstals halber in arrest gesessen, doch wuste er den andern Spitzbuben mit Nahmen nicht zu nennen. Und ob wohl dadurch wer die Anna Barbar gewesen, sattsam bekannt ward, so konte man doch nicht wissen, wohin diese Diebes-Rotte sich abermahls gewendet, und schiene die Hoffnung selbige zu erlangen von neuen verlohren. Maaßen dann darauf, nicht nur so fort hin und her die Steck-Brieffe häuffig ausgesendet wurden, sondern auch die Durchlauchtigste Fürstin und Frau, Frau Giesela Agnesa, verwittibete Fürstin zu Anhalt, Hertzogin zu Sachsen, Engern und Westphalen, Gräfin zu Ascanien und Nienburg, Frau zu Bernburg und Zerbst, Vormünderin und Regentin, Hochfürstliche Durchlauchtigkeit, in den öffentlichen Gazetten, demjenigen, welchen diese Räuber, daß man sie greiffen könte, anzeigen würde, einen Recompens von 500 Thaler versprechen liessen, doch aber eine ziemliche Zeit hinlieff, ehe man einige Nachricht erhielte.

Der grosse und gerechte Gott aber, welcher solchen bösen Buben und deren gräßlichen Thaten nicht länger nachsehen konte noch wolte, schickte es so wunderbahr, daß diese böse Buben sich noch gantz sicher erachteten und der Kehrauische Schencke Christoph Hüntsche sich nach Dessau und von dar wieder zurück nach Kleinzerbst in das hiesige hochfürstliche Territorium, um von dar sich nach Kehrau zu wenden, begab, daselbst von einen Einwohner, Hanß Andreas Lodderstetten, erkannt, in die Schencke genöthiget und unter der Hand Anstalt zur CAPTUR* gemachet ward, es auch sich durch sonderbare Schickung Gottes fügete, daß ohngefehr der Durchlauchtigste jüngste Landes-Printz dahin kam und dadurch die Captur befordert und Christoph Hüntsche am 31. Mart. 1713 gefänglich nach Köthen eingebracht ward. Wie dann auch gedachter Christoph Hüntsche so fort theils mit verdächtigen Reden, theils mit dem seeligen Pfarr zu Edderitz gestohlenen und bey sich gehabten Spanischen Rohr, so wohl sich als auch die mit ihm gelauffene und damahls sich zu Kehrau aufhaltende Spitzbübin, Anna Elisabeth

* Beute

Reiffertin, durch alzu eiffrige und ängstigliche Vorsorge für sich und für dieselbe, daß sie nicht auch zu Hafft gebracht werden oder auch einige Anzeige wieder ihn geben möchte, verrathen. Indem er, der dißfalls eydlich abgehörten Zeugen Aussage nach, nicht nur Hanß Andreas Lodderstedten gefragt, ob er nicht was wüste, und als dieser geantwortet, es gebe wohl neues, aber selten was Gutes, sie hätten den Pfarr zu Edderitz todt geschlagen, gesprochen: Das wäre nicht gut, aber man sagte ja, daß sie des Pfarres Schuh und Schnuptuch, auch den Kelch wieder hätten und solches ins Amt gebracht. Nicht weniger auch der Schenckin zu Kleinzerbst, als er schon bewachet worden, immer gewincket und nach dem Stocke, wann die Wächter nicht hingesehen, mit dem Kopffe genicket, sie auch heimlich gebeten, daß sie den Stock weg nehmen und verstecken möchte, und als diese ihm solches abgeschlagen, denselben unter den Kasten verstecket, auch die Schenckin ersuchet, ihm einen Bothen nach Kehrau zu schaffen und gesprochen, er hätte ein Weibes-Mensch daselbst. Dieser wolt er wissen lassen, daß er alhier sässe. Was wäre ihm mit einer Hand voll Blut gedienet, sie wäre an einem Orte durchgegangen, ihr auch 1 Groschen für den Bothen gegeben, auch da so gleich des Leinenwebers Johann Georg Richters Tochter zugegen gewesen; dieser den Groschen aus der Schenckin Hand in die ihre geschüttet, wiewohl dieser Bothe den Groschen zwar behalten, aber ihr nach Kehrau zu gehen verbothen worden. Worauff dann auch so fort das Königliche Amt Calbe PER SUBSIDIUM JURIS* dieses Mensch auf beschehene Requisition in arrest nehmen und dem Hochfürstlichen Amte Kö-

* mit Hilfe des Rechtes

then gegen Ausstellung gewöhnlicher Reversalien und Ersetzung der Kosten am 3. April 1713 ausliefern lassen, welche dann damahls weder Hanß Heinrich Richtern noch die Anna Barbar Försterin, so mit ihr zu Kösnitz gewesen, kennen, noch wissen wolte, woher Christoph Hüntsche das Spanische Rohr bekommen.

Damit aber auch zuforderst kund werde, was diese Räuber für Leute und woher sie gebürtig gewesen, so ist itzt gedachter Christoph Hüntsche ein Köthnisch Kind und sein Vater David Hüntsche, Hühnervoigt, oder wie er bey dem examine angegeben Cantzleybothe in Köthen gewesen, hat sich von jugend auf liederlich aufgeführet, endlich in Krieg gegangen und 18 Jahr unter der damahligen Churfürstlichen Brandenburgischen Garde gedienet, hernach, da er abgedancket worden, an dem Mühlen-Bau arbeiten helfen, endlich als ein Boots-Knecht fünffmahl mit nach Grönland gefahren, und da er das fünfftemahl zurück gekehret, sich wieder anhero begeben, hin und her mit den Spitzbuben gelauffen, eine Schencke zu Kehrau erkaufft und daselbst die Spitzbuben beherberget, wie er dann unter andern diejenigen Räuber und Spitzbuben, welche des Herrn General-Majors von Hagen Adeliches Hauß zu Biendorf bestohlen, gehauset und gehegct, auch nach Inhalt der in dem Königlichen Amte Acken gehaltenen und überschickten Registraturen, die gestohlenen Flinten, Cattunen Fürhänge, Fenster, Gardinen und Peruque* in dessen gewahrsam, auch zum Theil in seiner Schlaff-Kammer, nicht weniger über seiner Kammerthüre 2 Dietriche und 2 Brecheisen gefunden worden, auch Anne Kornin deponiret, daß die gestohlene

* Perücke

Sachen in seiner Schlaffkammer getheilet, er auch den Dieben befohlen, die Flinten entweder ins Dach oder im Stalle zu verstecken, er auch die eine Flinte und Peruque wie auch die Stieffeln andern zum Verkauff angebothen. – Nicht weniger auch nach Inhalt der im Königlichen Amte Calbe ergangenen und anhero übersendeten Registraturen; der eine Spitzbube, Johann Bosert, welcher in Calbe in Hafft gesessen und nachgehends zum Festungs-Bau condemniret worden, beständig ausgesagt, daß dieser Christoph Hüntsche umb den Biendorfischen Diebstahl wohl wisse, den Dieben einen Bohr darzu geliehen, auch gegen ihm, Boserten, gestanden, daß er bey dem Lübbesdorfer Diebstahl, welcher dem Herrn von der Schulenburg wiederfahren, mit interessiret und die gestohlene Geldbeutel versiegelt und numeriret in seiner Verwahrung zu dem Ende gehabt, daß die Diebe einander nicht Unrecht thun können. Auch gesprochen, daß die Diebe darin einfältig gewesen, daß sie nur das Silbergeld genommen und das Gold stehen lassen, und daß der Wahler Coder mit dem rechten Nahmen Braune, welcher sich vor einen Tabulet-Krähmer ausgegeben, gewesen. Ingleichen, daß er mit Christian Darren unter einer Decke gelegen, welcher ihm immer Schaaffe und dergleichen zugeschleppet. Maaßen dann auch dieser Christoph Hüntsche, daß er zur Spitzbuben-Rotte gehöre, in der That erwiesen, indem er wenig Wochen hernach, da er nach abgelegten PURGATORIO* zu Calbe der Hafft erlassen worden, den Diebstahl bey Hanß Lingen zu Großpaschleben und den Mord an dem Pfarr zu Edderitz, wie infra angeführet werden soll, ausüben helfen.

* Reinigung vom Verdacht

Die Anna Elisabeth Reiffertin ist eine Frau von ohngefehr 40 Jahren, hat ihrer Aussage nach Adam Reinfelden, einen Schuster in Beseneck über Jena gelegen, zum Vater gehabt und im 14ten Jahre Reifferten, einen Soldaten geheyrathet, welcher nach 16 Jähriger Ehe verstorben. Nachgehends hat sie sich abermahls an einen Soldaten Nahmens Elias Müllern, eines Gastwirths Sohn auf dem Strohhoffe in Halle verehliget, welcher unter den Königlichen Preußischen, hernach unter den Sachsen gedienet, aber desertiret und hernach sich unter andern nach Kehrau zu Christoph Hüntschen, als seinen alten Bekandten, begeben, woselbst er auch von einem Spitzbuben Nahmens Ulrichen erstochen worden; über solchen Mord auch dessen Eheweib Anna Elisabeth nach Calbe zur Hafft gebracht, daselbst lange Zeit in Hafft gesessen und endlich auf 3 Jahr lang zum Spinhause condemniret* worden, doch aber ehe solches zur EXECUTION kommen aus der Hafft heimlich gegangen. In dem Gefängnis aber, ihrer Aussage nach, sich mit Christoph Hüntschen, da sie in einer Stube gesessen, verlobet und hernach mit ihm im Lande herum und dem Vermuthen nach der Spitzbüberey nachgelauffen. – Maaßen sie denn auch bey dieser Inquisition theils mit Zeugen überführet, theils selbst gestanden, daß, als Elias Müller in Leipzig im Quartier gelegen, eine Fourier Frau 9 Ellen Tuch in Dresden gestohlen und solches ihr verkaufft, als aber das Tuch bey ihr gefunden worden und sie den Thäter nicht verrathen wollen, etliche 30 Wochen in der Hauptwache zu Leipzig gefangen gesessen; der Soldat aber, so die Wache bey ihr gehalten, mit ihr durchgegangen und dieser nebst ihr

* verurteilt

und Elias Müllern wieder ertappet worden; der Soldat mit dem Galgen, sie mit dem Staupbesen und einiger Jahre Arbeit im Zuchthause und Elias Müller mit den Spißruthen abgelohnet worden.

Wie aber auch obgedachter Spitzbube, Johann Bosert, in Calbe angegeben, daß dieser Christoph Hüntsche mit der Anna Elisabeth Reiffertin vor diesem würcklich getrauet worden und nachdem derselbe einsmahls in Hafft gekommen, die Reiffertin ihn verlassen und mit andern Kerls gelauffen; also ward auch bey dieser Inquisition angegeben, daß Christoph Hüntsche in der Ostermesse 1704 in Leipzig gesessen und den Staupbesen bekommen, und obzwar wohl in denen von den löblichen Stadt-Gerichten zu Leipzig auf besehene REQUISITION* überschickten PROTOCOLLIS von 2. und 13. April 1704 von der Straffe des Staupbesens nichts zu befinden, so legten sie doch an Tag, daß gedachter Elias Müller und Christoph Hüntsche damahls in Leipzig einander angetroffen, in Streit und Schlägerey gerathen und in Hafft genommen worden, und daß damahls Christoph Hüntsche zu seiner Entschuldigung vorgewendet, daß seine Frau vor einem halben Jahre von ihm gelauffen, er sie alhier in Leipzig angetroffen und Elias Müller selbige, da er sie deswegen reprimendiret**, verdeffendiren*** wollen, er auch ihm seine Frau abspänstig gemachet. Ingleichen, daß Elias Müller in so weit zugestanden, daß Christoph Hüntsche seine Frau geschlagen, aber vorgegeben, daß er sie nicht kenne, auch sie nicht abspänstig gemachet, Johann Georg Schwartz der Stunden-Ruffer aber deponiret, daß dieser beyder Kerl Weiber Spitzbübinen wären

* Rechtshilfeersuchen
** beschwichtigt
*** verteidigen

und gestohlen, er auch die eine daher kenne, daß sie in Leipzig gewohnet und den Staupbesen bekommen, welches dann die Anna Elisabeth Reiffertin gewesen, indem sie auch nachgehends in Actis bekannt, daß sie sich damahls in Leipzig aufgehalten und mit Christoph Hüntsche verlobt gehabt, aber mit Elias Müllern schon getrauet gewesen, und das Christoph Hüntsche, als sie mit Elias Müllern zu Torgau in Quartier gelegen, bey dem Officier wegen der Ehe-Verlöbniß zwar geklaget, aber abgewiesen worden. – Wie dann auch nachgehends Hanß Heinrich Richter ausgesaget, daß die Reiffertin gegen ihn selbsten gestanden, daß sie mit Christoph Hüntsche getrauet, aber von ihm gelauffen und sich zu Elias Müllern gehalten, doch auch den Ulrich, welcher hernach diesen Elias Müllern erstochen, lieber haben wollen, und gesprochen: Wann sie diesen erst wieder gehabt hätte, hätte sie Hüntschen bald hinhelffen wollen. Sie hätte auch ihn, Richtern, selbst angeredet, daß er sich zu ihr halten, bey ihr schlaffen und seinem Weibe mit Giffte vergeben solte, mit dem Versprechen, daß sie dergleichen an Hüntschen thun und ihm, Richtern, Geld genug verschaffen wolte, dann sie hätte manchmal 50 bis 80 Thaler auf einem Marckt erworben. Die Reiffertin auch, ob sie zwar dieses nicht zugestehen wollen, dennoch bekennet, daß sie diejenige Person sey, wegen welcher Elias Müller und Christoph Hüntsche in Leipzig in Zanck gerathen, daraus dann nichts anders zu vermuthen war, als daß das CRIMEN BIGAMIAE* hierunter verborgen steckete. Es haben aber solches die Herrn Sententionanten übergangen.

Ehe aber die Anna Elisabeth Reiffertin noch von

* Tatbestand der Bigamie

Kehrau den 3. April 1713 abgeholet ward, erlangete man durch sonderbahre Schickung Gottes wegen der andern Räuber nähere Nachricht, indem obgedachter Hans Heinrich Richter mit seiner bey sich habenden Huhre, Annen Barbaren Försterin, und Hanß Heinrich Friesen, auch dessen Huhre, Anna Dorothea Körnerin, und derselben Sohn, Hanß Paul Friederich Körnern, einen Knaben von 11 bis 12 Jahren, sich über die Mulde gemachet und in dem Dorffe Kremmin unter dem Churfürstlichen Sächsischen Amte Gräfenhainichen eingekehret. Es sich auch begeben, daß ein Cassate daselbst Christoph Mückenberg, welcher den von hieraus gesendeten Steckbrieff lesen hören und vernommen, daß die Köthnische Hochfürstliche Herrschafft demjenigen, welcher diese Räuber anzeigen würde, einen guten RECOMPENS* versprochen, ohngefehr in die Schencke gekommen, diese beyde böse Buben wohl betrachtet und je länger er sie angesehen, je mehr in seiner Meinung bestärcket worden, daß es diese Räuber seyn müsten; auch dahero den Richter und andere Benachbarten daselbst animiret, daß sie mit diesen beyden Kerls in ein Karten-Spiel eingelassen und sie in der Nacht bis gegen den Morgen im Spiel auffgehalten, er aber selbst noch eben den Tag als den 2. April 1713 bey späten Abend nach Köthen gekommen und solches dem Amte angezeiget. – Hierauf wurden so fort auf Hochfürstlichen Gnädigsten Befehl REQUISITORIALES an das Amt Gräfenhainichen abgelassen, mit dem Ersuchen, obgedachte 5 Personen insgesamt zur Hafft nehmen zulassen und dem Amte Köthen gegen Ausstellung gewöhnlicher REVERSALIEN** auszuant-

* Belohnung
** schriftliche Erklärungen

Johann Heinrich Richter

worten. Es wurden auch so fort noch selbige Nacht zwey Leuthe von Kösnitz, welche die so in Kösnitz in der Schencke gewesen, kenneten, umb solche zu recognosciren, mitgesendet; da dann das Churfürstliche Amt Gräfenhainichen diese 5 Personen am 3. April 1713 zur Hafft nehmen lassen, auch um der Sache gewiß zu seyn, die von hier abgeschickte Personen darüber, daß diese Delinquenten diejenigen wären, so in der Schencke zu Kösnitz gewesen, eydlich vernommen und haben die aldort adhibirte Amtsschöppen, so diese Personen in Hafft genommen, nach Inhalt der von Gräfenhainichen übersendeten Registraturen Hanß Heinrich Richtern, welcher sich damahls Gottfried Rüttel genennet, bey Annen Barbaren Försterin und Hanß Heinrich Friesen, bey Annen Dorotheen Körnerin im Hembde auf der Streue liegende, auch bey Hanß Heinrich Friesen unter andern einen auf Seiner Kayserlichen und Königlichen Mayestät Kröhnung geschlagenen Schaupfennig eines 6 Pfennig groß, bey Hanß Heinrich Richtern aber unter andern einen Bremischen halben Thaler und einen Lüneburgischer species Thaler mit dem Wildenmann und der Uberschrifft, alles mit Bedacht: De Anno 1632 gefunden, welche Stücken dann diese zwey Räuber ziemlich verdächtig machten, und wurden obgedachte 5 Personen von gedachten Amte Gräfenhäinichen auf allergnädigsten Befehl Seiner Königlichen Majestät zu Pohlen und Churfürstlichen Durchlauchtigkeit zu Sachsen dem Hochfürstlichen Amte Köthen am 21. April 1713 ausgeantwortet.

Gedachter Hanß Heinrich Richter war ein angesessener Bürger und Zunfftmäßiger Meister der Böttcher Inung in Jeßnitz, von welchem man solche böse Thaten nicht hätte vermuthen sollen. Er war seinem Angeben nach von 26 Jahren, langer Statur und schlang, doch von starcken Gliedern, wie er dann seiner Stärcke eine Probe darin bewiesen, daß er, da er mit den Füssen in einen grossen langen Eichenen und in der Länge von einander getrenneten und wieder zusammen gelegten, auch mit Bändern und Schlössern wohlverwahrten Klotze, in denen darzu aptirten* Löchern also liegen müssen, daß er sich nicht regen können, auch an den Händen mit einer so genanten eisern Weiffe, woran die Stange stärcker als Daumensdicke, verwahret gewesen, die itzt gedachte Stange zerbrochen, mit der Kappe, so an der Handschelle befindlich, den Boltzen des Klotzes ausgeschroben, und nicht viel gefehlet, daß er der Hafft entronnen, und als er in Judicio darüber vernommen, noch mit lachenden Munde den gantzen Verlauff, wie er es gemachet, erzehlte, auch zu weisen, daß er von solcher Stärcke sey, die an der Weisse gantz neugemachte eiserne Stange mit dem einen Ende auf die Knie legete, mit dem einen Arm feste hielte, mit dem andern aber sie hinunter und so fort gantz krum biegete, daß es nicht lange werden sollen, daß, wenn ihm solches erlaubet worden, diese Stange durch die Stärcke seiner Arme in zwey gegangen. Dieser Richter war ein Ausbund von denen Spitzbuben und von nichts als von lauter schelmischen Spitzbubengriffen zusammen gesetzet. Er war sehr fertig mit dem Munde und fähig so fort eine List und scheinbahre Außflucht und Lügen, auch aus dem Stegereiff zuerdencken. Dessen Vater ist Tobias Richter, auch ein Bötcher in Jeßnitz und dessen Mutter Eva Catharina, so insgemein daher Spieler-Eva genennet wird, weil, wie Hanß Heinrich Richter in examine selbst angegeben, ihr Bruder als ein Glückstöpfer, auch ihr Vater mit dem Drehe-Eisen im Lande herum gezogen, dessen Groß-Vater auch, daß er den Baron von Friesen ehemahls bestehlen helfen, und daß die weiße gestohlene Bärenhaut auf seinen Taubenschlage ge-

* so geändert, daß eine andere Nutzung möglich ist

funden worden, beschuldiget und angegeben werden wollen, welches auch Hanß Heinrich Richter hernach nicht undeutlich zugestanden. Er ist auch schon ehemahls zu Jeßnitz wegen des einer Pfarr-Wittiben daselbst wiederfahrnen Diebstahls zur Hafft gebracht und durch die hinterlassene Schuh, da einige Zeugen, daß es dessen Schuh gewesen, eydlich erhärtet, so weit verdächtig und graviret worden, daß er sich des Diebstahls halber mit einem Eyde reinigen müssen, wie er dann auch, daß er diesen Reinigungs-Eyd abgeschworen, gestehen muste. – Es kam auch, da dieser Richter mit seinen COMPLICIBUS durch Raguhn von Gräfenhäinichen geführet wurde, der Prediger aus Jeßnitz trat bey den Wagen zu Richtern auf öffentlicher Straße, führete ihm zu Gemüthe, wie er damahls einen falschen Eyd gethan und wie ihn nun Gott in schwerere Sünden fallen lassen; bath auch diesen Richter auf dessen Meineyd mit zu examiniren. Dieser Richter war, ehe er den Mord zu Edderitz vollbringen helffen, des dem Amts-Verwalter zu Solmnitz, Herrn Johann Ernst Staudingern, am 21. Februar 1713 wiederfahrnen Diebstahls halber, dessen er sehr Verdächtig gewesen, aus Jeßnitz entwichen, wie dann auch der aus denen vor dem Hochfürstlichen Amte Dessau dieses Diebstahls halber ergangenen Acten übersendeten extract sichere und fast ungezweiffelte Nachricht gab, daß dieser Hanß Heinrich Richter, nebst dem bey ihm in Jeßnitz anwohnenden Juden Jacob Aaron wie auch Andreas Rudolph Ziemern, Johann Jacob Lorentzen, Johann Paul Hentzen und Hanß Heinrich Kaldenbachen ausüben helffen, welche Spitzbuben aber insgesamt außer Richtern, welcher entwichen, wegen anderer sonder Zweiffel grösserer Mißethaten nach Dresden abgeholet worden. – Es gab auch der von dem Königlichen Polnischen Churfürstlichen Sächsischen Amte Gräfenhainichen anhero geschickter Extract aus denen aldort ergangenen Acten an Tag, daß Hanß Christoph Triebel ein Becker und Krahmer in Gräfenhäinichen 14 Tage vor Weihnachten 1711 zur Nacht durch einen gewaltsamen Einbruch bestohlen und ihm aus seinem Laden 250 Thaler wehrt an Cattun/Leinewand und allerhand Zeigen geraubet worden, er, Triebel, auch die Räuber verfolget und bis nach Altjeßnitz und an die Mulde gespühret, auch auf dem Wege den sogenannten Spieler Evens Sohn, Hanß Heinrich Richtern, welcher schon damahls als ein Dieb und Spitzbube bey Jedermann in grossen Verdacht gewesen, ingleichen einen Seiffensieder von Jeßnitz, so sich zum öfftern bey Richtern aufgehalten, angetroffen, und daß diese auf einem Pferde einen gantz voll gepackten Sack, so gantz steiff auf dem Pferde gelegen, gehabt, und als er ihn gefragt, was er in solchen Sacke hätte und wo er herkäme, geantwortet, er hätte zu Raguhn Dalg geholet, auch als Triebel ihm ferner vorgestellet, warum er auf jener Seite von Raguhn auf Jeßnitz reisete und hingegen auf dieser Seite einen nähern Weg hätte, keine andere Antwort geben können, als daß es ihm also gefallen hätte. Alls diese aber über die Mulde gewesen, hätten sie sich mit dem Pferde eiligst fort gemacht. Er, Triebel, hätte auch in Raguhn nachgefraget, ob ermelter Seiffensieder Dalg geholet. Aber es hätte Niemand davon wissen wollen. Ingleichen daß Triebel deponiret, er hätte Spieler-Evens Sohn in der Schencke zu Weißandt mit vielen Spitzbuben angetroffen, da er ein roth Scharlachen Kleid und grosse Peruque getragen und sich lustig gemachet; als ihn aber ein Bürger aus Jeßnitz erkant und genau auf ihn achtung gegeben, hätte solches Spieler-Evens Sohn wahr genommen und diesen Bürger gebethen, Niemanden zu Hause davon zu sagen. Als er des Solmnitzer Diebstahls halber aus Jeßnitz entwichen, hat er sich nebst seiner Huhre, auch Hanß Heinrich Friesen und Christoph Hüntschen in denen Schencken zu Wiendorf, kleine Pohleck und Gröna auf gehalten und nebst diesen, auch Georg Hohmannen und den Juden Susmann Moysen den Einbruch bey Herrn Burgemeister Spiegeln zu Bernburg den 18. Mart. 1713 zur Nacht gethan, sich von dar mit den übrigen Spitzbuben nach Prießdorf zu dem Diebes-Hähler Paul Herteln begeben und den Dienstag darauf, als den 21. Mart. zur Nacht den Diebstahl und Mord zu Edderitz ausgeübet.

Hanß Heinrich Friese war ein dick blintschiger Kerl, seiner Aussage nach von 42 Jahren, von breiten Schultern und starcken Gliedern; Hans Martin Friesens, eines Dröschers in Sausedlitz nachgehends Hirtens in Seehausen Sohn, zu Löbbens in Sachsen gebohren. Dessen Mutter Lucia, aus dem Lüneburgischen gebürtig; dieser hatte sein Eheweib, Marien Schröterin, eines Hirten Tochter, in Unehren beschlaffen und sich zu Priesteblich mit ihr trauen lassen, auch zwey Söhne mit ihr gezeuget, welche sich nebst ihren zwey Söhnen und der Mutter Lucia itzo noch in Schwemsal aufhält. – Es wolte zwar, damahls als die Gefangenen von Gräfenhäinichen bey Duhrland durch das Hochfürstliche Dessauische Territorium geführet wurden, ein Bauer daselbst angeben, daß dieser nicht Friese sondern Tümpel heisse und des Predigers zu Speren Sohn sey, und daß er ihn gantz wohl könne; es ward aber solches hernach falsch befunden. – Es haben auch gedachten Friesens Mutter und Ehe-frau deponiret, welches auch Friese zum Theil hernach selbst bekennet, daß dieser Friese nach der Trauung nicht arbeiten wollen, ungeachtet er im Bergwercke zu Schwemsal gute Arbeit gefunden, sondern meistentheils müßig gegangen, sich stetig mit seinem Weibe gezancket, sie vor 10 Jahren bößlich verlassen und sich unter die Soldaten begeben. Es haben auch die Gerichte zu Schwemsal attestiret, daß dieser Friese ein liederlicher loser Mensch gewesen. Er hat seiner Außage nach als Küraßierer unter den Sächsischen eine Zeitlang gedienet, nachgehends von den Frantzosen in Bayern gefangen worden, etliche Jahr den Frantzosen gedienet, aber endlich desertiret, hernach unter die Dänen gerathen und nachdem er wegen einer blessur seinen Abschied bekommen, sich auf das Betteln, auch auf die Spitzbuberey gelegt. – Die Annen Dorotheen Körnerin hat er in die 2 Jahr als seine Huhre mit sich herum geschleppet, bis er endlich den Diebstahl und Rauberey bey Hans Lingen zu Großpaschleben und den Diebstahl und Mord zu Edderitz bey dem Pfarrer außüben helffen und zur Hafft gebracht worden.

Anna Barbara Försterin ist ein Mensch von 25 Jahren, Bockgrubig im Gesichte, von ziemlicher Länge und starcker Statur. Diese ward am 16. August 1711 auf Ansuchen Meister Nicolaus Blauels, Fleischers in Löbejün, nebst Marien Eleonoren Durlin, des Ertz-Spitzbubens Hanß Braunens Eheweib und Marien Elisabeth Boßin, Berend Braunens oder vielmehr Stör oder Stichelfeldes Eheweib, wie auch noch einer Spitzbubin Magdalenen Fahrenbruchs zu Gnetsch von dem Hoch-Fürstlichen Amte Köthen in Hafft genommen, indem gedachten Nicolaus Blaueln wenig Tage zuvor in die 2000 Thaler am Gelde gestohlen worden und er die

Muthmaßung auf diese Braunen gefasset. Welche Muthmaßung auch nicht ohne Grund war, maaßen dann Hanß Braune, so ein langer schwartzer Kerl mit dregen langen Beinen, nebst seinen 2 Stieffsöhnen, Berend und Anthonen Stichel oder Störfelden, deren dieser letztere ein dickes linckes Bein, beyde auch gelbliche Haare haben, sich dreyviertel jahr lang in Jeßnitz als Tabulet-Krämer auf gehalten und sich der Spitzbuberey und stehlens unter dem Schein, daß sie einige Waaren als Tabulet-Krämer hin und her getragen und dadurch die Gelegenheit zum Stehlen in denen Häusern abgesehen, beflissen; endlich aber verdächtig worden, aus Jeßnitz verjaget und sich darauf eine Zeitlang, wiewohl unwissend der Obrigkeit, in Gnetsch aufgehalten. Auch bey der damahligen zu Gnetsch ergangenen Visitation ein roh-bunter Cattunener länglicher Beutel in den Füllmunde in Stalle wo die Weibes-Personen logiret, sich gefunden und herausgezogen ward, worin 38 Thaler an alten 16 Groschen Stücken und alten Thalern waren, welche auch Nicolaus Blauel damahls für die Seinen erkannte, auch daß ihm solche zuständig und ihm gestohlen worden, eydlich erhärtete, wie sie ihm denn auch restituiret* worden. Gleicher Gestalt auch die Anna Barbara von Blaueln für diejenige erkannt ward, so jüngsthin zu Löblichn einem Kürschner einen Muff gestohlen, einem andern Spitzbuben zugestecket und deßwegen in Hafft genommen worden. Welches auch die Anna Barbara nicht wohl in Abrede seyn konte. – Wiewohl diese inhafftirte Spitzbübinnen, weil die Braunen sich nicht wieder sehen liessen, auch das Königliche Amt Giebichenstein, Nicolaus Blauels Vertröstung

* zurückerstattet

und Versprechen nach, solche nicht abholen noch wider sie inquiriren wolte, gegen Ersetzung der Kosten damahls fortgejagt werden musten. – Nicht weniger auch Hanß Heinrich Richter, hernach bey dem Examine selbst gestand, auch noch mit lächerlichen und scoptischen Minen erzählte, daß diese Braunen solchen Diebstahl nebst den Spitzbuben Sperlingen, einem Müller, ausgeübet und dasselbige, als sie den unter Blauels Bette mit den Gelde stehenden Kuffer nicht sofort hervor kriegen können, das Bette, worinn Blauel mit seiner Ehe-Frau gelegen, an dem Fuß-Ende auffgehoben, den Kuffer hervor gezogen, und als sie das Bette hastig wieder niederfallen lassen, Blauel davon erwachet, aber des Diebstahls nicht gewahr worden, sondern geruffen: *»Ho, ho, Mutter! Das Kind fällt aus der Wiege!«* – Wie er dann auch erzehlete das Sperlings sein Mensch, oder vielmehr Huhre (welches Magdalena Fahrenbruchs gewesen) 40 Thaler in die Wand zu Gnetsch verboddelt gehabt. Gedachte Anna Barbara Försterin nennete sich damahls Anna Barbara Schreiberinn und gab sich für eines Scharff-Richters von Allstedt, Johann George Schreibers, welcher vor 12 Jahren verstorben wäre, Tochter und der obgedachten beyden Braunen Weiber Magd aus. Es fand sich auch zwar bey fernern Nachforschen, daß sie bey denen Braunen 3 viertel Jahr lang für Magd in Jeßnitz gedienet, welches auch Hanß Heinrich Richter bey dem Examine asserirete*. Es wiedersprach ihr aber wegen des ersten der dabey seyende Diener, Martin Muth, so fort, und sagte ihr unter Augen, daß er aus Allstedt gebürtig und den Scharff-Richter und dessen Kinder daselbst wohl gekennet, daß dieser Jobst

* behaupten

geheissen und deßen Kinder runde Angesichter gehabt, sie, die Anna Barbara aber denenselben nicht ähnlich seye. Dessen aber ungeachtet blieb dieselbe bey ihrem Angeben. – Als sie zu Kremmin in Hafft genommen worden, hat sie sich nach Innhalt der Gräfenhäinichen Registraturen, Anna Barbara Försterin aus Magdeburg gebürtig und ihren Vatter Johann George Förstern, einen Wachtmeister unter den Preußischen-Krohnprintzischen Regiment genennet und vorgegeben, daß er, da sie nur 17 Wochen alt gewesen, gestorben, sie auch sich an einen Mußquetier in Magdeburg, Christian Schreibern, verheyrathet. Von dem Früh-Prediger in Magdeburg, Herrn Wincklern, in der Catharinen-Kirche getrauet; Christian Schreiber aber in Italien mit gegangen und sie schwanger hinterlassen. Ingleichen, daß sie ihr Kind von itztgedachten Prediger tauffen lassen und bey einem Schiff-Knechte in Magdeburg, Christian Tielen, in den Wochen gelegen. Bey itzigen INQUISITIONS-PROCESSU aber nennte sie sich abermahls Anna Barbara Försterin, gab sich nochmahls für des Scharff-Richters Tochter aus, nennete aber ihren Vater Jobst Förstern, und da sie dieser Variation halber zur Rede gestellet ward, wolte sie sich nicht erinnern, daß sie sich zu Gnetsch Schreiberin oder ihren Vater Johann George Schreiber genennet. Blieb aber dabey, daß ihr Vater, als sie kaum 17 Wochen alt gewesen, gestorben. Gab auch an, daß sie von ihrer Mutter Schwester zu Sangerhausen erzogen, nachgehends bey dem RECTORE SHOLAE in Eisleben, auch bey der Frau von Maderot gedienet, von dar auf Magdeburg, bald aber nach Jeßnitz gekommen und bey denen Spitzbuben, denen Braunen für Magd im Jahr in Jeßnitz gedienet, ingleichen daß sie sich in Magdeburg von einem Soldaten Nahmens Christian Mördern Hurenweise beschlaffen lassen und von ihm ihr itziges Kind, so ein Jahr alt wäre, bekommen; negirte auch, daß sie sich zu Gräfenhainichen von Magdeburg und ihrem Vater Johann George genennet.

Anna Dorothea Körnerin ist ein dickes untersetztes Weibes-Mensch, ihrer Aussage nach aus dem Lüneburgischen von Sodmin gebürtig, eines Bauern daselbst, Joachim Schultzens Tochter; ihres Alters, als welches sie nicht anzugeben wuste ohngefehr etliche 40 Jahr; gab an, daß sie in ihrem 16. Jahre nach Polen gekommen, einen Soldaten, Simon Körnern, daselbst geheyrathet; nach dessen Tode wieder in Sachsen gerathen und sich zu Hanß Heinrich Friesen gehalten, welcher dann auch sie für seine Frau ausgegeben.

Wie weit einer und der ander von diesen Dieben durch sein bisheriges Leben und Wandel verdächtig worden und wie viel Diebstahle Mord und DELICTA bey dieser ergangenen Inquisition concurriret:

Diese Personen und sonderlich Hanß Heinrich Richter und Hanß Heinrich Friese nun hatten sich schon dadurch ziemlich verdächtig gemachet, daß Hanß Heinrich Richter im Amte Gräfenhainichen laut der überschickten Registraturen offenbahre Lügen vorgegeben, als ob er Gottfried Rüttel heisse, in Halle ein Strumpff-Wircker gewesen, bey Glorius Maxen gewohnet und von 3 Jahren verstorben; seine Mutter nachher in Polnisch-Preussen gezogen, den Ort aber wohin, nicht wisse, daß er den Strumpff-Wircken nachgegangen, aber Anno 1710, den 16. April, unter den schömbergischen Regiment sich als Corporal unterhalten lassen, Anno 1712 seine DEMISSION erhalten, nachgehends in Berlin bey Gottfried Pfeiffern, in Naumburg bey Gottfried Meyern, zu Leipzig und andern Oertern gearbeitet. Ferner, daß er nach Kösnitz und Edderitz nicht gekommen, den Wirth zu Kehrau, Christoph Hüntschen, sein tage nicht gesehen, auch, ob ihn wohl die von ihrer abgeschickte Kösnitzer Bauren, Andreas Mehlau und Hanß Müller, daß er zu Kösnitz bey Christoph Hüntschen gewesen, unter Augen gesaget, dennoch bey seinen Lügen verblieben, von dem Diebstahl und Mord zu Edderitz nichts gehöret haben wollen, doch aber dabey sich sehr verfärbet, bald roth, bald weiß geworden. Ingleichen, daß er gestanden, daß er zwey Nacht bey der Annen Barbaren Försterin in Kremmin gelegen, doch aber nichts Böses mit ihr gethan zu haben, sie aber, ungeachtet er sie nicht gekennet, zu heyrathen willens gewesen, vorgegeben. Item, daß er Friesen nicht kenne, ihn nur in der Schencke zu Kremmin angetroffen und mit ihm nach Proch betteln gegangen, da doch ihn der Körnerin Sohn, Hanß Paul Friderich Körner, von 11 Jahren bald darauf verrathen und angegeben, daß er ein Böttcher aus Jeßnitz sey. Richter auch, als er abermahls vernommen, seinen rechten Nahmen, Vater und Mutter, und daß er ein Böttcher aus Jeßnitz sey; auch zugleich dieses bekennet, daß er zu Jeßnitz gegriffen werden wollen, er aber sich mit der Flucht salviret* und wegen seiner vorigen Lügen keine andere Entschuldigung vorbringen können, als daß er sich darum, weil er aus Jeßnitz, nicht kund geben wollen. – Nicht weniger auch dadurch ver-

* retten

dächtig geworden, daß er den Gräfenhainichen Diener Sebastian Weisen und dessen Ehe-Frau bestechen wollen und ihnen 50 Thaler und seinen Rock gebothen, daß sie ihm loß helffen solten. Wie solches Sebastian Weise und dessen Ehe-Frau hernach eydlich bestärcket: Auch zweyen Weibes-Personen von Jeßnitz, worunter die eine seiner Frauen Schwester gewesen seyn soll, als sie zu ihm ins Gefängniß gekommen, so viel zuverstehen gegeben, daß die seinen ihm instrumenta, sich loß zu machen, schicken möchten. Richters Vater Tobias Richter, auch die Mühl-Knappen zu Bitterfeld mit 50 Thalern darzu erkauffen wollen, daß sie seinen Sohn in Gräfenhainichen loß machen möchten. Welches ihm aber dieselbe, als sie gehöret, daß er Diebstahls halber sässe, abgeschlagen. Dann auch Hanß Heinrich Richters älteste Schwester den Mühl-Knappen zu Ragune, Ernst Gottlieb Wiesigcken, darzu erkauffen wollen, daß er 20 Mühl-Pursche zusammen bringen und ihren Bruder mit Gewalt aus dem Gefängniß zu Gräfenhainichen reissen solten und dafür denen Mühl-Pursche 50 Thaler ihm, Wiesigcken, aber einen guten Recompens versprochen, welches dieser auch eydlich erhärtet. – Hanß Heinrich Friese aber sich dadurch in grossen Verdacht gesetzet, daß er im Amte Gräfenhainichen vorgegeben, daß er ins Anhältische niemahls gekommen, noch wisse, wo es liege, und doch, da ihm vorgehalten worden, daß einige wären, die da bezeugen könten, daß er in Köthen und Radegast gewesen, nachgegeben, daß solches seyn könte und zu seiner Entschuldigung fürwenden wollen, daß er nicht gewust, daß diese Oerter in Anhalt liegen; Richtern, auch Ritteln genennet und negiret, daß er ihn kenne oder auch zu Kösnitz gewesen oder von den gestohlenen Sachen etwas wisse, ungeachtet obgedachte von hier abgeschickte Kösnitzsche Bauren ihm unter Augen gesagt, daß er zu Kösnitz gewesen und sein Weib (nemlichen Anne Dorothee Körnerin) bey sich gehabt, sich auch dabey gantz trotzig und brutal aufgeführet. Nicht weniger auch fälschlich fürgegeben, daß er diese Annen Dorotheen Körnerin vor 12 Jahren in Brabend geheyrathet, im Felde mit ihr getrauet worden und obgedachten jungen Hanß Paul Friedrich Körnern von ihr gezeuget, den Nahmen des Feld-Predigers aber nicht angeben noch einen Trau-Schein auffzeigen können und in Polen niemahls gewesen seyn wollen. – Hingegen aber Anna Dorothea Körnerin im Amte vorgegeben, daß sie mit diesem Friesen vor 12 Jahren in Polen zu Königsberg von einem Capellan getrauet, ihr Mann Friese darauf sich in Krieges-Dienste begeben und unter dem Ritt-Meister Pflugen 13 Jahr gedienet; sie hernach, da er abgedanckt worden, sich mit betteln beholffen, auch daß sie vor Weynachten, auch noch vor 4 Wochen in Anhalt auch zu Kösnitz gewesen und auf dem Adelichen Hofe daselbst etwas erbettelt und es in der Schencke verzehret, selbige auch vorgegeben, daß sie Rütteln und die Anna Barbar nicht kenne, sondern selbige in der Apothecke zu Raguhn angetroffen und mit ihnen nach Kremmin gegangen, doch aber, als ihr die Zeugen unter Augen gesaget, daß sie mit Rütteln oder vielmehr Richtern zu Kösnitz gewesen, solches so wohl, als daß sie zu Edderitz vielmahl gebettelt, wie auch daß Richter und Anna Barbar in Kösnitz als verdächtige Leute visitiret worden, zugestehen, auch bekennen müssen, daß sie mit Hanß Heinrich Friesen nicht getrauet und der junge Hans Paul Friedrich Körner von ihrem ersten Manne Simon Körner erzeuget. – Solcher Verdacht ist auch daher desto stärcker geworden, daß die Anna Barbar Försterin im Gräfenhainichen Amte gestanden, daß sie mit Rütteln oder Richtern zu Kösnitz, woselbst die dem Pfarr zu Edderitz gestohlene Sachen gefunden worden, auch daß sie zu Kremmin im Hemde bey ihm gelegen. – Nicht weniger auch Hanß Heinrich Friesen, nicht nur der obgedachte auf Seiner Kayserlichen und Königlichen Majestät Krönung geschlagene und bey ihm gefunden Schaupfennig, sondern auch derjenige gute Huth von klarer Wolle, welchen er bey sich und rings herumb wegen der gewesenen Breite abgeschnitten gehabt zusamt der darin befindlichen Glantz-Leinewand, als welcher Huth von den Huthmachern daselbst auf 2 Thaler geschätzet worden, verrathen, indem nicht zu glauben, daß Friese als ein Bettler solchen Schaupfennig als eine Almose erhalten oder auch er solchen Huth erkaufft. Er auch dem Diener zu Gräfenhainichen, daß er diesen Huth dem Amte angezeiget, verwiesen.

Es gab auch Hanß Paul Friederich Körner, ein Knabe von ohngefehr 11 Jahren, welcher der Schlüßel zu aller dieser Räuber Heimlichkeit gewesen, am 29. April 1713 unterschiedene Thaten dieser bösen Buben an, wiewohl seine Erzehlungen mit Unwahrheiten vermischet, welche aber bald hernach durch mehrere Erkundigung der Sachen gar leicht überprüft werden konten, wie er dann bey dem damahligen ersten EXAMINE aussagte:

1. Daß Hanß Heinrich Friese, welchen er stetig seinen Stieffvater nennete, und seine Mutter Anna Dorothea Körnerin immer bey einander geschlaffen, selbige aber nicht mit einander getrauet wären.

2. Selbige hätten sich zu Werderthau in der Schencke eine lange Zeit aufgehalten. Seine Mutter hätte sich mit Strumpffstricken und Betteln erhalten und Friese wäre offters ausgegangen, sie hätten aber nicht gewußt wohin. Den Dienstag, als den 21. Mart. 1713 wären der lange Bötcher Hanß Heinrich Richter, der Kehrausche Schencke Christoph Hüntsche, ein Jude mit schwartzen krausen Haaren, einen braunen Rock mit länglichen Taschen und einen Rantzeln und sonsten noch 10 Personen, welche er auch an Statur und Kleidung beschrieb, und worunter ein Fleischerknecht gewesen wäre, nach Werderthau gekommen, mit Friesen um 1 Uhr zu Mittage nach Prießdorf gegangen, daselbst mit Paul Herteln Schweine-Brate mit Würtz-Nägelein gegessen, dem Wirth einen harten Thaler dafür gezahlet, darauff nach Edderitz gegangen, auf dem Wege aber, damit man nicht wissen sollen, wo sie hingingen, sich zertheilet. Es wäre auch die Anna Barbar Försterin mit gegangen; Anna Elisabeth Reiffertin und des Fleischerknechts Frau wären im Stalle liegen blieben, um Mitternacht wären diese Kerl wieder gekommen und die Anna Barbar hätte den Speck und die Würste gebracht. Den Speck hätte sie in 4 Stück zerschnitten und die Anna Barbar hätte das gröste Stück bekommen. Friese hätte, als er weggegangen, 16 Groschen, als er aber wieder gekommen, einen harten Thaler gehabt. Im Stalle zu Prießdorf hätten sie den Diebstahl getheilet, ihn und seine Mutter hätten sie heissen heraus gehen, aber die Reiffertin, die Anna Barbar und des Fleischerknechts Frau wären darinnen geblieben. Im Stalle hätten die Diebe, in der Stube aber der Wirth Paul Hertel und deßen Frau Licht gehabt, und Hertels Schwieger-Sohn hätte auf der Streu in der Stuben

Anna Barbara Försterin

gelegen. – Nach getheileten Diebstahl wäre er, Körner, seine Mutter und Friese wieder nach Werderthau, ihrer viere ins Dessauische, die andern ins Sächsische und Christoph Hüntsche nach Gnetsch gegangen. Von Werderthau wäre er, seine

Mutter und Friese auf Stummesdorf und den Freytag nach Kösnitz gegangen, Friese aber wäre zu Radegast geblieben. Den Freytag wäre auch Hanß Heinrich Richter, Anna Barbar Försterin, Christoph Hüntsche und Anna Elisabeth Reiffertin nach Kösnitz gekommen und die Anna Barbar hätte den Speck in einen Lappen gehabt und ihn auf den Schranck geschmissen. Diese hätte auch ein Puffer hinter den Schranck im Hause verstecket. Das Brecheisen, so zu Kösnitz gefunden worden, und der Puffer wäre des Bötchers Hanß Heinrich Richters gewesen, denn er hätte das Brecheisen, welches man in die Ficke stecken könte, bey ihm gesehen. Der Puffer wäre gezogen; es hätte Rauchlichter, einen gantzen Handschu voll Diedriche gehabt, welche er bey ihm in Pohla, auch in Kremmin gesehen, und welche Richter zu Kremmin in die Erde versteckt. Als der Rath zu Jeßnitz in Richters Hause visitiren lassen, hätten sie einen silbern Löffel gefunden, worauff des Pfarrers zu Edderitz Nahme gestanden.

3. Den Diebstahl bey Hanß Lingen zu Großpaschleben hätte Hanß Heinrich Friese, Christoph Hüntsche und der lange Becker (das ist Hanß Braune, welcher sich auch bald Becker, bald Wahler nennen lässet) so ein Mann von seinen besten Jahren schwartz im Gesichte und schwartzen Haaren wäre nebst seinen zweyen Söhnen vollbracht. Diese hätten Friesen von Pohla zum Diebstahl abgeholet und wären noch 5 Personen gewesen, so hinten aus gestanden und mit gegangen, wie er denn auch den 8. Junii 1713 angegeben, daß bey diesen Diebstahl auch ein einäugiger Jude gewesen, so des Colmnitzer Diebstahls halber zu Jeßnitz in Hafft genommen werden wollen, aber entsprungen, und daß dieser auch sich zu Prießdorf

angefunden, als die andern nach Edderitz gegangen.

4. Am 5. May 1713 gab auch Hanß Paul Friedrich Körner ferner an, daß Hanß Heinrich Friese, er und seine Mutter, vor dem Jahre im Sommer zu Gröna gelegen, da dann Friese weggegangen und 8 Tage außen geblieben. Als er aber wieder gekommen, wäre etwa 2 Tage nach dem an den Peruquenmacher zu Helffte verübten Todtschlage ein Steckbrieff nach Gröna gekommen, und als solcher gelesen worden und seine Mutter aus demselben gehöret, daß ein Peruquenmacher todtgeschlagen worden, hätte sie es seinem Stieff-Vater, Friesen, wieder gesagt, welcher so fort auf gestanden, ihm eine Kanne Bier geben lassen, solche auf zweymahl vor der Thüre ausgetruncken und sich über das Wasser nach der Warte gemachet, woraus er urtheilen können, daß Friese solchen Todtschlag vollenbringen helffen. Friese hätte ihn hernach einsmahls schlagen wollen, da hätte er ihm gedrohet, in die Stad zu gehen und ihn des Peruquenmachers halben zu verrathen, Friese aber hätte ihn mit Steinen geschmissen.

5. Ingleichen, als Friese, er und seine Mutter zu Schlettau gelegen, hätte Friese andere Kerls bey sich gehabt, wäre mit ihnen des Abends weggegangen und des andern Tages zu Mittage wieder gekommen; auch 3.16 groschen Stück und einen harten Thaler mitgebracht. Bald darauff wären Steckbrieffe gekommen, daß die Kirche zu Belleben bestohlen worden, und hielte er dafür, Friese wäre auch dabey gewesen.

6. Ferner, als aus der Kirche zu Salzfurt der Kelch und Silber-Werck gestohlen worden, hätte Friese, er und seine Mutter zu Kleinwülknitz in der Neuen-Schencke gelegen. Des Abends wären zwey

Juden, worunter der großmäulige Jude Mootsch, welcher den Herrn Stallmeister zu Cröchern bestehlen helffen, gekommen, Friesen abgeholet, auch mit ihn Hering gegessen. Als er des Morgens wieder gekommen, hätte er zwar nichts als einem Stock gehabt, er wäre aber mit ihm, Körnern und seiner Mutter so fort nach Bernburg gegangen, da hätte er, Körner, gesehen, daß in der alten Schencke vor Waldau ein Jude den Kelch so lauter Gold gewesen, in der Rocktasche gehabt. Die Juden hätten auch solchen geschachert, der Jude hätte auch Friesen 4 bis 5.16 groschen Stück davon gegeben.

7. Als der Diebstahl bey Hanß Schrötern geschehen, hätte Friese, er und seine Mutter in selbiger Nacht in der alten Schencke zu Großpaschleben gelegen, und als auf den Morgen das Geschrey gekommen, es wäre der Frauen der Halß abgeschnitten, hätte sich Friese fort gemacht.

8. Den 8. May 1713 gab Hanß Paul Friederich Körner ferner an, daß Hanß Heinrich Richter und der lange Becker, wie auch dessen 2 Söhne und Anna Barbar Försterin Nicolaus Blaueln zu Löbejün bestohlen.

9. Ingleichen, daß lange zuvor ein Jude von Dessau, desen Nahmen er nicht wüste, in der alten Schencke zu Großpaschleben gewesen, und als dieser seinen Muff hinter dem Tisch liegen lassen, hätte Friese solchen mit nach Pohla genommen, nach Bernburg getragen und einen Juden verkaufft. Der Jude, so zu Großpaschleben gewesen, hätte ein klein Säckchen auff dem Pferde gehabt. Als er aber wieder fort geritten, hätte er den Sack gantz voll Zeug gestopfet gehabt. – Wobey er dann auch noch meldete, daß Friese den grauen charfen Rock, so er der Lingen gestohlen, an den

Schencken zu Kleinpohla, Christian Thätmann 1 und halben Thaler, auch denselben 2 stücke Leinewand, so er auch der Lingen gestohlen, verkaufft.

10. Gab auch gedachter Körner den 22. May 1713 an, daß Friese einen grünen seidenen Schlaffbeltz mit güldenen Blümichen in der Schencke zu Geitz gehabt und einem Juden verkaufft.

11. Den 26. May brachte dieser Körner abermahls vor, daß Hanß Heinrich Friese ohngefehr 8 Wochen vor Ostern 1713 einen Bauer zu Donndorf, dessen Nahmen er nicht zu nennen, doch aber wo er wohne, wüste, ein Kalb und

12. Einem Dröscher zu Wörpzig eine Ganß gestohlen. Das Kalb hätte er halb gegessen und halb der Schenckin zu Geitz zu Bezahlung dessen, so er bey ihr verzehret, gelassen. Die Schenckin hätte ihm auch vor die Ganß 4 groschen gegeben.

13. Ingleichen, daß Friese ohngefehr 4 Wochen zuvor auch eben diesem Bauer zu Donndorf 4 Schaffe und zwar auf zweymahl gestohlen. Die Schenckin zu Wiendorf hätte ihn immer zum Diebstahl der Schaaffe angereitzet, ihm auch dem Sack zum Diebstahl geliehen.

14. Ferner, daß am Montage, als den 13. Mart. 1713, Christoph Hüntsche, Anna Elisabeth Reiffertin, Hans Heinrich Richter und Anna Barbar Försterin zu Pohla gewesen; Hüntsche und die Reiffertin von Pohla nach Gröna und Friese nebst seiner, Körners, Mutter, wie auch Richter und die Anna Barbar nach Wiendorf gegangen. In Pohla aber hätte ihm Richter einen versiegelten Brieff gegeben, welchen er an den Schencken nach Gröna tragen müssen. Zu Gröna hätte er Bernd Braunen, Christoph Hüntsche und die Reiffertin angetroffen, und damahls hätte der alte Braune und sein Sohn

Anthon in der Schencke zu Bernburg vor Waldau gelegen. – Er, Körner, wäre den Abend noch nach Wiendorf zu Friesen und Richtern gekommen. Den Sonnabend wäre Richter und Friese zu Burgemeister Spiegeln in Bernburg gegangen, der Richter hätte zur Anna Barbar gesprochen: Wir wollen nach Bernburg zu Burgemeister Spiegeln gehen. Ihr auch befohlen, achtung zu geben, ob auch Soldaten nach Wiendorf kämen, damit sie ihn und Friesen warnen könte, wann sie wieder kämen. Den Sonntag früh wären sie wieder gekommen und wegen des Regens gantz naß gewesen. Die Anna Barbar hätte sie auch wegen der angekommenen Soldaten gewarnet. Den Sonntag, als den 19. Mart. 1713 wäre Hans Heinrich Richter, wie auch er, Körner, seine Mutter und Friese nach Prießdorf gegangen, und als sie dahin gekommen, hätte Richter, weil er eher als sie dahin gekommen, schon in der Hölle gelegen und geschlaffen und seinen Hirsch-Fänger bey sich gehabt. – Den Montag und Dienstag wären sie zu Prießdorf geblieben; den Dienstag, als den 21. März 1713 hätten Richter und Friese sich nach Edderitz begeben; Richter hätte auch noch sein Pulver-Säckchen auf dem Ofen vergessen gehabt. – Zu Prießdorf hätte Richter zu Friesen gesprochen, wann sie nur noch eine Viertelstunde bey Burgemeister Spiegeln Zeit gehabt, hätten sie schon wollen Geld bekommen, und daß sich Burgemeister Spiegeln schrecklich gewehret. Wie er denn auch am 8. Junii 1713 erzehlete, daß Hans Heinrich Richter, die drey Braunen, Christoph Hüntsche und Hans Heinrich Friese, als sie damahls zu Pohla gewesen und zu Burgemeister Spiegeln gehen wollen, jeder 6 Pfennige ausgebracht und er, Körner, hätte dafür in Bernburg vor 2 groschen Wachsstock und 1 groschen Sackband hohlen müssen. Als er es gebracht, hätten sie das Sackband sofort in solche Stücke zerschnitten, daß das Stück dreymahl um die Hand gegangen, und hätte Friese noch ein alt Stück in der Tasche gehabt, wornach sie es gemessen.

15. Zeigete dieser Körner ferner an, daß Hans Heinrich Friese und der Wachtmeister, so hier in Köthen in Hafft gesessen, wie auch der alte Bergmann einem Krahmer zu Schwemsal vor 2 Jahren bestohlen, die gestohlenen Sachen in die Schencke nach Großpaschleben gebracht und zweyen Juden verkaufft.

16. Ingleichen, es hätte Richter den Diebstahl zu Solmnitz angegeben, indem er immer die Faß daselbst gebunden.

17. Ferner gab er am 8. Junii 1713 an, daß Hans Heinrich Friese zu Zschornitz bey Delitzsch 8 Gänse vor 3 Jahren gestohlen, solche im Sacke aus dem Dorffe gebracht, und er, Körner, und seine Mutter hätten bey der Vogel-Hütte auf ihn warten müssen, seine Mutter hätte auch solche Gänse nach Halle getragen und verkaufft.

18. Daß Hans Heinrich Friese zu Pohla Richtern erzehlet, daß sie vor 6 Jahren dem Schencken zu Lemsal einen Quirl in Halß gestecket, ihm damit immer im Munde herum gequirlet und gequälet und einer Nahmens Christian hätte ihn mit der Pistohle vor den Kopff und todt geschossen. Darauf hätten sie eine Wasser-Kanne voll Ducaten und Reichsthaler aus dem Keller gestohlen. Es wären damahls ihrer 15 bey einander gewesen. 14 wären zu Delitzsch davon gerichtet worden und er, Friese, wäre allein davon gekommen. Auf Pfingsten würde es ein Jahr, da wäre er mit seiner Mutter und Friesen nach Lemsal gekommen, da hätte das Gespenste, Friese bey den Haaren immer

herum gezogen, daß ihnen gantz angst und bange geworden.

19. Ferner, in itzigen Winter hätte Friese den Pfarr zu Schwartz 2 Bienenstöcke gestohlen, selbige heraus in die Vogel-Hütte gebracht, lederne Handschuh angehabt, die Stöcke mit einem grossen Messer zerschnitten, den Honig und Raß in zwey neue Töpffe, welche seine Mutter zu Drebkau erkaufft, gethan, und von seiner Mutter zu Curth Hönen nach Viesecke tragen lassen, daselbst den Honig in der Küchen ausgemacht, durch einen Lappen gerungen und der Curthin die Kanne vor 5 groschen verkaufft.

20. Gleichergestalt, er hätte Friese auch den Edelmann zu Frentz in diesem Winter 2 bis 3 Bienenstöcke mit seiner Schwester gestohlen, selbige auch nach Viesecke gebracht, den Honig ausgemacht und der Curthin verkaufft. – Damahls hätte er mit seiner Mutter in der alten Schencke zu Großpaschleben gelegen, und als sie von dannen gehen wollen, wäre Friese des Morgens gekommen, sie auf den Wege angetroffen und mit nach Frentz genommen, da sie dann Friesens Schwester in einem grossen Garten in der Strohütte bey den Bienen, welche sie mit Tüchern zugebunden gehabt, angetroffen. Von diesen Stöcken hätte den einen Friese, den andern dessen Schwester und den dritten seine, Körners, Mutter genommen und nach Viesecke getragen.

21. Den 12. Junii 1713 brachte gedachter Körner abermahls an, daß Friese auch in vergangenen Winter mit seiner Schwester 3 Bienenstöcke zu Most gestohlen, den Honig hinter des Richters Garten kalt ausgedruckt, in Topf gethan und nach Wießig getragen. – Sie hätten damahls zu Werderthau gelegen; Friesens Schwester hätte Töpfe zu

Drebkau darzu gekaufft, er und seine Mutter hätten bey währenden Diebstahl in der Vogelhütte warten, er auch das Säckgen zum Ausdrucken halten müssen.

22. Ferner, daß Hanß Heinrich Friese ebenfals 8 Tage vor Weinachten 3 Bienenstöcke zu Göttens gestohlen. Damahls hätte er, Körner, seine Mutter, Friese und dessen Schwester zu Schortewitz gelegen. Des Morgens früh wären sie zusammen nach Göttens gegangen, des Mittags um 11 Uhr dahin gekommen, bis in der Nacht in die Vogelhütte geblieben und um 11 Uhr des Nachts wäre Friese mit seiner Schwester dahin gegangen und den alten Fiddel-Hansen die Bienenstöcke gestohlen, in den Vogelheerd gebracht, ringes herumb ab und in zwey geschnitten, die Bienen ausgeschmauchet, den Honig aus 2 Stöcken in Töpfe gethan, Feuer bey der Vogelhütte angemacht, den Honig gewärmet, durch einen Sack gerungen und wiederum in andere Töpfe gethan. Den dritten Stock hätten sie nicht ausgemacht, sondern diesen hätte Friesens Schwester in die Töpfe gethan, auch solche Theils dieselbe, Theils auch seine Mutter nach Viesecke zu Curthen getragen. An das, was er von den Stöcken abgeschnitten, hätte er Steine mit Strohseilen gebunden und solches alles in die Fuhne gesencket.

23. Den 16. Junii 1713 gab derselbe ferner an, daß Friese mit den Spitzbuben Faseln 4 Bienenstöcke aus den Fürstlichen Garteen zu Geitz gestohlen.

Bey solchen allen nun kamen bey der vorseyenden Inquisition fürnemlich folgende Delicta in Confideration* als

* Beweise für das Verbrechen

1. Der Gewaltsame Diebstahl, so in der Nacht zwischen dem 23. und 24. December 1712 den Coßäther zu Großpaschleben, Hansen Schrötern, wiederfahren, und die an dessen Ehefrau verübte Gewalt, und fiel damahls der Verdacht auf Hanß Heinrich Richtern, Hanß Heinrich Friesen und die drey Braunen.

2. Der bey den Amts-Verwalter zu Solmnitz, Herrn Johann Ernst Staudingern, in der Nacht zwischen den 21. und 22. Februar 1713 ausgeübten Diebstahl, wobey dann niemand von denen allhier sitzenden Inquisiten als Hans Heinrich Richter impliciret war.

3. Der Hanß Christoph Triebeln zu Gräfenhainichen 14 Tage vor Weihnachten 1711 zur Nacht beschehener gewaltsahmer Einbruch und Diebstahl.

4. Dasjenige grausahme tractament und die dabey ergangene Rauberey, so die Räuber an den Coßathen und Schneider zu Großpaschleben, Hansen Lingen, und dessen Eheweibe zwischen den 3. und 4. Februar 1713 verübet. Dessen ward Hanß Heinrich Friese, Christoph Hüntsche und die ertz Spitzbuben, die Braunen, beschuldiget.

5. Derjenige Einbruch, welchen Hanß Heinrich Richter, Hanß Heinrich Friese, Christoph Hüntsche, Georg Hohmann und ein Jude von Franckfurth am Mayn, Susmann Moyses, bey Herr Burgemeister Spiegeln zu Bernburg in der Nacht zwischen den 18. und 19. Mart. 1713 ins Werck gerichtet.

6. Der entsetzliche Raub und Mord, welchen Hanß Heinrich Richter, Hanß Heinrich Friese, Christoph Hüntsche, Georg Hohmann und gedachter Jude Susmann Moyses (von welchen zwey Letztern, wer sie gewesen, infra gemeldet werden soll) dem Pfarr zu Edderitz, Herrn Alrico Plescken, zugefüget.

7. Daß Hanß Heinrich Friese beschuldiget ward, daß er nebst einen sogenannten Wachtmeister, so auch schon Diebstahls halber sehr famös und wegen eines den Herrn Oberstallmeister und Rittern des Johanniter Ordens, Friedrich Julius von Wülknitz zu Cröchern, wiederfahrnen grossen Diebstahls nebst andern Spitzbuben lange Zeit in Hafft gesessen, und sich aus den Gefängniß gebrochen, den Krahmer zu Schwemsal, Johann Bartheln, auf 150 Thaler werth den 9. November 1711 zu Nacht durch einen gewaltsahmen Einbruch dieblich entwendet.

8. Daß Hanß Heinrich Friese die Kirche zu Belleben am 14. Juli 1711 bestohlen zu haben bezüchtiget ward.

9. Daß Hanß Heinrich Friese ebenfals angegeben ward, daß er nebst andern Räubern in der Nacht zwischen den 11. und 12. Juli einen Peruquenmacher zu Helffte, Johann Heckenbergern, in seinem Hause überfallen, sein Weib und Tochter an Händen und Füssen gebunden, ihn, Heckenbergern ermordet und ihnen das ihre geraubet.

10. Daß dieser Hanß Heinrich Friese einen Bauer zu Donndorf, Georges Hedecken, 4 Wochen ohngefehr vor Weynachten 1712 4 Schaaffe, auch

11. demselben ein Kalb ohngefehr 4 Wochen nach itzt gedachten Weynachten, dann

12. einem armen Dröscher zu Wörpzig, Hermann Wernern, eine Ganß zur Nacht aus dem Hoffe, wie auch

13. 8 Gänße zu Zschornitz einem Bauer zur Nacht aus den Hoff gestohlen.

14. Daß dieser Hanß Heinrich Friese 2 Bienenstöcke dem Herrn Pfarrer zu Schwärtz, und nicht weniger

15. nebst seiner Schwester Annen Elisabethen,

dem Herrn von Wietersheim zu Frentz 3 Bienenstöcke den 11. November 1712 aus den Garten, dann auch

16. Andreas Korgen zu Göttin 2 Bienenstöcke 8 Tage vor Weynachten 1712 gestohlen, den Honig mit seiner Schwester und Annen Dorotheen Körnerin zu Curt Hönen nach Viesecke getragen.

17. Daß er 3 Bienenstöcke zu Möst oder vielmehr Hinsdorf, Hansen Paschlauen 3 oder 4 Wochen vor Michael 1712 aus seinen Garten dieblich entwendet.

18. Daß Friese beschuldiget ward, daß er nebst dem bekanten Spitzbuben, Hans Christoph Faseln, den Pachtmann zu Geitz, Georg Christian Lodderstedten, im Herbst 1711 aus den Fürstlichen Garten daselbst 4 Bienenstöcke geraubet.

19. Daß Friese einen grünen seidenen Schlaffpeltz mit güldenen Blümichen gestohlen und einem Juden in Köthen verkaufft.

20. Daß Friese zu Salzfurt einen Kirchen-Raub vollbringen und

21. zu Lemsal einen Schencken bestehlen und ermorden helffen.

22. Es meldete auch E. E. Rath zu Löbejün, daß im Augusto 1707 in der Stadt-Kirchen daselbst ein Kirchen-Raub geschehen und gestohlen worden: 1. Ein grosser übergüldeter Kelch nebst der Patina, 50 Thaler werth, mit dem Nahmen Regina. 2. Ein silbernes starck übergüldetes Kännichen mit einen Deckel, darin ein halb Maaß Wein gegangen. 3. Ein kleiner übergüldeter Kupfferner Kelch. 4. Ein Meßing geblümter und vergüldeter Kelch. 5. Ein silbernes übergüldetes viereckichtes Oblaten Kästgen mit 4 Knöpffen mit den Nahmen Susanna Maria Hertzogin. 6. Ein roth Atlassenes und sauber weisses Altar-Tuch mit güldenen Frantzen nebst

einen gewirckten Fuß-Tuche. 7. Ein ander rothes Altar-Tuch aus roth und weiß gestickten Flecken. 8. Ein grosses Tauff-Tuch. 9. Ein weisses Chor-Hembde nebst andern weissen Tüchern, so zur Einwicklung der Kelche gebrauchet worden. 10. Ein roth Atlaß Tuch über das Pulpet auff den Altar und bathen die allhier sitzende Diebe mit darauff zu examiniren. Wie dann auch

23. der Herr von Reichardt zu Niemberg angeben ließ, daß ihm in der Nacht zwischen 12 und 1 Uhr den 24. Januarii 1713 unterschiedene kostbahre Kleider, welche er auch specificiren ließ, gestohlen worden.

Die Moselbande.

Räuber und Mörder sind in Zeiten der Noth keine seltene Erscheinung. Auf eben diesem Boden, wo in unsern Tagen der Haupttummelplatz der Räuberhorden war, hatte auch zur Zeit des siebenjährigen Kriegs und der großen Hungersnoth das Gesindel gegen die damahls noch ohnmächtigere Polizey gerungen. Eben mit solchem Trotze suchten damahls die Räuber in der Theilung der Territorien Schutz, wie sie ihn jetzt in der Theilung der politischen Meynungen fanden. Dort wie hier sehen wir den guten Willen der Regierungen an einer chimärischen Furcht der Landbewohner zu Schanden werden.

Mit dem Pferde-Diebstahl fing auch dieß Mahl das Unwesen an. Als die Moselgebirge, der Sohn- und Hochwald wechselseitig von den deutschen und französischen Truppen behauptet wurden, fand sich eine Menge junger Wagehälse unter den Einwohnern des Landes, die mitten aus den feindlichen Lagern das Zugvieh wegführten. Man hielt dieß für kein Verbrechen. War es doch dem Feinde Abbruch gethan? Gleichviel wie es geschah! Kriegsgebrauch kennt der rohe Landmann nicht. Wie mancher Franke fand in den Wäldern und Landhütten seinen Tod! Er war der Feind der vaterländischen Armeen.

Dieser Gedanke erstickte alle bessern Menschheitsgefühle, selbst die natürlichen Rechte der Gastfreundschaft, und er war (warum soll man es nicht laut sagen) er war geheiligt, mit allen seinen schrecklichen Folgen, weil mancher Beamte ihnen Unsträflichkeit zusicherte, hundert Offiziere sie billigten, und der Priester seinen Segen dazu sprach.

Die geraubten Pferde wurden größtentheils auf den einzeln liegenden Höfen und Mühlen und in abgelegenen Dörfern verkauft und untergestellt. Es war Beute, weiter dachte man nichts dabey.

Ohne sich hier in weitläufige Untersuchungen einzulassen, darf man nur bey den Begriffen ungebildeter Menschen überhaupt stehen bleiben. Hier wird man die Ursachen finden, warum so mancher Räuber, der von den Kindern auf der Straße gekannt und von der Polizey auf's heftigste verfolgt war, dennoch ein Land nicht floh, wo ihm schmähliche Gefangenschaft und Tod mit jedem Schritte drohten. Allen rohen Gemüthern ist es eigen, sich fest an das zu hängen, was ihnen ein Mahl Gewohnheit geworden ist. Jeder Begriff, der sich ihrer ein Mahl bemächtigt hat, sey er auch noch so schändlich, wird von ihnen auf's sorgfältigste gepflegt, macht ihnen Vergnügen, und gräbt sich mit jedem Tage tiefer in ihre Herzen ein. Wir haben einen Räuber gekannt, von dem in dem Verfolge dieser Schrift noch näher die Rede seyn wird, den man auf der Stelle zum Eingeständniße bringen konnte, wenn man ihm von der Schönheit dieses oder jenes von ihm gestohlenen Pferdes sprach. Der Mord selbst hatte für einen andern nicht empörendes mehr, der mit kaltblütiger Inbrunst auf dem Grabe des eben Gemordeten ein andächtiges PATER NOSTER für dessen arme Seele sprach.

Jene Anhänglichkeit also an das ein Mahl gewohnte machte, das alle Pferde-Diebe auch in der Folge Pferde-Diebe blieben, und auf ihrer Laufbahn immer weiter und weiter gingen. Der Krieg hatte die Justitz zum Schweigen gebracht, und die öffentlichen Beamten, denen die Handhabung der Polizey anvertraut war, zum Theil aus dem Lande getrieben. Als aber die fränkischen Armeen Sieger blieben, und sich ferne von den Grenzen in die feindlichen Provinzen hinzogen, ward es mit jedem Tage beschwerlicher Armee-Pferde zu stehlen. Man ging also zu den Pferden des Landmannes über. Auch bey diesem Geschäfte fanden die Räuber da wieder ihre Zufluchtsörter, wo sie dieselben vorher gefunden hatten. Kein Müller und kein Pächter, der vorher Armee-Pferde gekauft oder verheimlicht hatte, durfte dem Räuber sein Haus verschließen; der Räuber konnte ihn verrathen, und alsdann war er in den Händen der Sieger.

So wurden in kurzer Zeit alle Höfe, Mühlen und Waldhütten die Schlupfwinkel des Verbrechens. Die physische Beschaffenheit des Landes und das Unglück des Kriegs trugen dann auch das Ihrige dazu bey. Die Ungestraftheit, machte die Räuber mit jedem Tage kühner. Die bequeme Weise, ohne viele Mühe köstlich zu schmausen; das Behagliche, das jeder rohe Mensch bey einer unstäten Lebensart fühlt, die Furcht, der Gehorsam sogar, den die wilden Gesellen durch ihre verwegenen Anschläge sich bey dem Landmanne erzwangen, war ja eine treffliche Lockspeise. Auch das willige Mädchen fand sich ein, und man war frey und herrschte, weil es keine Polizey und keine Gesetze gab. Bettler und Räuber sind unter solchen Umständen die glücklichsten Könige.

Nachdem auf diese Weise ein Mahl der Anfang gemacht war, kam noch mancher günstige Umstand den Räubern zu statten. Alles, was die deutschen Armeen an Überläufern zurückgelassen hatten, war ohne Mühe geworben, und jeder Bänkelspieler und herumziehende Kleinkrämer ein willkommener Rekrut. So lange die fränkischen Truppen in diesen Gegenden waren, schlich die

Schlange nur im Stillen, denn die Befehlshaber waren stets bereit auf jede Bitte der deutschen Civil-Gewalten und bewaffneter Macht zu helfen. Zwar war diese Hülfe nur vorübergehend, denn sobald die Befehlshaber wechselten, schloß oft der folgende, oft aus Unbekanntschaft mit der Wichtigkeit des Verbrechens, oft auf Andringen seiner Verwandten, nicht selten auch durch Geschenke erkauft, dem wenig geachteten Räuber die Gefängnisse auf. Krieger haben im Felde wenig Zeit zu Gericht zu sitzen über gemeine Verbrecher, deren oft verwickelte Rechtsfälle keinen politischen Bezug haben. Als nun aber auch diese nach andern Gegenden gezogen waren, nahm das Unwesen so sehr überhand, daß die damahls ganz ohnmächtige Polizey dennoch einen letzten Schritt wagen mußte.

In der letzten Hälfte des Frimaires, am 15. December 1797, erließ der damahlige Justizbeamte in Raunen, Hr. von Embden ein Umschreiben an seine Collegen in Oberstein, Herrstein, Wildenburg, Altenbach, Tronecken, Kirchberg, Gemünden, Kastellaun, Trarbach, Dhaun, Wartelstein, Kirn, Mühlheim, Schmidtburg, Winterburg, Zell und Birkenfeld, und lud sie zu einer Conferenz auf den 27. December nach Raunen ein. Acht davon erschienen bey dieser Conferenz; Zell, Dhaun, Trarbach, Kastellaun und Mühlheim entschuldigten ihr Nichterscheinen mit dringenden Geschäften; und Tronecken, Kirchberg, Gemünden, Kirn und Winterburg gaben gar keine Antwort.

In dem an jenem Tage geführten Conferenz-Protokoll heißt es unter andern: »*Das herrnlose Gestudel hat sich in der ganzen hiesigen Gegend seit einiger Zeit dergestalt gehäuft, daß am Tage Niemand ohne Begleitung, bey Nacht aber kein Mensch über*

Feld zu gehen sich getraut, aus Furcht mißhandelt oder beraubt zu werden, die Pferde werden täglich aus den Ställen gestohlen, und der arme Landmann muß sich wegen der Wiedererhaltung seines Eigenthums mit den Dieben abfinden u. d. gl.«

Man kam überein: 1) öffentlich bekannt zu machen, daß Niemand ohne Paß beherbergt werden soll; 2) die Tags- und Nachtswächter zu verdoppeln; 3) in der Nacht vom 30. auf den 31. December eine allgemeine Streifung vorzunehmen, und 4) dem Entdecker die Untersuchung zu überlassen, und durch drey benachbarte Rechtsgelehrte und verpflichtete Beamte das Endurtheil fällen zu lassen. – Der letzte Punkt fand jedoch einige Ausnahme.

Wie es in der Folge beynahe mit allen allgemeinen Streifzügen ging, so war es auch dieß Mahl der Fall. Keine Klaue ward gefangen. Die öffentlichen Beamten verloren allen Muth.

Die Verschiedenheit der politischen Meynungen hatte den Keim des wechselseitigen Mißtrauens geweckt. Die neue Organisation des Landes rückte heran. Alle gesellschaftlichen Bande waren fast gänzlich zerschnitten, und das Übel wuchs noch mit jedem Tage.

Auf dem linken Ufer der Mosel ging es nicht besser. Dort hatten die Beamten nicht ein Mahl guten Willen gezeigt, dem Unwesen zu steuern.

Die dunklen, unwirthbaren, von jeher unsichern Forsten der Moselgebirge dienten vorzüglich in der Gegend, wo sich die Departemente von der Saar und von Rhein und Mosel scheiden, einer mächtigen Bande zur Niederlage. Eben dort war es, wo gleich nach dem siebenjährigen Kriege eine Räuberhorde hauste, und sich lange Zeit erhielt. Der sogenannte Reilerhals ist seit vielen Jahren ein berüchtigtes Plätzchen gewesen; ganz auf dessen Spitze, ringsum von dem dichten Walde umschlossen, fand sich ein kleines Capellchen, wo der nächtliche Wanderer schier nie anderst als mit Schaudern vorübergegangen war. Dort waren Stückchen gespielt worden, die nur durch die neuern vielleicht noch schrecklichern Ereignisse aus unsern Ammenstuben verdrängt worden sind. Die Immoralität hatte sich von jenen Zeiten her in einigen Gegenden daselbst erhalten, und vom Vater auf den Sohn fortgeerbt.

Glück's genug noch, daß sich die fürchterliche Moselbande keinem eigenen Hordenführer unterworfen hatte. Jeder wirthschaftete auf seine eigene Faust, und nur da, wo ein Gewaltstreich auszuführen war, hielten sich die einzelnen Räuber zusammen. Ihr Hauptgeschäft war auch hier der Pferde-Diebstahl, aber für den armen Landmann gerade der traurigste. Wenn sich dieser den ganzen Tag abgearbeitet hatte, so mußte er Nachts vor seinem Stalle Wache halten und seine Pferde hüten. Bis tief in die Eifel, auf den Hundsrücken, über Trier hinaus und auf das Mayenfeld ging diese Bande ihrem Handwerke nach.

Schinderhannes selbst ist ein menschlicher Räuber gegen manchen Einzelnen von dieser Horde, die den Meucheldolch und den Feuerbrand schwang. Brennende Häuser, ermordete Wanderer, eine ganze erwürgte Familie sind die blutigen Decorationen in diesem gräßlichen Schauspiele.

Wer von allen unsern Lesern wird nicht die Nahmen jener Männer hochfeyern, die diese Gesellschaft von Grund aus zerstört haben! Wir ehren unter ihnen den ehemaligen Friedensrichter Adams im Canton Luzerath, die damahligen Directoren der Anklagsgeschwornen Blum und Reinecke, und den Präsidenten des peinlichen Tribunals von Rhein und Mosel. Lebens, den eigentlichen Herkules dieser höllischen Schlange. Acht von der Bande starben in Koblenz und einer in Trier unter dem Beile der Guillotine. Ein zum Tode Verurtheilter ist noch flüchtig, und mehrere sind auf die Galeeren gewandert.

Die Wiege der Banden von der Mosel und vom Hundsrücken ist Lipshausen, ein kleiner unbedeutender Ort von kaum 200 Seelen auf dem Hundsrücken, im Canton Bacharach, Rhein- und Mosel-Departements. Hier waren schon seit undenklichen Zeiten Diebsherbergen gewesen. Der Ortsvorstand (Schultheiß) selbst, stand wegen gestohlener Pferde vor dem peinlichen Tribunal vom Rhein- und Mosel-Departement, und ward zu einer Züchtigungs-Strafe verurtheilt. Hier wohnte Philipp Ludwig Mosebach, der eigentliche Lehrmeister von Schinderhannes.

Dieser Mensch, den das Schicksal von seiner frühesten Jugend an haßte, war der Sohn eines Oberpfarrers in der Grafschaft Solms jenseits des Rheins. Die Schicksale seiner ersten Jugend gaben auch bey ihm den Anklang zu seinem Schicksale, und der Einfluß der ersten Verirrungen seiner jungen Tage auf alle Handlungen seines reifern Alters darf bey ihrer Würdigung nicht aus dem Auge verloren werden. Wenn man ihn und seinen Schüler wägt, so hatte Mosebach mehr Verstand und Kälte: Schinderhannes aber ein besseres Herz, und viel jovialischen Sinn.

Ein Paar tolle Streiche brachten den jungen Mosebach um die Liebe seines Vaters. Er lernte die Jägerey und ging dann in holländische Militair-Dienste. Als er diese verlassen hatte, führte ihn der Zufall nach Lipshausen, wo er sich an ein Mädchen hing, das ziemlich gut aussah, aber auch aus einer Diebs-Familie stammte. Er machte es zu seinem Weibe. Von dieser Epoche datirt sich ein eigentliches Zusammenhalten aller derjenigen, die auf dem Hundsrücken von der Faust lebten. Ludwig Mosebach, Johann Seibert, und Johann Jakob Krämer von Lipshausen stifteten den ersten Bund. Zu ihnen gesellte sich bald darauf Peter Zughetto, ein Landkrämer von Uerzig, und Jakob Fink von Weiler führte den Brüdern den jungen Schinderhannes zu.

Johann Jakob Krämer (bekannt unter dem Nahmen Iltis Jakob, Trautsberger Jäger, Jakob mit dem stumpfen Daumen, und Buchbinder) war ein geschickter Jäger, und ein in seiner Gegend beliebter Mann. Aber seine Leidenschaft für das andere Geschlecht kannte keine Grenzen, und seine Eifersucht hat ihn zweymahl zum Mörder gemacht, wovon unter näher die Rede seyn wird.

Man findet in den Acten keine Spur, welche Umstände diesen Menschen auf einige Zeit von Lipshausen weg und auf den Hof Trauzberg im Canton Manderscheid im Saar-Departemente trieben. Erste Vereinigung der Räuber vom Hundsrücken mit denen an der Mosel.

Iltis Jakob traf hier eine Menge Leute an, die mit ihm einerley Handwerk trieben, und alle zogen sich bald enger zusammen. Mosebach und Zughetto besuchten ihn öfters in seinem Wohnsitze.

Unweit von dem bekannten Kurorte Bertrich auf dem linken Moselufer liegt ein kleiner unbedeutender Ort, Nahmens Krinkhof. Dort wohnte der 50jährige Grobschmied Hans Bast Nikolai, ein in jeder Rücksicht ausgezeichneter Mensch. Er maß 1 Meter 820 Millimeter, (5 Fuß, 7 Zoll und 3 Striche französischen Maßes) und gehörte in jüngern Zeiten, wo er unter den trierischen Grenadieren diente, zu den schönsten Menschen dieser Potsdamer Garde.

Er hatte Verstand, Verschmitztheit, Überlegung, eine beyspiellose Kälte, und war darum eben zum Planmacher geboren, der der Bande fehlte. Sein Wohnort Krinkhof war gerade der Hauptwechselort der verschiedenen Glieder der Bande. Seine erste Bekanntschaft mit ihnen liegt in seinem Handwerke, denn die Räuber ließen oft in diesem kleinen Dörfchen, wo sich kein Verfolger befand, ihre Pferde bey ihm beschlagen, und bey diesem Geschäfte traf sich eben auch die erste Gelegenheit, daß Hans Bast ein gestohlenes Pferd erkannte, und an den Eigenthümer verrieth. Ein Paar solche Fälle machten ihn gleich in der ganzen Gegend berühmt, und wie dann der gemeine Mann, wenn er die natürliche Ursache eines auffallend scheinenden Ereignisses nicht gleich finden kann, zu seinem Aberglauben die Zuflucht nimmt, so war es ganz natürlich, daß Hans Bast bald in den Geruch der Teufelsbeschwörung kam. Er hat diesem allgemeinen Glauben nicht widersprochen. Warum sollt' er's auch? Das Teufelsbeschwören gehörte keineswegs in die Reihe peinlicher Verbrechen. Er konnte Geister citiren, oder vorgebene eine geheime Gewalt über sie zu haben, dabey war nicht viel Unerlaubtes. So lange diese Kunst nicht zur Ausübung eines Verbrechens angewendet ward, konnte man dem Teufelsbeschwören nicht viel zum Nachtheile sprechen. Wie und auf welche Art Hans Bast seine Kunst anfangs ausgeübt hat, war den besser Unterrichteten damahls schon nicht verborgen. Sein Umgang mit den Räubern setzte ihn in den Stand, Manches zu erfahren, was jedem nicht Eingeweihten ein Geheimniß bleiben mußte. Wer konnte es dem armen Grobschmied groß übel nehmen, wenn er dieß benutzte, um nebenher ein kleines Trankgeld zu gewinnen, wenn er den Eigenthümern wieder zu ihrem gestohlenen Gute verhalf.

Den Umgang mit den meisten Gliedern der Bande unterhielt Hans Bast anfangs selbst auf Andringen seiner Mitbürger in Krinkhof. Die Räuber lebten damahls im offenen Kriege mit der ganzen Gegend; ihre engere Verbindung fiel unglücklicher Weise gerade in den Zeitpunkt, wo alle Staatbande aufgelöst waren, und die alten Beamten ihr Ansehen verloren hatten, weil es ihnen an Macht fehlte, ihre Befehle zu unterstützen. Was war nun wohl gegen eine solche Bande, die offenbar die mächtigere im Lande war, und die alles mit Brand und Mord bedrohte, anders auszurichten, als sich mit ihr in Unterhandlungen einzulassen? Dazu brauchte es aber einen Gesandten, der zwischen den Parteyen ruhig und ohne Gefahr hin und her gehen konnte. Von jeher waren dergleichen Personen heilig, und selbst die rohesten Völker schützten ihren Charakter. Warum sollte es eine Diebsbande nicht, die offenbar noch Vortheil von diesen Unterhandlungen zog?

Hans Bast Nikolai hat dieses Amt ohne Zweifel anfangs als redlicher Mann geführt, allein die stäten Verbindungen mit den Räubern, vorzüglich mit dem Juden Bruttig, von dem gleich nach ihm die Rede seyn wird, und den er auf seinen täglichen Jagdpartien (eine Leidenschaft, die beyden gemeinschaftlich war, und in diesen wilden Gegenden, in solcher Gesellschaft ihre Wirkung kaum verfehlen konnte) allenthalben traf, hatten ihn bald für die Räuber gewonnen. Zwar blieb er als alter Planmacher stets hinter den Koulissen. Man kann ihn aber dennoch als den eigentlichen Regenten der Moselbande betrachten. Wenn es erlaubt ist, große Nahmen hier zu nennen, so war er der Pechlin seiner Mitverschwornen.

Ihm zur Seiten stand sein alter vertrauter Freund eben jener Richard Bruttig, ein getaufter Jude, und Metzger zur Bertrich, ein Schreckbild für Lavater.* Dieser doppelherzige Mensch verband mit der größten Gleisnerey eine so niedrige Grausamkeit, wie Keiner unter der ganzen Bande. *»Es ist mir gleichviel, ob ich einen Menschenkopf oder einen Kalbskopf abschneide«* pflegte der Metzger zu prahlen.

Tuchhannes (Johann Schiffmann) von Reil, Cantons Wittlich im Saar-Departemente. Ein kleiner, blaßgelber, rothaariger, jähzorniger und rachgieriger Müller.

Niklas Dahm von Ellenz, Cantons Kochem im Rhein- und Mosel-Departemente. Ein wilder, unbändiger junger Mensch, fähig zu jedem Verbrechen, wenn es nur seine Leidenschaft befriedigte. Als Bettler war er aufgewachsen, und kannte wenige Bedürfnisse. Desto größer wurden diese, als er von seinen ersten Diebstählen und Räubereyen Geld klingen hörte. Die Nothwendigkeit, vorwärts zu gehen, weil er nicht mehr stille stehen, vielweniger rückwärts konnte, ließ ihn mit jedem Tage tiefer sinken, und machte ihn endlich zum Mordbrenner.

Christian Hoscheid, ein vier und zwanzigjähriger Müller von Reil, dem Geburtsorte des Tuchhannes. In seiner ersten Erziehung verwahrlost, ist er auch bis zu seinem Tode verwahrlost geblieben. Die Natur hatte ihn mit ausgezeichneten Kräften des Körpers begabt. Sein feuriges Auge zeichnete ihn be-

* Lavater: Schweizer Schriftsteller und Theologe (1741–1801)

sonders vortheilhaft aus. Er war ein berüchtigter Pferde-Dieb; Mordbrenner ward er, weil ihn das Schicksal haßte.

Lorenz Günther, vertrauter Freund von Peter Zughetto, und Lehrmeister der beyden vorigen. Er ist der älteste Pferde-Dieb von der Moselbande. Als Marketenter war er den preussischen Armeen in Frankreich gefolgt, und nach seiner Rückkehr legte er von der Beute mit Tuchhannes einen gemeinschaftlichen Kram an.

Niklas Schwarz, genannt Grundbirn-Klos ward aus Müßiggang ein Bettler, und aus dem Bettler zum Diebe. Nachdem seine Trägheit ihn einmahl in den Strudel des Verbrechens hinabgezogen hatte, besaß er nicht Kraft genug, um sich loszureißen. Er ward Straßenräuber und Mordbrenner, ohne den Willen dazu zu haben.

Mathes Dahm, und sein Weib Margaretha Saurens gehörten zu den bedeutendern Glieder der Bande. Nachdem er einige Jahre unter den österreichischen Fahnen gefochten hatte, desertirte er in seine nun von den Franzosen besetzte Heimath. Hicr durchzog er mit einem Kram von Bändern, Zunder und Riemen das Land; auf allen Jahrmärkten war er zu finden, und bey der Ausführung aller Plane war er immer unter den ersten.

Johann Esuck, ein Pohl von Geburt, war kaum 18 Jahr alt dem väterlichen Heerde entrissen, und unter ein österreichisches Corps gesteckt worden. Bey Heidelberg ward er Kriegsgefangener. Nach kurzen Tagen fand er Gelegenheit zu entweichen. Wie Mathes Dahm suchte er als wandernder Krämer allenthalben Zutritt zu erhalten. Er war ein roher ungeschlachter Geselle; den Straßenraub, die unstäte flüchtige Lebensart, den Verkehr mit Kohlenbrennern, und den Aufenthalt in Forsten und

Waldschluchten hatte Gewohnheit ihm zur andern Natur gemacht.

Heinrich Simonis, ein junger Schuster aus Kinderbeuren, ward durch böses Beyspiel und öftern Verkehr mit den Räubern zum Mitschuldigen ihrer Verbrechen. Bis zu dem Augenblicke, wo er in ihrer Gesellschaft auftritt, hatte er sich treu, stille und redlich genährt. Ein Jahr später hatte er einen Mordbrand auf seinem Gewissen.

Auch Georg Schenk, der tief im Walde zuerst das Licht der Welt erblickte, und Peter Ernst Simonis, ebenfalls Schuhmacher, verdienen hier eine Stelle.

Mit Entsetzen durchblättern wir die gegen diese Räuber verhandelten Acten. Eine blutige Szene, die unsers Erachtens ihres Gleichen nicht hat, eröffnet das schreckliche Schauspiel.

Am 7. Fructidor J. IV.* Morgens um 7 Uhr zeigte ein Bürger aus Meckelen dem Friedensrichter des Cantons Wanderscheid im Saar-Departement an, daß beynahe die ganze Familie des Müllers Krones von Sprink ermordet worden. Der Friedensrichter begab sich auf der Stelle in Begleitung von zwey Wundärzten dahin, und fand die ganze entsetzliche Geschichte bestätigt. Des Müllers Frau lag in der untern Stube im blosen Hemde neben dem Bette über eine Back-Mulde mit herunterhängendem Kopfe, der fünf Hiebwunden hatte, die alle bis in's Gehirn eingedrungen waren. Außerdem war der Hals fast völlig durchgehauen, und ein Ohr hieng nur noch an einigen Fäserchen. Der Müller Krones neben seiner Frau hingestreckt; nur mit Beinklei-

* Bezieht sich auf das mit dem September 1792 eingeführte »Jahr der Französischen Republik«; eine Zählung, die bis 1803 (Jahr X) fortgeführt wurde. Um die Lesbarkeit des Textes nicht zu erschweren, wurde die französische Zählung des Originals beibehalten.

dern angethan, und mit vier Kopfwunden bedeckt. Der siebenjährige Knabe neben seinen Aeltern todt auf seinem Lager mit den Kopfe gegen den untern Theil des Bettes gekehrt, mit Hieben und Stichen ermordet, und seine kleinen Fingerchen umher zerstreut.

In der obern Stube lag des Müllers 23jährige Tochter ebenfalls ermordet. Sie hatte außer 3 tödtlichen Kopfwunden sieben Stiche in den Rücken empfangen, und zwey Finger verloren. Ihr Haar war zum Theil im Zimmer verstreut.

Gerhard, der 17jährige Sohn des Müllers war gegen die Absicht der Meuchel-Mörder dem Tode entronnen. Sie hatten ihn in dem obersten Theile des Hauses in seinem Bette schlafend gefunden, und am Kopfe gefährlich verwundet, so daß ihm mehrere Zähne durchgehauen und die Zunge zum Theil gespalten war. An der linken Hand, die wahrscheinlich im Schlafe über dem Gesichte gelegen, war der Zeigefinger fast ganz abgehauen: über den Scheidel selbst hatte er einen dreyzölligen Hieb.

In der Mühle fanden sich keine Spuren eines Einbruchs, und nichts war entwendet. Man vermuthete anfangs, daß die Mörder durch ein Fenster neben der Hausthüre hereingestiegen seyn müßten, welches nur 8–9 Schuhe von der Erde erhaben und mit einem Laden versehen war, der statt eiserner Gewinde in Riemen von Leder hieng. Einer dieser Riemen war abgerissen und das innere Schlußholz zerbrochen.

Man war sogleich darauf bedacht, die Mörder ausfindig zu machen, und zu verfolgen. Allein auch dießmahl waren alle Versuche vergebens, und erst 6 Jahre später kam man nach unendlicher Mühe so weit, daß man wenigstens über einen der Thäter so ziemlich moralisch gewiß seyn konnte, und es verdient bemerkt zu werden, daß alle Thäter, einen einzigen ausgenommen, wegen anderer Verbrechen auf dem Blutgerüste starben, und ihr Antheil an diesem erst nach ihrem Tode ans Licht kam.

Der übrig gebliebene unglückliche Sohn des Müllers bestand bis nach der Hinrichtung von Nikolai fest darauf, daß er keinen von den Meuchelmördern erkannt habe. Er sey, behauptete er, in der obern Stube der Mühle eingeschlafen gewesen, und im Schlafe überfallen worden. Die empfangenen Wunden hätten ihn gleich seiner Sinne beraubt, und er habe weder einen Mörder gesehen, noch auch von dem Unglücke seiner Aeltern und Geschwister das geringste erfahren.

Erst nach und nach wurden Tuchhannes, Johann Jacob Krämer und Richard Bruttig durch den öffentlichen Ruf als Theilhaber beschuldigt. Ein unbedeutender Umstand war die Veranlassung dazu. Zwey Tage vor der Mordthat traf Tuchhannes von ungefähr mit dem Müller Krones auf dem Markte zu Manderscheid zusammen, und beyde bekamen wegen einer Schuldforderung Händel, wobey Tuchhannes in die bedenklichen Worte ausbrach: *»Ich werde dich in einer der nächsten Nächte bezahlen, der Teufel soll dich bezahlen.«* Nikolai und Bruttig waren bey dieser Drohung gegenwärtig.

Am Tage der Mordthat hatten Nikolai, Krämer und Bruttig eine Jagd-Partie veranstaltet, und weil sie ein Platzregen während dieser Excursion überfiel, sich im Felde unter Kornhaufen gerettet. Krämer und Bruttig, die beysammen saßen, sprachen viel und bedenklich von einem Müller, welches Nikolai gehört haben wollte, wie er als Zeuge vor dem Tribunal beschwor.

Kurz nach der Mordthat erzählte Nikolai ohne alle Veranlassung einem Weibe den ganzen Hergang. Tuchhannes, sagte er, habe mit dem Müller von Sprink auf dem Manderscheider Markte Streit gehabt, sey kurz darauf um sich zu rächen mit Krämer und Bruttig in der Nacht nach der Mühle gegangen, und habe an der Thüre geklopft. Der Müller habe geöffnet, und sey gleich von Tuchhannes mit seinem schon einmahl gebrauchten Ausdrucke angefallen worden: *»Jetzt will ich dich bezahlen, der Teufel soll dich bezahlen.«* Des Müllers Frau habe unter Jammern und Thränen um ihr Leben gebethen, endlich aber sich hingekniet um Reu und Leid zu erwecken, und sey so kniend erschlagen worden. Das Mädchen habe am Fenster um Hilfe geschrien, und der Bruder von Tuchhannes habe während des ganzen Vorganges vor der Mühle Wache gehalten.

Wenn man diese Erzählung mit der Lage der Ermordeten nach der That in Vergleichung stellt, so muß man gestehen, daß einige Momente davon in der That auffallen. Der Müller ward in Beinkleidern gefunden, und hatte also wahrscheinlich die Türe geöffnet. Die Tochter war von hinten gestochen und ihr Haar lag im Zimmer zerstreut. Es war also wahrscheinlich, daß sie während des Hilfe-Rufens von hinten war angefallen, und mit den Haaren vom Fenster gerissen worden.

So viel und wenig mehr wußte man bis zur Entscheidung des Processes von Tuchhannes von den Umständen dieser schrecklichen Ereignisse, und wenn es erlaubt ist, in die Geschichte peinlicher Verhandlungen außergerichtliche Muthmaßungen zu flechten, so lag es wahrscheinlich nur in der Absicht der Thäter, sich an dem Müller allein zu rächen. Er sollte vielleicht nur nach Räuber Art mißhandelt werden, empfing aber dabey einige unglückliche Hiebe, und fiel todt zur Erde. Die

Furcht erkannt und verrathen zu werden, trieb die Thäter zu weiteren Schritten. Einer darunter, der nicht persönlich beleidigt war, hatte seine Kälte beybehalten, und fiel auf den entsetzlichen Gedanken, alle Zungen zu lähmen, die vielleicht in der Folge würden sprechen können. Der Entschluß ward gefaßt, und ausgeführt. Bey dem fünften Morde war der gestreckte Arm der Banditen gelähmt. Gerhard Krones dankte diesem Zufalle kümmerlich das Leben, um seine klaffenden Wunden zur Erinnerung an diese gräßliche That der Welt zur Schau zu tragen.

Wenn dem Allen so wäre, so müßte man vor der entsetzlichen Consequenz dieser Menschen, wovon Schinderhannes mit allen seinen Gesellen kein Beyspiel gegeben, zurückschaudern. Ihr fehlte nichts als Gerechtigkeit, etwas Bildung und ein günstiges Gestirn, um auf einer ehrenvollern Bahn sich als Held Achtung zu erkämpfen.

Iltis Jacob und Bruttig wurden in Rücksicht dieser Mordthat von den Urtheils-Geschwornen als nicht überwiesen erklärt, Tuchhannes aber schon im Sommer des Jahrs VII zum Tode verurtheilt, und zwar in Contumaciam,* weil er flüchtig war.

Nikolai, der Teufelsbanner, der an nichts Böses dachte, trat gegen alle seine Kameraden als Haupt-Zeuge auf. Das Tribunal zu Koblenz kannte ihn zwar als versteckten Anführer der Bande; weil er aber manchen guten Dienst leisten konnte, so ward er in allen Audienzen, wo er Zeugniß gab, geschützt. Sieben Haupt-Räuber waren bereits unter der Guillotine gefallen. Christian Hoscheid war der achte. Seine Bekenntnisse in seinen letzten Lebenstagen kosteten Nikolain Freyheit und Leben.

* wörtlich: aus Trotz; hier: in Abwesenheit

Am 3. Fructidor J. VIII ward er auf dem Markte zu Bausendorf im Canton Wittlich auf Befehl des öffentlichen Anklägers von Rhein und Mosel verhaftet. Vier Tage hernach kam er in dem Arresthause zu Koblenz an.

Der Br. Reichensperger, der gerade damahls Director der Geschwornen war, fing die Untersuchung gegen ihn an, mußte sie aber schon am 15. Brumaire nach dem gesetzlichen Wechsel der verschiedenen Sectionen des Tribunals einem andern Richter überlassen. Reichensperger hatte aber glücklicher Weise in der Person des Bürgers Tippel einen seiner würdigen Nachfolger gefunden. Die von ihm mit Fleiß und Scharfsinn gegen Nikolai geführte Procedur ward am 8. Floreal J. IX geendigt, und die Anklags-Acte am 13. den Special-Anklags-Geschwornen vorgelegt. Sie enthielt 10 Verbrechen, wovon 3 die Todesstrafe nach sich ziehen konnten: einmahl, der an einem gewissen Theodor Mungel verübte Meuchelmord, von dem unten die Rede seyn wird; zweytens die Geschichte von der Sprinker Mühle, und drittens der Todschlag eines französischen Officiers in der Gegend von Trier.

Ein ganz besonderer Umstand, eine ganz eigene Art von Prahlsucht, die man im gemeinen Leben ein großes Maul nennt, brachte Nikolain aufs Blutgerüste. Er hatte unter andern einmahl in einem Wirthshause auf der Alf, im Canton Luzerath einem gewissen Castor von Koblenz erzählt, daß er einen französischen Reuter auf der Quint erschlagen hätte. Dieser Castor, der vom Metzger bis zum Unterhändler von Advokaten emporgestiegen war, und sich den Nahmen eines Sachwalters bey den Tribunälen gab, legte darüber sowohl vor dem Anklags- als vor dem Urtheils-Jury Zeugniß ab. Dieses Zeugniß ist zu merkwürdig, als daß wir es hier nicht seinem Inhalte nach anführen sollten. *»Ich ging,«* so sollte Nikolai erzählt haben, *»von dem Markte zu Wittlich, wo ich nichts zu thun fand, auf die Quint, um daselbst altes Eisen auszubrechen. Indem ich daselbst zum Fenster hinausschaute, und eine Anzahl Chasseurs* den rothen Berg herunter kommen sah, dachte ich, daß diese nach dem Rückzuge von der andern Rheinseite wohl mit Geld versehen seyn müßten. Der letzte Trupp, der vom Berge kam, bestand nur aus 4 Mann. Drey ritten vorüber. Der vierte band aber sein Pferd an dem Hause an, um seine Nothdurft zu verrichten. Ich legte mich mit dem halben Leibe zum Fenster hinaus, und lud den Reuter ein, herauf zu kommen. Er kam auch wirklich. Ich führte ihn durch mehrere Zimmer des verlassen stehenden Hauses, und als wir in das hinterste gekommen waren: patsch, da lag er todt an der Erde. Ich schnallte ihm darauf seine Geldkatze ab, warf dem Pferde den Zügel über den Hals und jagte es den übrigen nach. Neunzehn Karolin waren meine Beute.«*

Der Director der Geschwornen untersuchte die Sache mit seinem gewöhnlichen Fleiße. Es ergab sich nichts, als daß im Herbste des Jahres IV wirklich ein französischer Officier in der Gegend von der Quint erschossen worden war. Allein der Verdacht fiel auf ganz andere Personen. Was Nikolain betraf, so konnte nicht einmahl ein Corpus Delicti festgestellt werden. Indessen ward die Geschichte doch als zehntes Verbrechen in die Anklags-Acte aufgenommen, mehr um den Charakter des Beschuldigten näher zu beleuchten, als ihm diesen Mord aufzubürden.

* franz. Fußsoldaten

Beim Verteilen der Beute

Wie gegen den Br. Castor, eben so hatte sich Nikolai gegen den übrig gebliebenen Sohn des Müllers Krones benommen. *»Schade ist es,«* prahlte der besoffene Mann gegen diesen, *»Schade ist es, daß die Hiebe, die ich dir in der Mühle gegeben, nicht besser gerathen sind.«*

Nikolai hierüber gerichtlich zur Rede gestellt, berief sich auf den damahligen Friedensrichter Adams in Luzerath. Man hatte immer geglaubt, der verwundete Sohn des Müllers hätte Einige von den Mördern gekannt, und würde nur durch allzugroße Furcht von einem Eingeständnisse zurückgehalten. Adams, behauptete Nikolai, habe ihn beauftragt, auf obige Weise dem Sohne ein Geständniß zu entlocken. Jener widersprach aber in einem officiellen an den Director der Geschwornen gerichteten Schreiben dieser Behauptung.

Am 11. Thermidor erschien Nikolai in der öffentlichen Audienz des peinlichen Tribunals von Rhein und Mosel. Seine Vertheidiger hatten ihm gleich anfangs gerathen, die Wohlthat des Gesetzes zu benutzen, und das Tribunal vom Donnersberge zu wählen, einmahl, weil er im Rhein- und Mosel- und im Saal-Departemente zu sehr bekannt war, und zweytens, weil man bey den Geschwornen ein gewisses Vorurtheil gegen seine Person voraussetzen konnte. Er war aber hierzu nicht zu bewegen, denn er hatte den Glauben, daß die nehmlichen Richter, die ihn, als er Zeuge war, in Schutz genommen hatten, auch seine Verbrechen vertheidigen würden.

Selbst in der Audienz entwickelte sich in Rücksicht auf die Sprinker Mordthat weiter nichts gegen ihn, als was oben schon angeführt worden ist. Er war am Tag der Drohung gegen den Müller, und am Tage der Mordthat in der Gesellschaft derjenigen, die sie wahrscheinlich verübt hatten; er hatte den ganzen Hergang mit allen seinen Umständen, und ohne alle Veranlassung einer Frau erzählt, mit der er in keinen Verhältnissen stand, und sich bey dem verwundeten Sohne selbst als Theilhaber dargestellt.

Seine Sachwalter hatten es nicht Mühe werth gehalten, ihn gegen diese Mordthat zu vertheidigen. *»Es ist nichts Ungewöhnliches,«* sprach Einer von ihnen zu den Urtheils-Geschwornen, *»daß bey unserer Art, peinliche Processe zu führen, ein Angeklagter oft an Dingen zu Schanden wird, die er nicht des Aufhebens werth hält.«* Er hatte wahr gesprochen. Die Urtheils-Geschwornen erklärten Nikolain von aller Theilnahme an dem Meuchelmorde des Theodor Mungel frey und ledig, aber sie erklärten ihn nach einer kurzen Deliberation für überwiesen, an dem Sprinker Morde Theil genommen zu haben, und legten ihm noch dazu den Mord auf der Quint zur Last, für den nichts weiter als das oft und viel wiedergekäute Grundbirnmus des Bürgers Castor sprach. Das Schreckliche der That in der Sprinker Mühle, der darüber geführte Verbal-Proceß von dem Präsidenten mit einer Energie vorgelesen, der bey dem ganzen sehr zahleichen Publicum Schaudern erzwang, und die sprechenden Narben des unglücklichen Sohnes, der als Zeuge persönlich in der Audienz erschien, wirkten kräftiger, als es alle Schönredner je gekonnt. Am 15. Thermidor IX. J. Morgens um 1 Uhr sprach das Tribunal das Todesurtheil über Nikolai aus.

Während der ganzen fünftägigen Audienz verläugnete er nur selten seine Indolenz, und seine Gleichgültigkeit. Er hörte seine Anklagen an, ohne zu reden; er hörte die Zeugen an, ohne aufzufahren; nur entfuhr ihm da und dort ein schneidender Sarcasmus. Man behauptet, daß ein großer Räuber im Innern, der über mehrere Capitalverbrechen angeklagt war, dem öffentlichen Ankläger niemahls geantwortet habe, ohne ihn mit den Worten: *»Citoyen Collegue!«* zu begrüßen.

Nikolai ward von dem Präsidenten gefragt: wie es komme, daß sein Haus der Sammelplatz von allen Räubern gewesen sey? *»O Nein,«* erwiederte der Räuber ganz kalt, *»nicht alle sind bey mir eingekehrt, denn ich habe Euch noch niemahls dort gesehen.«*

Als das Todesurtheil ihm vorgelesen war, stand er auf und redete: *»Ich werde heute Nacht ruhiger schlafen, als diejenigen, welche dieses Urtheil gemacht haben.«*

Selbst am andern Tage hatte seine Kälte nicht im geringsten nachgelassen. Er hatte keinen anderen Glauben, als daß das Ganze nur ein Schauspiel gewesen, um ihn zu erschrecken, und daß es nur von ihm abhinge, das gegen ihn ausgesprochene Urtheil umzustoßen. Als seine Vertheidiger ihn am folgenden Morgen besuchten, fanden sie ihn halbschlafend: und er grüßte sie mit seinem gewöhnlichen Gleichmuth, und klagte einzig über die Unbequemlichkeit der Eisen, die ihm nach dem Todesurtheil angelegt wurden, und deren Druck ihm eine schlaflose Nacht verursacht hatte. Auch seiner Tabakspfeife, die er in der Nacht verloren, erinnerte er sich und nahm eine andere, die ihm einer seiner Vertheidiger schenkte, mit frohem Danke an. Wie wichtig ist nicht diese Anekdote für den Psychologen? Dieser Mensch, mit unzähligen Verbrechen belastet, kannte in der Nacht, worin er sein Todesurtheil angehört hatte, keinen größern Schmerz als den Druck seiner Fesseln, und keinen größern Verlust als den eines porzellanenen Pfeifenstumpfs.

Je bekannter Hans Bast in Koblenz und in der umliegenden Gegend war, desto größeres Aufsehen machte das über ihn ausgesprochene Todesurtheil. Nur sehr Wenige konnten sich überreden, daß es gerecht sey. Es ward auch wirklich bald darauf wegen verletzter Form von dem zu Trier niedergesetzten Revisions-Gerichte cassirt und der Angeklagte vor das peinliche Tribunal des Saar-Departements verwiesen, wo er aber wegen eben dieser Mordthat zum zweyten Mahle zum Tode verdammt ward. Vor seiner Hinrichtung bemühte man sich, ihn zum Geständnisse zu bringen, aber umsonst. Er ward im rothen Hemde zum Richtplatz geführt, und starb mit der eines großen Räubers würdigen Kälte. Sein Weib besuchte ihn zwey Tage vor der Hinrichtung. Am Tage derselben erklärte der 65jährige Greis, wenn sie nach neun Monaten niederkommen sollte, so sey er, und kein anderer für den Vater zu halten.

Ein Künstler drückte seinen Kopf in Wachs, und

führt ihn noch jetzt in einer Sammlung von ausgezeichneten Verbrechern zur Schau herum.

Tuchhannes, immer noch flüchtig, ward wenige Monate nach der Hinrichtung von Nikolai durch die Beyhilfe des Bruders des Räubers Hoscheid auf der Neipeler Mühle im ehemaligen Lothringen von dem wackren Wachtmeister der Wittlicher Gendarmerie-Brigade Br. Saal gefangen genommen, und durch die Anstrengungen des Präsidenten des peinlichen Tribunals von Rhein und Mosel, Br. Lebens, aufs Schaffot gebracht. Die gegen ihn aufgestellten Beweise sind sehr künstlich geführt, und verdienen hier näher entwickelt zu werden.

Außerdem, was oben schon vorgekommen ist, war erwiesen, daß Tuchhannes zur Moselbande gehörte, jähzornig und rachsüchtig war, und einmahl versucht hatte, einen Maurer zu erschlagen. Er war ein besonderer Feind des Müllers, und hatte öffentlich erklärt, daß er noch ein Mittel wüßte, die Mühle zu bekommen, obschon sie ein Erbbestand sey. Drey Monate vor dem Morde hatte er schon auf diesen Fall einen Knecht gedungen; zwey Monate davor hatte er den ältesten Sohn des Müllers ohne alle Veranlassung auf die jämmerlichste Weise geprügelt, und nur fremde Hilfe konnte seiner Wuth Einhalt thun, und einen Monat vor dem Morde hatte er an verschiedenen Orten laut geäußert, daß er noch eines Tags dem Sprinker Müller das Hälschen brechen würde.

Es traten zwey Zeugen auf, welche behaupteten, der verwundete Sohn habe ihnen nach Nikolais Hinrichtung in Koblenz eingestanden, daß dieser und Tuchhannes mit unter den Mördern gewesen wären. In der öffentlichen Audienz gab der Sohn dieß auch wirklich nach, und beschwur, daß er im ersten Augenblicke der Verwundung geglaubt habe, und noch glaube, den Tuchhannes unter den Mördern erkannt zu haben. Doch setzte er bedächtlich hinzu, daß seine Sinne ihn in der Nacht und der Betäubung leicht getäuscht haben könnten.

Der Angeklagte bezog sich auf die Aussagen eines Brannteweín-Wirths und eines Kühhirten von Meckeln. Er wollte die Nacht des Mordes bey diesem geschlafen, und der Branntewein-Wirth sollte ihn noch nach 10 Uhr in dem Hause des Kühhirten gesehen haben. Es ist also unmöglich, schloß der Angeklagte, daß ich Theil an diesem Morde habe nehmen können, der um diese Zeit muß ausgeführt worden seyn, indem er bereits um halb eilf in ganz Meckeln bekannt war. Meckeln liegt von Sprink eine halbe Viertelstunde, und der Mord ward kurz vor eilf Uhr ausgeführt. Der Branntewein-Wirth beschwur, daß er den Tuchhannes an dem Abend des Mordes kurz nach neun Uhr zum letzten Mahl gesehen habe; und der Kühhirte, daß Tuchhannes um halb zehen aus seinem Hause gegangen, um zwölf wiedergekommen, und daß erst nach seiner Zurückkunft die Nachricht von dem Morde in's Dorf gekommen sey. Der Kühhirt setzte noch hinzu, Tuchhannes habe einige Tage nach dem Morde seine Theilnahme eingestanden, und beyde Zeugen beschwuren, daß sie die Frau des Tuchhannes mit Geld habe zu falschen Zeugnissen verleiten wollen.

Nebstdem trat ein Metzger als Zeuge auf, der einige Jahre mit Tuchhannes einen gemeinschaftlichen Schweinshandel getrieben hatte. Er erklärte, daß Tuchhannes ihm einst auf einer Reise, als sie zusammen unter einem Baum gelegen, erzählt habe, er sey Theilhaber an dem Morde von Sprink. Die That reue ihn jetzt, weil er das Land räumen müsse. Er wolle also noch einem gewissen Pächter ein schönes Pferd abborgen und sich alsdann hinter die Maas begeben. Diese Erklärung, setzte der Metzger hinzu, habe ihn so erschreckt, daß er sich, als Tuchhannes unter dem Baume eingeschlafen gewesen, heimlich davon gemacht habe. Tuchhannes habe wirklich in der Folge ein schönes Pferd von einem Pächter geborgt, und sey aus der Gegend verschwunden.

Die Söhne des Müllers beschwuren, daß zur Zeit der Mordthat die Pfeife ihres Vaters weggekommen sey. Ein anderer Zeuge hatte diese Pfeife kurz nach dem Morde in dem Munde des Angeklagten gesehen.

Tuchhannes widersprach allen Zeugen. Hatte er sich doch 6 Jahre lang auf seinen Proceß vorbereiten können! nur die Aussage des Kühhirten setzte ihn außer Fassung, und er verstummte einige Minuten gänzlich.

Die Urtheils-Geschwornen erklärten ihn einstimmig als Theilhaber. Am 30. Prairial X. J. ward er zum Tode verdammt. Sein Cassations-Gesuch verwarf das zu Trier niedergesetzte Revisions-Gericht. Ehe er zur Guillotine gebracht wurde, trank er noch einige Gläser Wein. Einer seiner Vertheidiger bemerkte ihm einige Minuten vor seinem Tode, daß eine Fliege in das Glas gefallen sey, und daß er sie herausnehmen wolle. *»Laßt sie,«* erwiederte der Mörder ganz kalt, *»wenn Ihr mir die Fliegen hättet wehren wollen, so hättet Ihr's tun sollen, als der Präsident in der öffentlichen Audienz so schrecklich gegen mich schrie. Nun ist's zu spät.«* Er lachte dabey aus ganzer Seele. Umsonst waren alle Bemühungen ihn zum Geständnisse zu bringen. Seine Geheimnisse liegen in seinem Sarge begraben und in der Brust des Paters, der seine letzte Beichte gehört hat.

Als der Verfasser den Schinderhannes gleich

nach seiner Gefangennehmung auf dem rechten Rheinufer in Mainz besuchte, fragte er ihn unter andern auch über diesen fünffachen Meuchelmord. Schinderhannes hatte Kenntniß davon, denn Mosebach und Iltis Jacob hatten oft in seiner Gegenwart davon gesprochen. Wie Schinderhannes aus dieser wechselseitigen Unterhaltung schloß, waren Peter Zughetto, von dem weiter unten die Rede seyn wird, Iltis Jacob und Mosebach unter den Thätern, und zwar sollte der kalte verschlagene Zughetto am ersten dazu aufgefordert haben. Zughetto und Mosebach besuchten ihren Herzensfreund Iltis Jacob oft auf dem Trauzberger Hofe, und ein glaubwürdiger Zeuge beschwur, daß er am Morgen nach der Mordthat zwey blutige Menschen in einem Wirthshause wenige Stunden von der Mühle gesehen habe. Hans Bast, Tuchhannes, Iltis Jacob und Bruttig, welche dem Zeugen vorgestellt wurden, waren diese Menschen nicht, und Mosebach gestand am Tage seiner Hinrichtung, daß er wegen Verbrechen, worüber ihn Niemand beschuldigt, den Tod verdient habe.

Außer dieser Mordthat war Tuchhannes noch über einen Straßenraub angeklagt, und viele andere Gerüchte von verübten Verbrechen gingen über ihn herum, die aber der Director der Geschwornen nicht in die Anklags-Acte aufgenommen hatte. Der Raub ward am 14. Messidor IV. J. auf offener Landstraße verübt, durch mehrere Personen, die Mord-Gewehre trugen.

Ein Jahr nach dem Sprinker Morde, am 28. Thermidor V. J. fand man nahe bey Bertrich einen Menschen ermordet. Es war Theodor Mungel. Der Director der Geschwornen klagte fünf von des Erschlagenen Kameraden darüber an: Richard Bruttig, Matthes Dahm, Niklas Dahm, Lorenz

Günther, und Niklas Kohl. Hans Bast Nikolai erschien als Zeuge gegen die angeblichen Thäter. Zwey Jahre später stand er selbst deßwegen vor Gericht.

Theodor Mungel von Waldkönigen, Cantons Dhaun im Saar-Departement, war am Tage vor der That in Bertrich, in dem Hause des Reichard Bruttig, mit dem er in Wortwechsel gerieth. Am folgenden Morgen wurden drey Personen in der Gegend wahrgenommen, wo man nachher den Leichnam des Erschlagenen gefunden, welche Personen durch das Gebüsch nach Krinkhof, dem Wohnorte Nikolais zugegangen sind. Einige Stunden nachher sah eine Person, welche dahin kam, um Erdbeeren zu pflücken, hinter einem Busche einen nackten Leichnam liegen. Weil aber diese Person aus einer gewissen Art von Furcht den Vorfall verschwieg, so bekam man erst einige Tage nachher allgemeine Wissenschaft von diesem Leichnam, und erkannte denselben für den Leichnam des Theodor Mungel. Er war am 27. Thermidor von Waldkönigen nach Bertrich gegangen, und unterwegs bey Hans Bast eingekehrt, der ihm eine Flasche mitgab, um sie in Bertrich mit Branntwein füllen zu lassen. Als einige Tage nachher Jemand fragte: ob der Mann noch nicht mit dem Branntwein zurückgekommen sey, antwortete Nikolai: *»Der Kerl wird wohl so viel Schnaps gesoffen haben, daß er davon verreckt ist.«*

Wenn wir diese Mordthat kritisch untersuchen, so sind wir nicht im Stande, viel historisches Licht darüber zu verbreiten, weil die wahrscheinlichen Theilhaber zu sehr im Dunkeln handelten. So viel scheint sich indessen mit ziemlicher Zuverläßigkeit behaupten zu lassen, daß der Ermordete selbst von der Bande war. Ein Zeuge sprach davon, und des Ermordeten eigene Frau beschwur, daß ihr

Mann damahls, als er nach Bertrich gegangen, zwey Taschenuhren bey sich gehabt habe, die wohl kein Mensch seines Gleichen, der als Taglöhner arbeitet, zu besitzen pflegt. Soviel ist ausgemacht, daß am nähmlichen Abend großer Streit zwischen dem Ermordeten, und zwischen Bruttig und seinen Kameraden gewesen. Worüber dieser Streit entstanden, und welche Gegenstände er eigentlich betroffen, daß er in der Folge ein so schreckliches Ende genommen, dieß alles läßt sich nur vermuthen. Wahrscheinlich lag die erste Veranlassung darin, daß Mungel irgend etwas zu viel geplaudert hatte, wozu noch der Verdacht kam, den Bruttig darüber hegte, daß Mungel mit seiner Frau in unerlaubtem Umgange lebte. Wenigstens läßt sich dieß aus Nikolais Behaupten schließen, wenn er nach dem Tage der That folgende Worte von Bruttig gehört zu haben versichert: *»Ich habe den Kerl auf dem Heu bey meiner Frau erwischt; er wird mir nicht wieder dahin gehen.«* Nikolai gab ferner an, daß er einst bey Bruttig in seinem Hause zu Bertrich gewesen, wo dieser seine Frau eine Hure und ein Luder gescholten, und mit Nikolais Flinte nach ihr geschossen habe, daß die Kugel in einen gegenüberliegenden Wandschrank gefahren, wo man die Merkmahle noch sehen könne.

Man darf als moralisch gewiß annehmen, daß Bruttig in der Nacht, als jener Streit in seinem Hause vorgefallen, den Entschluß zur Ermordung des Theodor Mungel gefaßt hat, ihn aber auf der Stelle nicht ausführen konnte, weil der Unglückliche nicht bey ihm, sondern im Wirthshause geschlafen hat. Man darf vermuthen, daß er einige seiner Kumpane mit in den abscheulichen Plan gezogen, und am andern Morgen entweder selbst das Schlachtopfer begleitet, oder ihm in der Linnig aufgepaßt hat. Bruttig verlor wegen dieser That zu Koblenz den Kopf, obschon wenig Beweise gegen ihn waren. *»Wir haben auch für ihn ein Loch gefunden,«* sagte Einer der Urtheils-Geschwornen, als die Deliberation* geendigt war.

Wir können nicht umhin, hier eine vielleicht nicht unrichtige Bemerkung beyzufügen. Bruttig war Anfangs ein Jude, der aber nach der Zeit aus Liebhaberey zu Würsten und Schweinefleisch den christlichen Glauben angenommen hat. Er war zugleich ein Metzger, dem es nach seinem eigenen Ausdrucke, wie wir schon oben bemerkt haben, gleichviel galt, ob er einen Kälber- oder einen Menschen Kopf abschnitt. Liegt in jenen beyden Qualitäten nicht schon etwas, was ihn bey seinen übrigen scheuslichen Eigenschaften zu einer That fähig machte, die auf der einen Seite eine niederträchtige Feigheit, und auf der andern eine unerhörte Grausamkeit verräth? Daß Mungel nicht bloß ermordet, sondern daß ihm sogar der Kopf abgeschnitten war, der einige Schritte weit vom Rumpfe lag, zeigt einen beyspiellos niederträchtigen Charakter eines Menschen an, der sein Schlachtopfer überlistet, und mit Helfershelfern niedergeworfen hat, und dann am Ende seine Tapferkeit darin setzt, sich an einem todten Körper zu rächen.

Außerdem hatte Bruttig noch andere sehr bedenkliche Umstände gegen sich. Nikolai behauptete als Zeuge, die nähmliche mit Weiden umflochtene Flasche, die er dem Ermordeten gegeben, in Bruttigs Hause gesehen zu haben. Ein Anderer von der Bande gab in seinen Verhören an, daß er einen dem Erschlagenen zugehörigen Kittel von Bruttig gekauft habe. Dieser behauptete jene

* Beratung

Flasche schon seit 4 Jahren besessen, und den Kittel alt und neu gekauft zu haben. Überdieß ward ein Messer in der Gegend des Mordplatzes gefunden, von dem der Räuber Hoscheid behauptete, ein ähnliches in Bruttigs Händen gesehen zu haben. Bruttig bezeigte große Angst, als dieses Messer gefunden ward, und gab sich große Mühe es wieder in seine Gewalt zu bekommen.

Was Nikolain betrifft, so lagen ihm hauptsächlich folgende Umstände zur Last. Er besaß das Messer, womit dem Ermordeten der Hals abgeschnitten worden war. Er nannte der Frau des Ermordeten diejenigen, die den Mord verübt haben sollen, und kannte schon den Tag nach der That, als noch kein Mensch etwas davon wußte, die ganze Geschichte. Indessen läßt sich dieß alles zusammen reimen, wenn man bedenkt, in welchen Verhältnissen Hans Bast mit der Bande gestanden, und er bewieß durch eben die Zeugen, welche gegen ihn geladen waren, sein vollständiges Alibi. Dagegen entwickelte sich in seinem Processe noch ein anderer merkwürdiger Umstand gegen Bruttig. Dieser kam am Morgen nach der That zu Nikolai nach Krinkhof, und bestellte ein Viertel gebackene Eyer, mit dem Zusatze: *»Die Andern kommen auch.« »Mungel mit dem Branntwein auch?«* fragte Nikolai. *»Nein, der kommt nicht mehr!«* erwiederte Bruttig. Indessen kamen die Andern auch nicht, und beyde gingen zusammen nach Bertrich. Bruttig wollte aber den Weg über den Mordplatz nicht nehmen, weil es da, wie er sich ausdrückte, nicht richtig wäre.

Lorenz Günther und Niklas Kohl wurden von zwey Zeugen bestimmt anerkannt, daß sie gleich nach der That in der Gegend des Mordplatzes gewesen seyen, und diesen Zeugen 9 Kreuzer geschenkt hätten, um für sie zu beten. Gegen Niklas und Mathes Dahm entwickelte sich gar nichts, und Alle, außer Bruttig, wurden auch in Rücksicht dieses Mordes von den Urtheils-Geschwornen als nicht überwiesen erklärt.

Das dritte Hauptverbrechen dieser Bande betrifft eine Brandstiftung, verbunden mit gewaltsamen Raub, und Mordversuch. Christian Hohscheid, Niklas Dahm (Ellenzer-Klos), Niklas Schwarz (Grundbirn-Klos), Johann Esuk aus Pohlen, Johann Krämer (Hundsrücker Hannes, Bruder von Iltis Jacob) und Heinrich Simonis von Kinderbeuern, Cantons Wittlich im Saar-Departement waren darüber angeklagt.

In der Nacht vom 21. auf den 22. Ventos VI. J. öffnete Martin Hornig Müller auf der Liegermühle, Cantons Treiß im Rhein- und Mosel-Departement das Fenster seines Hauses, und sah und hörte einen Trupp singender Räuber auf sich zukommen. Sie sahen ihn schon von ferne, und schrien ihm entgegen: *»Ha, Kreutz Sakkerment, hast du das Fenster schon offen?«* Der Müller zog sich zurück. Einer von der Bande klopfte am Fenster, und unter dem Vorgeben, daß er etwas zum Essen haben wollte, verlangte er eingelassen zu werden. Der Müller greift zu seiner Flinte, welche ihm versagt. Die Räuber antworteten mit einer Menge Schüsse in's Fenster, und bestürmten die Mühle. Der Müller vertheidigte sich so gut er konnte, indem er Klafterholz von oben herabwarf, und einen von den Räubern verwundete, die sich nun nach der Thüre wandten, und Gewalt brauchten. Der obere Theil der Thüre ward wirklich aufgesprengt. Einen wollten sie hinüber haben, der aber von dem Müller mit einer eisernen Stange so begrüßt ward, daß er darnieder sank. In dem nähmlichen Augenblicke schrie einer unter ihnen: *»Bruder vivat, schlag Feuer!«* Dieser Ruf war auch das Signal zum Brande. Sie wandten eine Strohfackel, und zündeten das Strohdach des Stalles an, so daß dieser und ein Theil vom Dache der Mühle abbrannten. Die Räuber wärmten sich an diesem Feuer, und der Müller in der äußersten Wuth schoß nach einem, der Schildwache stand. Dieß machte, daß sie sich einen Augenblick zurückzogen, vermuthlich, um miteinander heimlich zu sprechen. Der Müller benutzte diese Minute und ging auf die Flucht. Sie bemerkten ihn aber im Fortlaufen, und schickten ihm noch einige Kugeln nach. Er entkam indessen in das Dorf, ließ dort die Feuer-Glocke stürmen, und kam mit bewaffneter Mannschaft zurück. Die Räuber waren aber fort, und hatten aus der Mühle mehrere Effecten entwendet. Des Müllers Leute waren während des ganzen Vorgangs in der Mühle versteckt.

Eine Stunde von dem rechten Ufer der Mosel liegt im Canton Treiß im sogenannten Friedrichswalde eine Köhlerhütte, wo die Bande eine Haupt-Niederlage hatte. Die Frau des Köhlers war die Geliebte von mehreren Gliedern der Bande, Niklas Dahm ward in ihrem Bette verhaftet. Dort waren die Räuber auch am Tage des Brandes zusammen gekommen, und hatten sich Muth im Branntewein gesoffen. Niklas Dahm hatte den ersten Plan zu dem Angriffe gemacht, weil der Müller, wie er sich ausdrückte, brav Geld und Taschenuhren habe, welche man ihm nehmen müsse. Nach der That waren sie noch frech genug, dem Müller einen Vergleich anbiethen zu lassen, welchen der Köhler aus dem Friedrichswalde, Franz Leister, Bevollmächtigter von Seiten des Müllers, und Hans Bast Nikolai, Bevollmächtigter von Seiten der Räuber, zu

Stande zu bringen, übernahmen. Die Unterhandlungen zerschlugen sich aber gleich anfangs wieder, weil die Räuber zwanzig Louisd'or forderten, und der Müller sich zu nichts verstehen wollte.

Die Thäter wurden fast wie immer durch ihre eigene Unvorsichtigkeit entdeckt. Der Müller erkannte nur Einen darunter, Niklas Dahm von Ellenz. Ihr Zusammentreffen in der Köhlerhütte unmittelbar vor der Brandstiftung und die in Nikolais Wohnhause vorgenommene Theilung der geraubten Effecten, wovon Leister und Nikolai ohne Rückhalt sprachen, gab die erste Veranlassung dazu. Mehrere waren bey dem Angriffe verwundet worden, und ließen sich in Bertrich in einem öffentlichen Wirthshause verbinden und pflegen.

Niklas Dahm, Johann Esuk, Heinrich Simonis und Niklas Schwarz gestanden das Verbrechen gleich nach ihrer Gefangennehmung ein. Nur nahm Niklas Schwarz vor dem peinlichen Tribunal dieses Eingeständniß wieder zurück, und blieb dabey stehen, daß er durchaus nicht mit auf der Mühle gewesen sey. Allein dieses Widerrufen eines gerichtlichen Eingeständnisses konnte nicht die mindeste Rücksicht verdienen, weil er durch Zeugen überwiesen war, am Tage der That in Gesellschaft seiner Kameraden auf der Köhlerhütte im Friedrichswalde gewesen zu seyn, weil er in Nikolais Hause die Effecten theilen geholfen, und noch lange nachher einen kupfernen Caffeekessel besessen hatte, der dem Müller entwendet worden war. Er war es, der den Raub in sechs Theile theilte, und von Esuk mit abgekehrtem Rücken bestimmen ließ, wem jeder einzelne Theil zufallen sollte.

Nur in Rücksicht der Brandstiftung selbst und des Mordversuches gegen den Müller, suchten die vier obengenannten Beschuldigten alles von sich abzuwenden, und auf die abwesenden Christian Hoscheid und Johann Krämer zu werfen. Indessen kam es hierauf nicht einmahl an, weil sie nicht in Abrede stellen konnten, thätigen Antheil an dem Raube genommen zu haben, der eine Folge des Brandes war. Zudem war es bewiesen, daß wenigstens ein Dutzend Schüsse geschehen waren, welche so schnell aufeinander folgten, daß Hoscheid und Kramer unmöglich allein die Urheber davon seyn konnten. Alle gingen ohne Ausnahme mit Schießgewehr bewaffnet herum, und Esuk hatte selbst eingestanden, daß er so bewaffnet an der Thüre Schildwache gestanden habe. Der Brand war noch dazu so überlegt, daß die Räuber vorher noch des Müllers Pferde aus dem Stalle trieben, ehe sie Feuer anlegten.

Die Urtheils-Geschwornen nahmen auf allen Galimathias*, den die Räuber bey diesem Puncte zu ihrer Vertheidigung vorbrachten, keine Rücksicht, und alle vier wurden zum Tode verdammt.

Christian Hoscheid war, ehe die Bande vor den Urtheils-Jury gestellt werden konnte, am 27. Ventose 7. J. Abends zwischen acht und zehn Uhr aus dem Gefängnisse zu Koblenz entwichen. Er zerbrach die Ketten, womit er an Händen und Füßen gefesselt war, schnitt die eisernen Fensterstangen mit einem zur Säge gemachten Messer durch, und benutzte einen Platzregen, wodurch die Schildwache gezwungen war, sich in ihr Häuschen zurückzuziehen. Er ward als Abwesender in Contumaciam zum Tode verdammt, bald darauf aber wieder auf der Sprinker Mühle gefänglich niedergeworfen, und nach Koblenz abgeliefert. Im Sommer

* verworrenes Gerede

Delinquent auf dem Weg zur Hinrichtungsstätte

des J. VII., als seine Kameraden bereits geblutet hatten, stellte man ihn vor den Urtheils-Jury. Über vierzehn Verbrechen war er angeklagt, worunter außer der Brandstiftung auf der Mühle zu Lieg nur noch eines, ein Pferde-Diebstahl zu Büchenbeuren mit Mordversuch verbunden, nach den fränkischen Gesetzen capital war.

Das Publicum betrachtete diesen Menschen mit Unrecht als den Anführer der ganzen Bande, und als den Urheber der schändlichsten Verbrechen. Da Wir ihn sehr genau von Person gekannt und mehrere Monate beobachtet haben, so wollen Wir versuchen, ihn zu zeichnen, wie er war. Seine Mutter lebt noch in Reil, und weil sein Vater früh gestorben war, so wuchs der Bube ohne alle Bildung heran. Er konnte nicht lesen und nicht schreiben. Feurig und stark, an keine Schranken gewöhnt, und an keine Verhältnisse gebunden, waren ihm alle sklavischen Regeln des gemeinen Lebens unbekannt. Als er zwey und zwanzig Jahre alt war, diente er als Mühlbursche auf der Königsmühle bey Trarbach. Hier lernte Lorenz Günther ihn kennen, erhitzte seinen Brausekopf mit Bildern von Wohlleben und Unabhängigkeit. Der jovialische Junge griff mit beyden Händen zu, und machte auf Günthers Beutel einen Zug ins Wälder-Departement mit, um dort Pferde zu verkaufen. Gieng es doch in ferne Lande! Welch ein Reitz für einen rohen kräftigen Menschen, den nichts in seiner Heymath fesselt! Günther verleitete ihn bald darauf zu einem Pferde-Diebstahl, und führte ihn in dem Hause des Richard Bruttig ein, wo er alle Brüder beysammen traf. Ein Paar mißlungene Streiche brachten ihn zweymahl ins Gefängniß, einmahl zu Trier, wo er aber wieder losgegeben ward, und dann zu St. Wendel, wo er entwich. Seit der Zeit blieb er immer unstät, weil er überall aufgefangen zu werden befürchten mußte. Nikolais Tochter, in die er sich verliebte, fesselte ihn an ihres Vaters Haus, und folglich auch unzertrennlich an die Bande, die dort aus und eingieng.

Bey dem Brande auf der Mühle zu Lieg gestand er ein, gewesen zu seyn. Er war es, der an dem Fenster klopfte, und Speise verlangte, und ward gleich anfangs durch herabgeworfenes Klafterholz am Kopfe verwundet, daß er niederstürzte, und das Bewußtseyn verlor. Niklas Dahm ließ ihn durch Johann Esuk rütteln und aufheben. Hoscheid behauptete von dem Brande nichts zu wissen, denn dieser sey während seiner Ohnmacht angelegt worden, und als er wieder zu sich selbst gekommen, wären seine Kameraden schon in der Mühle gewesen. Er sey nun auch hineingegangen, und habe die Effecten zusammenraffen und forttragen helfen. An den Schüssen habe er eben so wenig Antheil genommen, und nicht einmahl ein Feuergewehr getragen, welches er durch einen Entladungs-Zeugen vergeblich zu beweisen suchte. Die Urtheils-Geschwornen nahmen aber auf diese kahlen Vertheidigungsmittel keine Rücksicht. Hoscheid machte einen integrirenden Theil der Bande aus. Er gieng mit seinen Spießgesellen nach der Mühle, um dort mit vereinigten Kräften einen Raub auszuführen. Er mußte also auch für die Folgen verantwortlich seyn, die daraus entstehen konnten. Seine Gegenwart machte, wie man sehr richtig gegen ihn bemerkte, auf der einen Seite seine Kameraden kühner auf der andern Seite verhinderte sie aber auch, daß der angegriffene Theil sich mit weniger Erfolg des Rechts der Selbsthilfe bedienen konnte. Er hatte die Ausführung des Verbrechens erleichtert, und ward wie seine Kameraden zum Tode verdammt.

Als er vor den Urtheils-Geschwornen stand, hatte er gar nichts von seiner Geistesgegenwart verloren. Er vertheidigte sich mit einer Hitze, die an einem solchen Orte wirklich Aufsehen machen mußte. Eine ganz seltene Art von Wahrheitsliebe zeichnete ihn vor allen seinen Kameraden aus. Er gestand alle seine Diebstähle mit der grösten Aufrichtigkeit, und wo er noch läugnete, da konnte man ihn mit Lobsprüchen von Stärke oder von Schönheit eines geraubten Pferdes ohne weiteres zum Eingeständnisse bringen. Unter andern war er über den Diebstahl eines Esels angeklagt. Es war ziemlich wahrscheinlich, daß er der Thäter war. Vielleicht hat ihn der Esel abgehalten das Verbrechen zu bekennen.

Als wir ihn am Tage nach dem über ihn ausgesprochenen Todesurtheile in seinem Gefängnisse besuchten, fing er an zu weinen. *»Glauben Sie nicht,«* waren seine Worte, *»daß mir mein Urtheil Thränen abpreßt. Um ihnen das Gegentheil davon* *zu beweisen, verzichte ich auf alle Cassation, die freylich auch ein wenig unwahrscheinlich ist, weil meine Kameraden vor mir hingegangen sind. Das einzige schmerzt mich, daß ich Leute gegen mich als Zeugen auftreten sehen mußte, die schlechter sind als ich.«* Er meinte einen gewissen Matthes Burg von Reil, der sich mit dem Aufsuchen gestohlner Pferde abgibt, und sich von den Eigenthümern reichlich bezahlen läßt. Vorzüglich war es aber Hans Bast Nikolai, der seinen Zorn reitzte, weil er bestimmt wußte, daß dieser ein großer Verbrecher war, und es dennoch wagte, gegen ihn als Zeuge aufzutreten, und ihm Dinge nachzusagen, die, wenn auch im Ganzen wahr, dennoch zuverläßig übertrieben waren. Wir suchten ihn zu vermögen, das Cassations-Gesuch wenigstens zu wagen, weil er dabey nichts verlieren könnte. Er blieb aber bey seinem Vorsatze, und nur am andern Tage war er wieder schwankend, weil ihm Benzel, der neben ihm im Gefängnisse saß, zugerufen hatte, alles zu wagen. Allein auch dieses Schwanken währte kaum einige Stunden, und er erklärte von neuem, daß er zu sterben bereit sey. Noch schweben uns die Worte vor, die er damahls sprach. *»Wozu soll ich meine Sache noch weiter suchen? Gesetzt auch mein Proceß würde noch ein Mahl angefangen, so kann ich doch niemahls der Galeerenstrafe entschlüpfen. Und welch ein trauriges Leben, wenn man seine schönsten Tage in Ketten zubringen soll!«*

Er entschloß sich ohne vieles Zureden, alles das zu entdecken, was ihm sonst noch von Verbrechen bekannt war. Der Tribunalrichter Thrumb entwarf sein letztes Testament, daß die Haupt-Veranlassung zu Nikolais Verhaftung gab. Am 22. Thermidor J. VIII. bestieg er das Schaffot, voll Reue über seine Verbrechen, aber ohne Angst und Zittern. Er sollte eigentlich in einem rothen Hemde zum Richtplatze geführt werden. Weil er aber in seinen letzten Lebenstagen, wo er das Wohlwollen und Bedauren aller deren gewann, die um ihn waren, geäußert hatte, daß ihn nichts so sehr schmerze, als in einem rothen Hemde hingerichtet zu werden, so ließ es der Commissaire geschehen, daß der Scharfrichter diese Schärfung der Strafe, oder vielmehr diese Formalität vergaß. Ein Geistlicher hat ihn begleitet.

Der Hundsrückerhannes (Johann Krämer) konnte niemahls handfest gemacht werden. Es mußte also dabey sein Bewenden haben, daß er im Ausbleibungsfalle zum Tode verurtheilt ward. Viele glauben, daß er zu Lindenschied von Johann Georg Reidenbach und seinen Gesellen erschlagen worden sey. Da aber dieser Todschlag im Fructidor J. III. geschah, und der Hundsrückerhannes noch im Ventose J. VI. bey dem Brande der Lieger Mühle war, so irrt er wahrscheinlich auf dem Hundsrücken unter fremdem Nahmen herum, bis es dem Zufalle gefällt, ihn in die Hände der Justitz zu liefern.

Was den Iltis Jacob allein betraf, so war er angeklagt, seine eigene Frau am 24. Thermidor J. III. und mit Hilfe eines Unbekannten am 8. Floreal J. V. einen französischen Fuhrknecht in den Uerziger Gebirgen ermordet und beraubt zu haben. Die Veranlassung zu der ersten Mordthat wird weiter unten bey der Geschichte der Bande von Schinderhannes näher entwickelt werden, wo sie eigentlich hingehört. Hier führen wir nur dasjenige an, was in den Debatten zu Koblenz sich gegen ihn entwickelt hat. Nach einer Untersuchung, welche das Oberamt Simmern an dem Leichnam der Frau vornahm, glaubte man wegen der vielen Wunden an den Schenkeln, daß sie geschleift worden sey, und nach dem Wundberichte der Kunstverständigen war sie von guter starker Gesundheit, und hatte eilf Wunden, wovon eine Hals- und Brustwunde absolut tödlich war. Iltis Jacob schrieb an das Gericht von Seibersbach, in dessen Bezirk der Mord geschehen war, daß er Schuld an dem Tode seiner Frau sey. Er habe sich darüber geärgert, daß er sie allein mit Peter Petri im Walde getroffen, und sie deßwegen ein wenig gezüchtigt, wodurch zu seinem größten Schmerz und Unglück der Tod entstanden sey. Vor dem peinlichen Tribunal behauptete er, er habe seine Frau, als er sie in fleischlichen Umarmungen mit dem schwarzen Peter getroffen, bloß mit Stockschlägen gezüchtigt. Sie sey ihm aber entsprungen, und erst am andern Tage habe er sie todt im Walde gefunden. Wenn sie Messerstiche an sich gehabt habe, so sey er an ihrem Tode ganz unschuldig, weil er gar kein Messer bey sich geführt habe. Allein alles dieß widersprach den übrigen gegen ihn vorliegenden Umständen, und seinen frühern Eingeständnissen, besonders auch die Behauptung, daß seine Frau immer kränklich und engbrüstig gewesen sey, dem Wundberichte der Kunstverständigen, und der von dem Oberamte Simmern vorgenommenen Besichtigung. Weiter gab Iltis Jacob vor, es sey wahrscheinlich, daß der schwarze Peter die Frau mit Dolchstichen niedergebohrt habe. Aber auch diese Armseligkeit sinkt in ihr Nichts zurück, wenn man bedenkt, daß in diesem Falle der schwarze Peter noch einmahl hätte zurückkommen müssen, nachdem Krämer seine Frau schon mit Stockschlägen nach seinem Vorgeben mißhandelt hatte. Es ließ sich auch dann keine Ursache denken, die den schwarzen Peter hierzu könnte vermocht haben, es müßte dann seyn, daß man annehmen wollte, dem schwarzen Peter sey einige Stunden nach jenen glücklichen Augenblicken, die er in den Umarmungen von Krämers Frau zugebracht hatte, der Gedanke gekommen, lieber die Frau zu ermorden, die er nicht besitzen konnte, als sie den Liebkosungen ihres eigenen Mannes zu überlassen. Ein so hoher und so feiner Grad von Eifersucht läßt sich indessen bey einem Menschen nicht denken, der so thierisch lebt, wie der schwarze Peter.

Die Urtheils-Geschwornen, welche alle verheirathet waren, gaben den Iltis Jacob durch ihre Erklärung in Rücksicht dieses Mordes von der Todesstrafe los, denn der Präsident hatte in seiner historischen Entwickelung richtig bemerkt, daß der Mord durchaus nicht vorsätzlich gewesen. Er bat, sich in die Lage eines Mannes zu versetzen, dem sein Weib ewige Treue geschworen, und der ihr dagegen gelobt hatte, alle mit ihr erzeugten Kinder zu ernähren. Und nun findet der Mann, der ohne das, wie unwidersprechlich vorlag, auf der Kindtaufe einen Rausch gehohlt hatte, sein ungetreues Weib in den Umarmungen eines Andern. Und Krämer war, wie fast alle Männer, kein Ardinghello, der der Gemeinschaft der Weiber das Wort redete. Der rohe Jäger, der Blut sehen konnte, ohne wie Schinderhannes ohnmächtig zu werden, that in einem kritischen Augenblicke, was hundert gebildete Männer an seiner Stelle gethan haben würden. Vielleicht würde sich indessen der gebildete Mann, wenn seine erste Wuth vorüber gewesen wäre, mit einem oder zwey Schlägen begnügt haben, da Krämer von allen seinen Furien besiegt, sein Weib mit Wunden überdeckte, und herumschleifte, ohne von dem Jammern eines Geschöpfes gerührt zu werden, daß er noch einen Augenblick vorher geliebt hatte.

Wegen des Mordes in den Uerziger Gebirgen, ward Iltis Jacob zum Tode verdammt. Die Vertheidiger wollten zwar die Gewißheit des wirklich geschehenen Mordes in Zweifel ziehen, weil darüber keine Erklärung von Kunstverständigen vorlag, und weil es also ungewiß sey, ob ein Mensch erschlagen worden, und in dem Falle, wenn man ihn auch wirklich angegriffen, ob er gerade an den Folgen dieses Angriffes gestorben sey. Indessen konnte es auf den zweyten Umstand keineswegs ankommen, da nach der fränkischen peinlichen Gesetzgebung, die offenbar am meisten aus der Natur des menschlichen Herzens gegriffen ist, es keineswegs von den physischen Folgen einer Wunde, sondern von der Absicht der Thäter ganz allein abhängt, von welcher Art die auf das Verbrechen folgende Strafe seyn soll. Ein unglücklicher Schlag kann bey einem schwächlichen Menschen absolut tödtlich seyn, ohne daß es gerade in der Absicht des angreifenden Theiles lag, diesen Menschen zu ermorden, und bey einem starken Körperbau kann ein mächtiger Überfall kaum eine Wunde zurücklassen, wo es doch auf Mord angesehen war. Darum aber hat die Gesetzgebung den Geschwornen keine Regeln des Beweises vorgeschrieben, und überließ alles dem Gefühle und der innern Überzeugung. Hätte Krämer vor einer Facultät wegen dieses Verbrechens gestanden, so hätte er wahrlich den Kopf nicht verloren. So mußte er aber den ungekünstelten Gefühlen des gemeinen Bürgersinnes unterliegen, und schwerlich mit Unrecht!

Iltis Jacob kam am Abend der That in Gesellschaft eines kleinen Mannes vom Markte von Uerzig nach Wirschied in das Haus einer gewissen Anna Margretha Bohlen, die überhaupt mit dieser Bande viel zu schaffen hatte. Beyde bezeigten große Unruhe, giengen oft an die Hausthüre, und besprachen sich untereinander, ob es hier auch wohl sicher sey. Iltis Jacob hatte Blut am Hemde, und als er alles genau untersucht hatte, sagte er zu seinem Kameraden: *»Es kommt uns Niemand nach.«* Er läugnete anfänglich durchaus auf dem Markte, und darauf in dem Hause jenes Weibes gewesen zu seyn, gab es aber endlich nach, und entschuldigte das Blut am Hemde damit, daß ihm entweder die Nase geblutet, oder daß er einen Hasen geschossen habe. Die weitern Proben, die gegen ihn vorliegen, bestanden darin 1) daß Hans Bast eben demjenigen Weibe, dem er den Sprinker Mord vertraut hatte, versicherte, daß Lorenz Günther ihm erzählt, daß er und Iltis Jacob den Fuhrknecht erschlagen hätten. Günther hätte ihm zwey und Iltis Jacob drey Schläge gegeben, und ihm darauf seine in 5 Kronen bestehende Baarschaft abgenommen; 2) beschwuren zwey Zeugen, daß sie mit eigenen Augen den Iltis Jacob und noch einen andern, einen französischen Fuhrknecht, auf dem Uerziger Berge ermorden gesehen hätten. Die Mörder hätten armsdicke Knüttel getragen, und auf den Unglücklichen so fürchterlich eingeschlagen, daß die Stücke davon geflogen wären.

Lorenz Günther war über diesen Mord nicht angeklagt, und da sich in den Debatten auch nichts weiter gegen ihn erhob; so fand das Tribunal sich nicht bewogen, das wegen anderer Verbrechen über ihn ausgesprochene Urtheil zu suspendiren, und ihn an den Director der Geschwornen zurückzuschicken.

Iltis Jacob und Lorenz Günther waren in dem Anklags-Acte außer mehrern andern Verbrechen auch als Brandstifter bezeichnet. In der Nacht vom 24.–25. Messidor J. V. war ein Stall auf dem Sprinker Hofe angezündet worden. Der Brand sollte dem Tuchhannes gelten, der in diesem Stalle wohnte, und mit Iltis Jacob damahls nicht in bester Freundschaft lebte. Dem Pächter des Hofes war vorher schon gedroht worden, und Iltis Jacob hatte öffentlich gesagt, er wolle den Tuchhannes schon von seinem Taubenschlage bringen, ehe ihn der Teufel hohle, und nachher auch gegen Hans Bast die That eingestanden. Weil aber alles, besonders dasjenige, was gegen Lorenz Günther vorlag, bloße Muthmaßungen waren, so fanden sich die Geschwornen außer Stande, darauf eine Überzeugung zu gründen.

Soweit die Hauptverbrechen, die damahls sich gegen diese Räuberbande entwickelten. Wir wollen nun die übrigen in dem Anklags-Acte enthaltenen Verbrechen summarisch ausheben, woraus unsere Leser sich überzeugen werden, daß nichts dieser Bande heilig war.

Erstes Verbrechen. Brand auf der Lieger-Mühle. Angeklagt waren Christian Hoscheid, Johann Esuk, Niklas Dahm, Niklas Schwarz, Heinrich Simonis, und Johann Krämer.

Zweytes Verbrechen. Gewaltsames Erpressen von Brantewein und Banditen-Tanz in dem Hause des Br. Schmengler zu Höllenthal, nächtlicher Weile und mit Mord-Gewehren in der Hand, im Ventos J. VI. Niklas Dahm, Johann Esuk, Georg Schenk und Johann Krämer.

Drittes Verbrechen. Erpressung von Fleisch, Brantewein und 2 Paar Strümpfen und Diebstahl von 4–5 Rthlr. mit Gewalt und Vorhaltung von

Feuergewehr, in der Nacht nach dem zweyten Verbrechen, und in dem nähmlichen Hause. Niklas Dahm, Johann Esuk, Georg Schenk, Heinrich Simonis, und Peter Ernst Simonis.

Viertes Verbrechen. Straßen-Raub mit Vorhalten von Pistolen in dem Erdenbach, am 2. Floreal J. VI. gegen Joseph Hammes von Senheim und Peter Franzen von Senhals. Johann Esuk, Georg Schenk und Niklas Schwarz.

Fünftes Verbrechen. Diebstahl von 3 Pferden gegen Ende des Nivose J. VI. aus dem Stalle des Mathes Schneider von Beuern mit Einbruch und nächtlicher Weile. Georg Schenk, Niklas Schwarz und Peter Ernst Simonis.

Sechstes Verbrechen. Diebstahl von zwey Pferden im Monat Pluviose J. VI. aus der Mühle von Büdelich mit Einbruch und zur Nachtszeit. Georg Schenk, Niklas Schwarz und Peter Ernst Simonis.

Siebentes Verbrechen. Diebstahl von zwey Pferden im Germinal J. VI. aus der Mühle bey Neunkirchen zur Nachtszeit und mit Erbrechung der Thüre. Niklas Schwarz und Christian Hohscheid.

Achtes Verbrechen. Diebstahl eines dem Br. Gerhards zu Enkirchen gehörigen Pferdes am 14. Floreal J. V. zur Nachtszeit, und mittels Sprengung des Schlosses am Stalle. Christian Hohscheid.

Neuntes Verbrechen. Diebstahl eines dem Br. Franzen von Kinderbeuren zugehörigen Pferdes im Anfange des J.V. mittels Erbrechung eines Wand-Gefaches. Christian Hoscheid.

Zehntes Verbrechen. Diebstahl eines den Brüdern Kirchheim von Reil zugehörigen Pferdes am 9. Thermidor J. VI. zur Nachtszeit von der Weide. Christian Hohscheid.

Eilftes Verbrechen. Diebstahl eines Stücks Leinentuchs von hundert und mehrern Ellen aus dem

Hause des Br. Schmengler zu Höllenthal am 18. Prairial J. V. mit Einbruch und zur Nachtszeit. Christian Hohscheid.

Zwölftes Verbrechen. Diebstahl von zwey Branntew einskesseln zu Reil, mit Einbruch in der Nacht vom 6.–7. Ventose J. VI. Richard Bruttig und Christian Hoscheid.

Dreyzehntes Verbrechen. Diebstahl von zwey den Bürgern Johann Müller und Michel Kaufmann von Kinderbeuren zugehörigen Pferden im Sommer J. III. von der Weide zur Nachtszeit. Christian Hohscheid.

Vierzehntes Verbrechen. Diebstahl von zwey Pferden zur Nachtszeit aus der Kehler Mühle, zu Anfang des J. VI. Richard Bruttig, Lorenz Günther und Peter Ernst Simonis.

Fünfzehntes Verbrechen. Diebstahl von zwey Pferden im Germ. VI. J. zu Bekond bey Trier. Matthes Dahm, Niklas Kohl, und Richard Bruttig.

Sechszehntes Verbrechen. Diebstahl von zwey Pferden zu Burgweiler, mit Einbruch und zur Nachtszeit im Nivose J. IV. Christian Hohscheid.

Siebenzehntes Verbrechen. Diebstahl eines Pferdes im Floreal J. III. auf einer Mühle bey Ruben, nächtlicher Weile und mit Einbruch. Christian Hohscheid.

Achtzehntes Verbrechen. Diebstahl eines französischen Trompeterpferdes im Fructidor J. IV. zu Hornberg bey Wildenburg mit Einbruch und zur Nachtzeit. Christian Hohscheid.

Neunzehntes Verbrechen. Diebstahl eines französischen Reuterpferds aus einem Stalle zu Hetzhof zur Nachtszeit, und mit Einbruch, im Messidor J. V. Christian Hohscheid.

Zwanzigstes Verbrechen. Diebstahl von zwey Pferden zu Büchenbeuern im Thermidor J. V. mit

Einbruch, und zur Nachtszeit. Der Dieb schoß zwey Mahl nach den Eigenthümern, als sie ihn bis in den Wald bey Reil verfolgten. Christian Hohscheid.

Ein und zwanzigstes Verbrechen. Diebstahl eines Esels zu Enz am 22. Fructidor J. IV. Christian Hohscheid.

Zwey und zwanzigstes Verbrechen. Diebstahl eines Pferdes im Germinal J. VI. vom Bonsperler Hofe mit Gewalt, und Vorhalten einer Pistole. Johann Esuk.

Drey und zwanzigstes Verbrechen. Diebstahl von zwey Pferden zu Strimmig im Canton Zell in der Nacht vom 11.–12. Floreal VI. J. mit Einbruch. Niklas Dahm und Heinrich Simonis.

Vier und zwanzigstes Verbrechen. Diebstahl von mehreren Schaafen, in der Nacht vom 12.–13. Nivose J. VI. zu Strohn. Iltis Jacob und Matthes Dahm. Dieser führte einen Messerstich nach dem Eigenthümer, und jener drohte ihm sein Haus anzuzünden.

Fünf und zwanzigstes Verbrechen. Diebstahl eines Pferdes zu Osan im Anfange des Jahres VI. Richard Bruttig und Niklas Kohl.

Sechs und zwanzigstes Verbrechen. Diebstahl von zwey Pferden, am 5. Nivose J. VI. zu Oberstein, nächtlicher Weile, und mit Einbruch. Lorenz Günther.

Sieben und zwanzigstes Verbrechen. Diebstahl von mehrern Krämerwaaren bey dem Posthalter Theiser auf der Alf, Cantons Luzerath, in der Nacht vom 25.–26. Brumaire J. VI., zur Nachtszeit und mit Einbruch. Richard Bruttig, Niklas Kohl, Mathes Dahm und Margaretha Saurenz, Geliebte des Mathes Dahm.

Acht und zwanzigstes Verbrechen. Diebstahl von

drey Pferden zu Oberensdorf, im Vendemiaire J. V. nächtlicher Weile, und mit Einbruch. Lorenz Günther und Iltis Jacob.

Neun und zwanzigstes Verbrechen. Waaren-Diebstahl zu Daun im Ventose J. IV. mit Einbruch, zur Nachtszeit, und in einem bewohnten Hause. Lorenz Günther und Niklas Kohl.

Dreyßigstes Verbrechen. Versuch eines Diebstahls zu Uhler, einige Zeit nach dem vorigen zur Nachtszeit, mit Einbruch in ein bewohntes Haus. Lorenz Günther und Niklas Kohl. Dieser soll bey dieser Gelegenheit mit einer Axt von dem Eigenthümer auf den Kopf geschlagen worden seyn, daß er zu Boden gestürzt ist.

Ein und dreyßigstes Verbrechen. Frauen-Mord. Johann Jacob Krämer.

Zwey und dreyßigstes Verbrechen. Mord auf der Sprinker Mühle. Johann Schiffmann, Joseph Schiffmann, Richard Bruttig und Iltis Jacob.

Drey und dreyßigstes Verbrechen. Mord des französischen Fuhrknechts auf dem Uerziger Berge. Iltis Jacob.

Vier und dreyßigstes Verbrechen. Brandstiftung auf dem Sprinker Hof. Lorenz Günther und Iltis Jacob.

Fünf und dreyßigstes Verbrechen. Raub mit Mordversuch gegen Simon Kräuter von der Alf auf der offenen Landstraße am 14. Messidor J. IV. Johann Schiffmann, Joseph Schiffmann und Lorenz Günther.

Sechs und dreyßigstes Verbrechen. Mord des Theodor Mungel von Waldkönigen. Richard Bruttig, Matthes Dahm, Niklas Dahm, Lorenz Günther und Niklas Kohl.

Über diese Hauptsumme von Verbrechen hatten die Directoren der Anklags-Geschwornen

Reinecke und Blum mit unendlicher Mühe Beweise gesammelt. Die Verbrecher selbst waren nach und nach in dem Arresthause zu Koblenz versammelt worden, und die erste Veranlassung zu nähern Untersuchungen waren einige Vagabunden, die der damahlige Friedensrichter des Cantons Treis an das Zuchtpolizeygericht einschickte. Man schöpfte sogleich Verdacht, und es kostete nur wenig Mühe, auf Spuren von Verbrechen zu kommen, die man weiter verfolgte, und sich dadurch überzeugte, daß jene Vagabunden wohl noch etwas mehr als Vagabunden waren. Um die nähmliche Zeit, fing der damahlige Friedensrichter Adams im Canton Luzerath mit dem rühmlichsten Eifer an, die Moselgebirge, und die Gegenden der Eifel zu säubern. Hans Bast Nikolai stand ihm wacker zur Seite, und deckte durch seine genaue Kenntniß der verschiedenen Verhältnisse der Bande manchen verborgenen Umstand redlich auf. Der Mann glaubte vielleicht, sich dadurch selbst zu retten, wenn er in der Folge ein Mahl in Anspruch genommen werden sollte. Er äußerte den Wunsch Landhauptmann zu werden, und rühmte sich dabey, auf allen Rathhäusern in gefänglichen Haften gesessen zu haben.

Gegen Iltis Jacob ergaben sich gleich in der ersten Untersuchung sehr starke Indicien, und der Director der Geschwornen Reinecke, fand sich bewogen, einen Verführungsbefehl gegen ihn zu erlassen. Dieser Befehl machte im Canton Bacharach so große Sensation, daß die dortigen Beamten, denen er zur Vollziehung zugeschickt ward, ihn liegen ließen, und sich bey dem Director für Iltis Jacob zu verwenden suchten. Dieser hatte unterdessen Nachricht davon bekommen, und war kühn genug sich freywillig auf der Canzelley des Directors zu Koblenz zu stellen, und zu fragen, was man mit ihm wolle. Er ward aber dort sogleich beym Kopf genommen, und der Proceß gegen ihn, wie gegen seine Kameraden, instruirt.

Der Anklags-Act war gegen dreyzehn wirklich verhaftete, und gegen drey abwesend Beschuldigte gerichtet. In der Mitte des Monats Fructidor J. VII. erschienen jene in der öffentlichen Audienz des peinlichen Tribunals von Rhein und Mosel zu Koblenz. Ein und siebenzig Zeugen hatte der öffentliche Ankläger laden lassen. Weil der gewöhnliche Audienzsaal zu klein war, so räumte die Municipal-Verwaltung die Jesuitenkirche zu diesem Behufe ein. Es war ein außerordentlicher Zusammenlauf von Menschen. Das Feyerliche erhöhte das Interesse noch mehr, und wenn Ankläger und Vertheidiger Wohlredenheit und Geschicklichkeit miteinander vereinigt hätten, so wäre nur wenig für den Beobachter zu wünschen übrig geblieben. So lag aber die ganze herculische Last fast durchaus auf den Schultern des Präsidenten, der sich bey dieser Gelegenheit unsterbliche Verdienste erwarb.

Der Urtheils-Jury war durchaus aus Leuten zusammen gesetzt, die nichts als gesunden Menschen Verstand zu diesem Geschäfte mitgebracht hatten. Die Vertheidiger kannten damahls (es war im zweyten Jahre der Organisation) die Wohlthaten des Gesetzes noch wenig. Gewiß würden Gelehrte, die nach ihrer Beweis-Grammatik handeln, an vielen Orten anders gesprochen haben als diese Männer, die nur ihre Empfindung fragten. Und so mußte es unseres Erachtens seyn. Würde die erste Bildung der Geschwornen-Listen mit mehr Umsicht besorgt, und weniger groben und ungeschickten Händen anvertraut, so hätte man allerdings Ursache, den Vorzug der Special-Gerichte noch sehr problematisch zu finden. Die dreyzehn Angeklagten hatten sich vor Männern zu vertheidigen, deren Begriffe nicht sehr über den gemeinen Begriff erhaben waren; die kraft ihrer Erziehung eher als Gelehrte geeignet waren, Verbrechen von so niedriger Art richtig zu beurtheilen. Sie kannten zum Theil die Verbrecher und ihre Verhältnisse von Hause aus, und waren ihren bürgerlichen Verhältnissen am nächsten, wenn es ja doch darauf ankommt, daß Gleiche nur von Gleichen gerichtet werden sollen.

Am 24. Fructidor, war der ganze Proceß geendigt, nachdem die öffentliche Audienz 10 Tage lang fast ohne Unterbrechung fortgedauert hatte. Das Resultat der Berathschlagung des Urtheils-Jury, und das darauf gegründete Urtheil fiel folgender Maßen aus:

1. Richard Bruttig. 2. Johann Jacob Krämer. 3. Niklas Dahm. 4. Johann Esuk. 5. Niklas Schwarz. 6. Heinrich Simonis.	Todesstrafe.
7. Georg Schenk. Zwey und zwanzigjährige Kettenstrafe.	
8. Niklas Kohl. 9. Lorenz Günther.	Sechszehnjährige Kettenstrafe.
10. Matthes Dahm. 11. Peter Ernst Simonis.	Vierzehnjährige Kettenstrafe.
12. Margaretha Saurens. Als Weib vierzehnjährige einzelne Einsperrung.	
13. Joseph Schiffmann. Losgesprochen.	

Die zur Kettenstrafe Verurtheilten, begaben sich aller fernern Rechtswohlthaten, und erkannten die ihnen auferlegte Strafe als verdient, weil sie nichts höheres wagen wollten. Die zum Tode Verurtheilten ergriffen Cassation, die aber von dem zu Trier niedergesetzten Revisions-Gerichte verworfen ward. Am sechs und zwanzigsten Frimaire J. VIII. fielen sie alle auf der Guillotine wie verworfene Verbrecher. Keiner zeigte Muth, keiner behielt auch nur seine Fassung. Wie ganz anders hatte sich Mosebach gegen dieses verrächtliche Räubergesindel betragen! Sie ließen sich von Mönchen begleiten, die jetzt wie allzeit nicht wußten, daß sie Staatsbürger waren, und daß ein Priester in so kostbaren Augenblicken äußerst wichtige Dienste leisten kann.

Sie hatten, während sie zu Koblenz im Gefängnisse saßen, einige Mahl durchzubrechen gesucht, und sogar ein Mahl das Gewölbe ihres unterirrdischen Kellers durchgebrochen, und waren schon in den äußersten Hof gekommen, als der wachsame Gefängnißwärter sie noch glücklich entdeckte, und zurückführen ließ. Die Bande war in der That für das Publicum so äußerst wichtig, daß außerordentliche Mittel erfordert wurden, um sich ihrer zu versichern. Sie wurden daher, während ihre Sache bey dem Cassations-Gerichte anhängig war, auf einige Zeit auf die Festung Ehrenbreitstein, die damahls in französischen Händen war, gebracht, und dort in ein tiefes Gewölbe gesperrt, und mit Ketten aneinander gefesselt. Weil sie es aber in dieser Mördergruft nicht ausgehalten haben würden, so ließ man sie wieder in ihr gewöhnliches Gefängniß führen, wo sie den letzten Tag erlebten. Matthes Dahm starb auf den Galeeren und seine Geliebte zu Koblenz im Gefängnisse. Wenn man irgend fürchten müßte, daß die Übrigen ihre Strafe überlebten, so müßte man wahrlich auch mit Angst der Zurückkunft von Lorenz Günther (nächst Zughetto der älteste Pferde-Dieb in drey Departementen) entgegen sehen.

Wie ganz anders hatte sich der Ex-Jesuit Nuck in den letzten Tagen des Räubers Hoscheid, als seine Amts-Brüder bey der Hinrichtung dieser sechs betragen! Er war es, der mit seinen geistlichen Gründen diesen Menschen zum Eingeständnisse alles dessen vermochte, was ihm noch von Verbrechen bekannt war. Sein Testament söhnt uns zum Theil mit dem Tode Nikolais aus, der wahrlich bey dem Sprinker-Morde nicht überwiesen war. Es ist der Mühe werth, dieß Verbrechen hier einzurücken, da es eins der Haupt-Verbrechen dieser Bande war. Hoscheid konnte zwar keine Zeugen darüber nahmhaft machen, allein er gab so viele kleine Neben-Umstände an, die sich alle in der Folge bestätigten, daß seine Bekenntniße gar keinem weitern Zweifel mehr unterworfen seyn können. Der damahlige Director der Geschwornen Br. Tippel hat dieses Verbrechen in der Untersuchung mit sehr vielem Scharfsinne behandelt, und ihm verdankt man es hauptsächlich, daß Alles dabey erschöpft wurde, was in der damahligen Lage möglich war.

In der Nacht vom Sonnabend, auf den Palm-Sonntag VI. J. ward die Layermühle bey Osann, Cantons Wittlich im Saardepartemente von Räubern geplündert. Nach Hoscheids Testament waren der Räuber sieben, nähmlich Hans Bast, Niklas Dahm, Niklas Schwarz, Johann Krämer, Heinrich Simonis, Christian Hoscheid und der Kohlenbrenner Schmittberger, aus dem Walde der Kondel. Sie verlangten zuerst Essen auf der Mühle, und wurden deßwegen eingelassen. Bald erklärten sie aber, daß sie aus ganz andern Absichten gekommen seyen, und jene hundert Thaler haben wollten, die sich, wie sie wohl wüßten, baar in des Müllers Kasten befänden. Die Bewohner der Mühle betheuerten, daß sie gar kein baares Geld hätten, und darauf fingen die Räuber an, ungestümmer zu werden. Sie mißhandelten des Müllers Tochter, welche sich in den Keller flüchtete, und gingen in ihren Drohungen, und zum Theil auch in Thätlichkeiten so weit, daß Mutter und Vater, wie der Sohn vor dem Urtheils-Jury beschwur, bald darauf an den Folgen des Schreckens starben. Vier von den Räubern waren nur in die Stube gekommen, die andern hielten vor der Thüre Wache. Man raubte Alles, was an Kleidungsstücken und Leinwand vorräthig war. Dem Müller blieb nichts als die Betten zurück. Das Schießgewehr ward in Gegenwart der Familie des Müllers geladen.

Wir finden in der Nacht vor diesem Diebstahle, sieben verdächtige Menschen zwischen 11 und 12 Uhr an der Hausthüre des Metzgers Müller zu Dusemont anklopfen, und nach einem andern Metzger fragen. Da sie diesen aber nicht finden, bleiben sie dort, trinken und schmausen und schlafen auf den Stubenbänken. Morgens früh gehen zwey von ihnen weg, kommen aber Nachmittags wieder, nachdem sie wahrscheinlich Kundschaft eingezogen hatten, und eine halbe Stunde vor der Nacht bricht der ganze Haufe auf das linke Mosel-Ufer auf, auf dem die Layer-Mühle liegt. Christian Hoscheid, und Hans Bast Nikolai wurden bestimmt anerkannt, unter diesem Haufen gewesen zu seyn. Alles dieß traf ganz genau mit Hoscheids Testament zusammen, und ward durch Zeugen bestätigt. In eben diesem Testamente ward ausdrücklich gesagt, daß die gestohlnen Waaren im Hans Basts Hause getheilt worden seyen, und daß dieser ein Paar Beinkleider von hellblauem Plüsch nebst Halstüchern und Bettüberzügen erhalten hätte. Der Friedensrichter des Cantons Wittlich fand auch wirklich, als er am 19. Fructidor VIII. J.

eine zweyte Haussuchung zu Krinkhof vornahm, ein Paar solche Beinkleider in Nikolais Behausung. Der Sohn des Müllers wollte zwar anfangs diese Beinkleider nicht anerkennen, gab aber in der öffentlichen Audienz mit thränenden Augen nach, daß die Beinkleider die seinigen seyen. Zudem trat ein Schneider auf, der eidlich erhärtete diese Beinkleider für den Müller verfertigt zu haben, indem er seine Arbeit ganz genau kenne. Über dieses Zeugniß muß man freylich die Miene ein wenig zum Lächeln verziehen, wenn man bedenkt, daß ein Schneider, der keine besondern Kennzeichen an seine Arbeit macht, noch nach mehreren Jahren, wenn ein Kleidungs-Stück schon oft verändert und wie dieses ganz zerrissen und abgetragen ist, seine Arbeit erkennen will.

Nikolai mußte nachgeben, daß er am Tage vor und nach dem Raube in der Gesellschaft der Räuber gewesen, und mit ihnen auch über die Mosel gefahren war. Hier wollte er aber die Bande verlassen, und seinen Weg nach Hause eingeschlagen haben. Allein die Bande bestand bey der Plünderung noch aus sieben Personen, und ein Augen-Zeuge beschwur, daß zwey ausgezeichnet große Kerl vor der Mühle Schildwache gestanden hätten, welches Alles mit Hoscheids letzter Behauptung zusammentraf. Nikolai und der Kohlenbrenner Schmittberger waren gerade die einzigen von einer solchen Statur. Was die Beinkleider betraf, so behauptete Nikolai, sie von dem Hundsrückerhannes empfangen zu haben, der sie in seinem Hause liegen gelassen.

Die Hauptsumme der Verbrechen, die in Nikolais Anklagsact aufgenommen ward, war folgende:

1. Ermordung von Theodor Mungel am Waldkönigen.

2. Verheimlichung und Verkauf von zwey dem Br. Jacob Schultes zu Neunkirchen gestohlenen Pferden. Im Frühjahre J. VI. Es verdient bemerkt zu werden, daß die Diebsbande bey Gelegenheit, als der Eigenthümer diese Pferde aufsuchte, zu Bertrich in einem öffentlichen Wirthshause einen großen Mittagsschmaus hielt, welcher 6 Stunden dauerte. Nikolai war von der Gesellschaft.

3. Diebstahl von drey dem Br. Hubert Johannes zu Iddesdorf, Cantons Daun, im Saar-Departemente zugehörigen Pferden. Im Sommer des VII. J. Lorenz Günther und Hans Bast.

4. Im Sommer V. J. ward ein dem Br. Schlettweiler vom Neuenhof bey Manderscheid zugehöriger Ochse entwendet, unterwegens aber wieder aufgefangen, und zu Haasborn untergestellt. Hier ward er in der folgenden Nacht wieder entwendet, und an Michel Kaufmann von Kinderbeuren verkauft. Bruttig und Nikolai.

5. Diebstahl des nähmlichen Ochsen aus dem Stalle des eben genannten Michel Kaufmann. Hans Bast Nikolai.

Der alte Dieb konnte das Lachen nicht verbeißen, wenn er auf diesen Ochsen im Vertrauen zu sprechen kam. Indessen hat er doch niemahls den eigentlichen Hergang recht von der Brust erzählen wollen. Er brach immer mit den Worten ab: *»Es war alles nur Spaß«*, und trillerte dabey ein Liedchen nach seiner gewohnten Weise.

6. Diebstahl einer schweren Geldkatze aus dem Hause des nähmlichen Michel Kaufmann, wo Hans Bast schmiedete.

7. Waarendiebstahl in dem Hause des Krämers Mack zu Kienheim Cantons Wittlich im Saardepartement. Im Frühjahre V. J. zur Nachtszeit und mit Einsteigung. Lorenz Günther, seine Maitresse, der

Trierische Christian (Perückenmacher) und Hans Bast Nikolai.

Der Eigenthümer war den Dieben auf der Spur, und als er diese verlor, so wandte er sich durch eine dritte Person an den Teufelsbeschwörer Nikolai, der ihm das Haus nannte, wo die Diebe zu finden seyn würden, und auch wirklich dort gefunden wurden, sich aber durch die Flucht retteten.

8. Raub auf der Layer-Mühle.

9. Sprinker Mord.

10. Mord eines französischen Militairs. Im Sommer IV. Jahrs.

Wie rachsüchtig übrigens diese Menschen gegen diejenigen waren, die sie verfolgten, mag folgendes Beyspiel beweisen. Der Pastor der Gemeinde Gündorf, der zugleich Agent war, kam mehreren gestohlenen Pferden auf die Spur. Georg Schenk und Heinrich Simonis, die dieses nicht vertragen konnten, giengen zu diesem Pastor und fielen ihn ungestümm mit den Worten an: *»Guten Tag Agent! wir wollen dir lehren, ehrliche Pferdehändler verfolgen.«* Sie setzten ihm eine Pistole auf die Brust, welche aber versagte. Der Pastor setzte sich nun zur Wehre, und schlug die Pistole des Heinrich Simonis, die ihm dieser vorhielt, mit der Hand ab. Der Schuß ging ins Fenster. Die Räuber kamen unmittelbar nach diesem Mordversuche zu Nikolai, wo sie die ganze Bande beysammen trafen, und den Vorschlag machten, noch einmahl hinzugehen, und den Agenten zu ermorden. Sie gaben vor, daß ihnen mehrere Gemeindsleute von Gündorf dafür vierzehn Carolin versprochen hätten. Die Bande war wirklich bereit aufzubrechen, als ihnen Christian Hoscheid in den Weg trat, und Gegenvorstellungen machte. Er war es, der dem Pastor das Leben rettete.

Die traurigen Reste von dieser Bande verschwanden bald, als man sie mit Ernst angriff, aus der Gegend, und was sonst noch an Verheimlichern da und dort verborgen war, zog sich ganz ins Stille zurück. Man sieht leicht, welchen Ausgang diese Verbindung würde genommen haben, wenn man sie nicht gleich anfangs mit ganzer Macht auseinander gesprengt hätte. Ein eigentliches System unter den verschiedenen Gliedern war erst im Werden. Alle Mittel, die nachher dem berüchtigten Schinderhannes zu statten kamen, fehlten noch. Es hätte nichts als eine große Evasion aus dem Gefängnisse gefehlt, um die Landbewohner schüchtern zu machen. Warum affectirten die Räuber nicht, ausschließlich Feinde der Juden zu seyn, und warum beraubten sie diese nicht? Gewiß würden sie alsdann noch lange dem Staate getrotzt haben. Ihre Verbindung mit denen vom Hundsrücken zu vollenden, waren sie im Begriffe. Iltis Jacob und Mosebach standen in der Mitte. Nur noch einige Monate, und alsdann hätte Alles, von Luxenburg an über dem ganzen Hundsrücken, und an den Ufern der Mosel hin bis nach Kölln, und vielleicht noch weiter zusammen gehangen. Johann Müller hätte die Vereinigung mit denen unter Koblenz bewirkt.

Wer war der verworfene Geist in dieser Hülle, der in unsern Tagen an Schandthaten nichts hinter sich zurückgelassen hat? Wir betrachten mit Entsetzen die Geschichte seines nun Gott Lob geendigten Lebens, und fahren vor den Bildern seiner scheußlichen Phantasie zurück, indem Wir die Papiere über seinen Proceß durchblättern.

Johann Müller war der Sohn von wohlhabenden Eltern in Schönau, Cantons Rheinbach im Rhein- und Mosel-Departemente, auf der Grenze von der

Ruhr. Sein Vater hatte ihn den Studien bestimmt, und er absolvirte auch wirklich bey den Ex-Jesuiten zu Münstereifel die drey sogenannten ersten Classen, worin er durchaus immer einer der Ersten war. Er ward in seinem vierzehnten Jahre Herr von dem Antheile seines elterlichen Vermögens, unter dem Vorstande eines Vormundes, und nahm in seinem neunzehnten Jahre ein Weib, das ihn zum Vater von drey Kindern machte.

Seine Rückkehr von der Schule in den Bauernstand ward der Grund zu seinem nachherigen Unglücke. Müller ist nicht der Erste, den die Ideen vom Vornehmthun und Besserseyn ins Verderben gestürzt haben. Er lebte hoch, konnte sich nicht mehr an Arbeit gewöhnen, und erhandelte einen gefährlichen Proceß, den er verlor, und zum Bettler ward. Mit den Trümmern seines Vermögens, die in 20 Kronenthalern und einem Pferde bestanden, ging er als Marketender zu der österreichischen Armee in Brabant mit noch 4 andern Kameraden, die weniger zu verlieren hatten, als er selbst. Ein Wirth, der ihnen für ein schmales Nachtessen und Nachtlager sieben Thaler abforderte, machte ihn zum ersten Mahle zum Dieb. Er entwendete ihm den Kopf von einem eben geschlachteten Schwein.

Das Vorrücken der fränkischen Armeen machte seinem Gewerbe als Marketender ein Ende. Er kehrte heim mit einem kleinen Gewinn in der Tasche. Allein das unstäte Leben, an das er sich im Kriege gewöhnt hatte, machte ihn zur Arbeit völlig untüchtig. Er vertrödelte seine wenige Baarschaft in den Wirthshäusern, und wenn Abends bey seiner Nachhausekunft Weib und Kind nach Brot winselten, dann vergriff er sich an fremdem Eigenthume, an Kartoffeln und Früchten, um seine Familie zu ernähren. Ein Fall, wie der Krieg tausende mit sich bringt, gab den entscheidenden Anklang zu Müllers nachherigem Leben. Sein erstes häusliches Glück (auch bey völligem Mangel gibt es häusliche Zufriedenheit) ward durch die Untreue seiner Frau gestört, und durch unvorsichtige voreilige Menschen, die diese Untreue zu den Ohren des Ehemannes trugen. Es schien, als ob die Natur einen grausamen Fluch durch sein ganzes Leben gerufen hätte!

Einige französische Dragoner, die in Schönau einquartirt waren, raubten seiner Frau, die für andere Familien zu waschen pflegte, das ihr anvertraute Leinwand, und zugleich ihre Ehre. Müller kam erst einige Tage nach dieser Geschichte nach Hause, wo er sie von der dritten Hand erfuhr. Die Dragoner waren bereits abgereist. Müller voll Wuth, wie ein angeschossener Eber, eilt auf der Stelle nach Münstereifel, und kauft sich dort vom Gelde, das er an eben dem Tage aus gestohlenen Effecten gelöst hatte, eine Doppelflinte, mit dem festen Vorsatze, den ersten besten französischen Soldaten niederzuschießen. Auf der Straße zwischen Schönau und Münstereifel lauerte er hinter einer Hecke auf. Zwey Militaire zu Pferde, die mit Depeschen nach Blankenheim ritten, kamen des Wegs. Sie waren beyde zum Opfer bestimmt. Müller drückte seine Flinte los. Weil es aber den Tag über geregnet hatte, so versagte der eine Lauf, und das Pulver im zweyten brannte nach. Die Kugel, durch Zufall geleitet, zerfleischte dem einen Reuter den Schenkel, und verwundete das Pferd, welches am andern Tage in Münstereifel krepirte. Die beyden zum Tode bestimmten Schlachtopfer entkamen glücklich dem Mörder. Allein seine Rachsucht war noch nicht gekühlt, und er ward einige

Zeit darauf zum scheußlichsten Verbrecher an einem ihrer Waffenbrüder.

Mehrere Monate nach dem oben erwähnten Mordversuche kehrte ein französischer Fuhrknecht in Schönau ein, und ward daselbst bey einem Bürger einquartirt. Müller traf ihn dort am ersten Abend, und der Gedanke erwacht sogleich in ihm, den Unschuldigen zu ermorden. Das Gefühl über die seiner Frau angethane Unbild, ergriff, wie er Uns versicherte, mit allen Furien sein ganzes Wesen bey dem Anblicke dieses Menschen. Der Fuhrknecht war ein Elsasser, und einige zwanzig Jahr alt. Sein ganzes Vermögen bestand in zwey weißen zusammengelappten Mänteln, wovon er einen für 36 Blaffert verkaufte, um sich seine Stiefel flicken zu lassen, denn er gieng baarfuß. Freytags kam er an, Sonnabends blieb er dort, und den darauf folgenden Sonntag gieng er früh Morgens in die Kirche. Müller, der ihn auf allen Schritten unablässig verfolgte, kniete hinter ihm, und sah ihn sehr fromm bethen. Der Entschluß, ihn zu morden, gedieh in diesem heiligen Augenblicke zur völligen Reife. Der Fuhrknecht blieb Sonntags noch in Schönau. An diesem Tage bereitete Müller den Mord vor. Er hackte eine Kugel in 3 Stücke, und lud seine Flinte damit. Montags ward der Mord ausgeführt. Der Fuhrknecht reiste früh Morgens ab. Müller schlich ihm nach, und hohlte ihn in den sogenannten Wohlheimer Benden unweit Schönau ein. Ohne ihn anzurufen, gab er ihm von hinten die erste Ladung. Die Kugelstücke hatten bloß an beyden Seiten ein wenig gefleischt. Der Unglückliche lief einige Schritte seitwärts in die Hecke, aber der Mörder hatte ihn gleich gepackt, und kündigte ihm mit einer unbeschreiblichen Kälte und teuflischem Hohngelächter an, daß er sterben müsse. Voll Furcht und Entsetzen, zum

Theil auch von den Schmerzen seiner Wunden entkräftet, konnte sich der Fuhrknecht nicht zur Wehre setzen. Er bat um Schonung seines Lebens, und stellte dem Mörder in den rührendsten Ausdrücken vor, daß er ihn niemahls beleidigt habe, daß er ihn nicht verrathen wolle, und daß er selbst ein Deutscher sey. Er bat ihn im Nahmen seiner Eltern doch diesen den Trost zu gönnen, daß sie wüßten, wie und wo er gestorben. Wenn er hier sterben müßte, so würden sich diese abhärmen, ihn täglich erwarten und doch niemahls wiedersehen. Der Mörder blieb unbewegt und erwiederte kalt: *»Du mußt sterben.«* Als der Unglückliche alle seine Bitten fruchtlos sah, fieng er an zu bethen, und sich zum Tode zu bereiten. Er wälzte sich auf den Knien, und jammerte umsonst nach Hülfe. In der weiten Einöde hörte kein lebendes Wesen seine Klagen. Während dieser Zeit lud Müller seine Flinte wieder, trat einige Schritte zurück, und schoß den Fuhrknecht, der noch immer im Bethen begriffen war, in die Seite, daß er auf der Stelle niederstürtzte, und in wenigen Minuten den Geist aufgab. Dann lud er ihn auf die Schulter, trug ihn eine halbe Viertel Stunde weit den Berg hinauf ins Gebüsch und kehrte heim. Tags darauf stand er früh auf, nahm Harken und Spaden, machte ein Loch, verscharrte die Leiche, nachdem er ihr noch vorher die Vordertheile der Weste abgerissen, Mantel und Hut und die in 26 Blaffert bestehende Baarschaft geraubt hatte. Auf dem Grabe des Ermordeten bethete der Mörder fünf Vaterunser. Dem Küster in Schönau hat er, wahrscheinlich wegen seiner geistlichen Verwandtschaft, diese That entdeckt.

Jahrs darauf rodeten die Bauern von Schönau in den Hecken, und bey dieser Gelegenheit ward der nicht tief genug verschaarte Leichnam gefunden.

Als uns Müller diese beyspiellose Geschichte nach seinem Todes-Urtheile im Kerker erzählte, sahen wir einen alten Criminalisten, der schon oft auf Rad und Galgen erkannt hatte, Thränen vergießen. Nur der Mörder blieb ungerührt, und wir haben auch bis zu seiner letzten Minute keine Spur der Reue über diese Greuelthat bey ihm entdeckt. Wir gaben uns zu gleicher Zeit alle Mühe, um etwas Näheres von der Person des Ermordeten zu entdecken, und seinen Verwandten von seinem Schicksale Nachricht zu ertheilen. Müller konnte aber selbst nichts Näheres angeben.

Am 26. Frimaire VII. J. als die Bürger der Gemeinde Röddert, Cantons Rheinbach, auf einem andern Dorfe in der Kirche waren, öffnete Barbara Brück ihre Hausthüre, um in den Kühestall zu gehen. In dem nähmlichen Augenblicke drängte sich Müller, der zum hintern Hofthor eingebrochen war, mit Gewalt ins Haus, ergriff die Frau am Halse, und warf sie zur Erde, setzte ihr eine Pistole auf die Brust, schleppte sie bey den Haaren in die Holzhütte, und forderte zehn Kronenthaler, mit der Bedrohung, widrigenfalls seine Kameraden aus der Scheuer zu hohlen. Als die Frau hierauf erwiederte, wenn er aus Noth zu dieser That gezwungen worden, so wollte sie ihm Speck, Fett und Fleisch in sein Haus schicken. Er ließ sie darauf los, ging mit ihr ins Haus und forderte Schnaps. Als die Frau diesen nicht auf der Stelle bey der Hand hatte, warf Müller sie abermahls zu Boden, und setzte ihr die Pistole auf die Brust, mit der Drohung er werde losdrücken, wenn sie ihm nicht auf der Stelle das Geld gäbe. Dann schleppte er sie bey den Haaren die Treppe hinauf in ein Zimmerchen, und schloß hinter sich die Thüre zu. Hier forderte er sie auf ihm die Kiste zu zeigen, worin das Geld sey. Als sie aber den Schlüssel nicht finden konnte, warf er sie neuerdings zu Boden, trat sie mit Füssen, zerschlug mit einer auf der Erde liegenden Pistole den Deckel der Kiste, und raubte das darin befindliche Geld. Hiermit noch nicht zufrieden, forderte er noch zehn Kronen für seine Kameraden. Er trieb die alte Frau darauf unter immerwährendem Schlagen und Stoßen mit der Pistole bis auf den Speicher, wo das Geld in einem steinern Topfe unter dem Dache verborgen war. Als sie auch hier den rechten Platz nicht gleich finden konnte, riß er sie abermahls bey den Haaren nieder, fand das Geld, steckte es zu sich und verließ das Haus. Der Raub betrug 72 Kronenthaler.

Dieß ist die einzige That, die Müller bereut hat. Er gestand sie dennoch nicht eher, als bis nach dem über ihn ausgesprochenen Todesurtheile ein. Bey seinem Verhör vor dem von dem Präsidenten des peinlichen Tribunals ernannten Commissaire, wusch er sich die Thränen aus den Augen, als ihm der Verbal-Proceß über diese That vorgelesen ward. In der öffentlichen Audienz, als ihm die arme alte Frau unter die Augen gestellt ward, unter Thränen kaum reden, und den Räuber nicht ansehen konnte, würde er, wie er Uns nachher erzählte, die ganze Geschichte eingestanden haben, wenn er sich nicht vor dem Publicum gescheut hätte.

Brandstiftung ist das Mittel, wodurch sich Leute rächen, die schwach an Geist sind, und der überlegenen Macht weichen müssen. Wer Kraft hat, und in einem Falle, wie der folgende, sich selbst genug ist, wird nicht leicht eine so niederträchtige Art von Rache wählen. Je verbrannter ein Gehirn ist, desto ausschweifender sind seine Leidenschaften. Müller war gewiß schwach an Verstande, aber desto größer war seine Tücke, Boßheit und Rachgier.

Mehrere Diebe hatten sich verabredet, einen dem Joseph Pfahl zu Esch zugehörigen fetten Ochsen zu entwenden, und die That dem Johann Müller zuzuschieben. Dieser kam aber hinter den Plan, und machte sich eines Nachts auf um den Ochsen selbst zu stehlen. Er brachte ihn auch wirklich aus dem Stalle, und führte ihn eine Stunde fort, als der Ochse den Jochriemen zerriß und zurück lief. Mehrere Tage nachher kamen obige Diebe wieder, fanden aber den Ochsen bewacht, und mußten leer abziehen. Bald darauf verband sich Müller mit einem seiner Kameraden, und führte den Diebstahl glücklich aus. Der Ochse ward in einen benachbarten Wald geführt, und dort bey Nacht geschlachtet. Weil aber der Tag über der Arbeit zu grauen anfing, so ließen die Diebe das Fleisch zurück, um es in der folgenden Nacht abzuholen. Der Eigenthümer war, weil es in der Nacht des Diebstahls stark geregnet hatte, mit noch einigen andern Bürgern der Spur gefolgt, und nahm das Fleisch mit sich nach Hause.

Müller über diesen mißlungenen Streich aufgebracht, schrieb zuerst zwey Brandbriefe, worin er von dem Eigenthümer des Ochsen das zurückgehohlte Fleisch und 60 Kronen, von jedem Bürger der mitgesucht hatte, 3 Kronen, und von dem Vorsteher der Gemeinde Söller, der Nachtswachen angeordnet hatte, die Aufhebung dieser Wachen verlangte, widrigenfalls die Dorfer Esch und Söller niedergebrannt werden sollten. Einer von diesen Briefen endigt sich mit folgenden Worten. *»Oder meint ihr, wir hätten nicht Pistolen und Flinten genug? Ein für alle Mahl, liefert was vorgeschrieben ist, oder das ganze Dorf wird verbrannt, und denn können alle Pfaffen machen, was sie wollen und prophezeihen.«*

Als auf diese Aufforderungen nichts erfolgte,

brannte Müller, wie er es nannte, auf Abschlag das Backhaus zu Söller nieder, und schrieb einen dritten Brand-Brief, der sich mit folgenden Reimen endigt:

> Wir haben kein Papier mehr,
> Sondern Feuer und Gewehr,
> Und Kugeln und Bley,
> Nun macht, daß es bleibt dabey!!

Zugleich wurden einige Schüsse ins Blaue gethan. Die Einwohner der beyden Gemeinden fiengen nun wirklich Unterhandlungen mit Müller an, der vorgab, Aufträge von den Räubern zu haben. Diese Unterhandlungen kamen aber nur zum Theil zu Stande, weil Müller mit der ihm angebothenen Summe nicht zufrieden seyn wollte. Er hatte seine gewöhnliche Handschrift in diesen Brand-Briefen sehr zu verstellen gewußt, und nur mit Mühe konnten die Kunstverständigen ein Gutachten darüber abgeben, und zwischen andern von Müller eingestandener Maßen geschriebenen Briefen Ähnlichkeit finden. Anschütz, Professor an der Secondaire-Schule zu Coblenz, entwickelte aber doch seine Gründe gegen Müller mit so vieler Geschicklichkeit, daß dieser zum Schweigen gebracht ward, und nach seinem Todes-Urtheile auch wirklich eingestand, der Verfasser jener Briefe zu seyn.

Wir haben unsern Helden als Meuchelmörder, als gewaltsamen Erpresser und als Brand-Stifter betrachtet. Über alle diese Verbrechen war er angeklagt, und wenn er noch mehr von dieser Art gesündigt haben sollte, so liegt das Geheimniß darüber in der Brust des Geistlichen begraben, der seine letzte Berichte gehört hat, und es wäre hier der Ort nicht, darüber zu sprechen.

Verbrechen des offenen Straßen-Raubs hat er

ebenfalls mehrere begangen, vorzüglich an französischen Militär-Personen, und unbewaffneten Reisenden. Sie waren fast alle von Mord-Bedrohung begleitet. Der gefährlichen Diebstähle mit Einbruch in bewohnte Häuser zur Nachtzeit ist die Zahl Legion. Wer kann sie alle aufzählen? Und da sie von der andern Seite nicht charakteristisch sind, so können sie für das große Publicum nur wenig Interesse haben. Nichts schonte der freche Dieb. Pferde, Ochsen, Kühe, Rinder, Schaafe, Ziegen, Bienen, Wäsche, Kleider, Geld, Kirchen-Silber, Krämer-Waaren und Feldfrüchte, alles griff er an. Als ein merkwürdiger Umstand in seinem Leben verdient angeführt zu werden, daß er bey so vielen und gefährlichen Verbrechen, deren Summe die Zahl von sechzig weit übersteigt, nicht ein einziges Mahl auf frischer That ertappt ward.

Seine Gefangenschaft hat vierzig volle Monden gedauert. Sieben und siebenzig Wochen lang war er in Eisen geschmiedet, und zwar so, daß er beyde Hände nicht aneinander bringen konnte. Als er zum ersten Mahl in Coblenz gefangen saß, machte er die Bekanntschaft von Niclas Kohl, von dem oben die Rede war. Dieser goß einen sehr künstlichen Schlüssel aus einem Löffel und einer Hosenschnalle, womit sie zur Nachtszeit die Thüre des Gefängnisses öffneten, und beyde entflohen. Müller ging mit seinem würdigen Gesellen zuerst nach Altrich im Saar-Departement, wo Kohl gebürtig war. Von da gingen sie nach Schönau, verübten in der dasigen Gegend mehrere gefährliche Diebstähle, und trieben ihr Wesen einige Wochen gemeinschaftlich, bis Kohl wieder zurück ging um neue Recruten zu hohlen, aber glücklicher Weise niedergeworfen und nach Coblenz zurückgebracht ward.

Müller verbreitete ein solches Entsetzen in seiner Gegend, daß ganze Familien ausgewandert seyn würden, wenn er nicht gefangen worden wäre. Er gieng meist allein, und hielt sich nur selten zu seinen Cameraden, mit denen er auch keine eigentliche Verbindung hatte. In Münster-Eiffel, ein ziemlich beträchtliches Städtchen, wo ihn die Kinder auf der Straße kannten, gieng er am hellen Tage und zechte in den Wirthshäusern, und kein Mensch wagte es ihn anzugreifen. Vorzüglich war dort in dem Hause des Gastwirths Niclas Karbach seine Niederlage. Dieser Mensch kaufte ihm gewöhnlich seine gestohlnen Waaren ab, und stand deswegen vor dem peinlichen Tribunal in Coblenz, wo er aber auf die Erklärung des Urtheils-Jury's, das hier nicht nach seinem Gewissen handelte, freygesprochen werden mußte. Auch zum letzten Mahle ward Müller in Karbach's Hause gefangen. Er saß einen ganzen Nachmittag dort bey warmem Zucker-Wein und Brat-Würsten, und bewirthete alles, was in die Stube kam, mit der größten Freygebigkeit. Der Agent erfuhr seine Anwesenheit, und gieng Abends mit bewaffneter Mannschaft dahin, um ihn gefangen zu nehmen. Müller war mit zwey schwer geladenen Pistolen, und mit einem dicken eisernen Hammer bewaffnet. Als er sich von Bewaffneten umringt sah, griff er zu seinem Schießgewehr, und wehrte sich voll Verzweiflung. Dem ersten, der ihn angriff, schlug er die Pistole auf den Kopf, daß er ohnmächtig zurück sank. Auf den Agenten drückte er das Pistol einige Mahl los, welches aber glücklicher Weise versagte, wie der Agent und seine Gehülfen gerichtlich beschworen.

Müller beruhigte sich sehr gern bey dem über ihn ausgesprochenen Todes-Urtheile, und that auf alle Cassation Verzicht. Sein Beichtvater, der Ex-

Jesuit Nuck, half ihn bereden, daß er alle Verbrechen entdeckte, die ihm noch bekannt waren. Seine Bekenntnisse, die sehr interessant sind, wurden von seinen Vertheidigern zu Papier gebracht, und befinden sich auf der Canzelley des Directors der Geschwornen des Bezirks von Bonn. Die Zahl seiner Verbrechen war ungeheuer, und er bezeugte wenig Reue darüber. Am 27. Brumaire J. X. ward er enthauptet. Er bethete sehr ämsig und lief zur Guillotine. In der öffentlichen Audienz läugnete er alles auf die unverschämteste Weise, und drohte mehrern Zeugen. Er versuchte es einige Mahl den Narren zu spielen, gab aber diese Rolle, da ihn der Präsident ernstlich zur Ruhe verwieß, bald wieder auf. Er war erst neun und zwanzig Jahre alt, hatte einen kräftigen untersetzten Körper und eine lächelnde freundliche Miene. Sein merkwürdiger Kopf ward von einem Arzte anatomisch zubereitet, und der Schädel befindet sich in unsern Händen.

Die Bande von Schinderhannes.

Der Großvater von Schinderhannes war Wasenmeister in Merzweiler, Cantons Grumbach im Saar-Departement. Er hatte die Achtung der ganzen Gegend. Sein Sohn gieng als Wasenknecht auf die andere Rheinseite, wohnte einige Zeit in Nastätten, in der niedern Grafschaft Katzen-Elnbogen, und verheirathete sich mit Anna Maria Schmitt aus Mühlen bey Nastätten, einem zwischen Nassau-Usingen und Weilburg gemeinschaftlichen Orte. Hier ist Johann Bückler, genannt Schinderhannes geboren. Sein Vater gieng bald wieder auf das linke Rheinufer, und wohnte anfangs in Iben und Veitsrode, und dann in Kirschweiler, Cantons Herrstein im Saar-Departement, bis er nach der letzten Gefangennehmung seines Sohnes ebenfalls verhaftet und nach Maynz gebracht ward. Er ernährte sich mit seinem Weibe sehr kümmerlich, theils als Feldhüter, theils als Taglöhner. Welche Erziehung er unter diesen Umständen seinem heranwachsenden Sohne geben konnte, ist leicht begreiflich. Dieser schoß wie ein wilder Stamm auf, dem das wohlthätige Messer des Gärtners fehlt, um ihn zu einem Frucht bringenden Baume zu machen. Kaum lernte der junge Bückler seinen Nahmen schreiben.

Es ist nicht der Rede werth der kleinen Bubenstückchen zu gedenken, die Schinderhannes in der Gegend von Kreuznach übte, wo er mit seinen Spielkameraden Fleisch und Brot aus französischen Proviant-Wägen mauste. Ehe wir aber die Haupt-Scenen seines Lebens betrachten, ist es nöthig, daß wir ihn auf seinem ersten Ausfluge beobachten, damahls nähmlich, als er bey dem

Scharfrichter Nagel in Bärenbach, Cantons Grumbach, eine kleine Stunde von Kirn, in Dienste kam. Mehr aus Mitleiden, als weil er seiner bedurfte, nahm dieser wirklich ehrenwerthe Mann den Bettelbuben als Beyläufer zu seinem Hauptknechte auf. Dieß geschah zu Ende des J. IV. Nagel hat Uns oft mündlich versichert, daß der junge Bückler in seinem Dienst sehr behend, und immer willfährig gewesen, ein sehr gutes Herz bewiesen, und eine Munterkeit ohne Grenzen gezeigt habe. Doch schon am Ende des ersten halben Jahres, entwendete er 6 Kalbfelle und eine Kühhaut von dem Boden seines Dienstherrn. Darüber zur Rede gestellt, entschuldigte er den Diebstahl damit, daß ihm der Hauptknecht keinen Antheil an den Häuten der ungebornen Thiere gegeben habe, wie es beym Handwerk Brauch sey. Doch wollte man diese Entschuldigung nicht gelten lassen, und Schinderhannes entwich heimlich aus dem Hause seines Herrn. Dieser traf ihn aber bald darauf zu Anfang des Jahres V. in Kirn, und ließ ihn festhalten. Der Proceß ward kurz abgebrochen. Der damahlige Maire* in Kirn, Br. Weber dictirte 25 Prügel, und der Bettelvogt Arloff wußte dergleichen Befehle trefflich zu vollstrecken.

Schinderhannes hat Uns gestanden, daß diese Execution vor den Augen des Publicums ihn tief geschmerzt, aber auch für sein ganzes zukünftiges Leben entschieden habe. Seine Schaamhaftigkeit, von der ein Abdecker von der niedrigsten Classe ohnedieß wenig Begriff hat, war dahin. Er gesellte sich zu einem gewissen Johann Niklas Nagel von Mörschied Cantons Herrstein. Beyde traten bey dem Wasenmeister Pickler zu Sobernheim in

* französischer Bürgermeister

Dienst, und bald darauf zum zweyten Mahle bey Nagel in Bärenbach. Eine starke Viehseuche, die damahls in Kirn und der umliegenden Gegend wüthete, gab ihnen viel zu schaffen, besonders in Meddersheim, Cantons Meisenheim, wo Schinderhannes einige Jahre darauf als Straßenräuber feyerlich und öffentlich Audienz gab.

Johann Niklas Nagel, ein wüster Bursche mit Schinderhannes von gleichem Alter, war auch mit ihm von gleichem Sinne. Sie fiengen an Schaafe aus Ställen und vom Felde zu stehlen. In Kirn hatte Schinderhannes die Bekanntschaft eines Burschen, Nahmens Engisch gemacht, der bey dem dortigen Metzger Franz Andres als Knecht diente. Nachts trieben sie die gestohlenen Schaafe nach Kirn, versuchten bey mehrern Metzgern sie zu verkaufen, und fanden endlich bey Andres Gehör, der leichtsinnig genug war, mehrere Mahle mitten in der Nacht mit den Schinderbuben, um ihr gestohlnes Vieh zu feilschern. Der Scharfrichter Nagel, dem der Unfug nicht lange verborgen bleiben konnte, zeigte alles pflichtmäßig bey der damahligen Regierung in Kirn an.

Schinderhannes kam zum zweyten Mahle ins Gefängniß, entwischte aber, während man seinen Proceß einleitete, bey finsterer Nacht, über's Dach aus der Rathsstube, wo er gefangen saß.

Fink, der Rothkopf, trieb damahls in diesen Gegenden sein Wesen. Er war ein berüchtigter Dieb. Ein aus dem Kerker entsprungener junger feuriger Mensch, der nicht wieder rückwärts konnte, war ihm ein willkommener Gefährte. Er machte ihn gleich mit Mosebach, Seibert, Iltis Jacob und Zughetto bekannt, die damahls schon berüchtigte Pferdediebe waren. In Lipshausen, war die Haupt-Niederlage. Von dort giengen die Diebe in die ganze umliegende Gegend aus; dort wurden die meisten gestohlenen Pferde verkauft, und in Höfen und Mühlen fast ohne Ausnahme untergestellt.

Zwey Stunden von Kirn, auf dem rechten Ufer der Noh im Canton Meisenheim, liegt ein Dorf Lauschied, das zwey fürchterliche Menschen hervorgebracht hat: Johann Leiendecker, ein hinkender Schuster, nachmahls erster Kamerad von Schinderhannes, und Johann Georg Reidenbach, Holzhacker im Sohnwalde. Beyde waren schon 2 Jahre früher als Schinderhannes vom Handwerke. In Leidenschied, einem Dorfe zwischen Kirn und Kirchberg, kamen sie gemeinlich, mit denen von Lipshausen zusammen. Dort saßen sie auch in der Nacht vom 16.–17. Fructidor J. III. in dem Hause des Wirths Gräff beym Becher. Man hatte sich den ganzen Tag über müde getanzt, und schäkerte Abends mit den Mädchen. Iltis Jacob hatte seine schöne Frau bey sich, und Placken-Klos (Niklas Rauschenberg von Löffelscheid) seine Geliebte, Elise Werner, damahls eine aufblühende Schönheit, von kaum 16 Jahren. Dieses Mädchen mit der Phrynen-Seele ging nach und nach, wie es die Laune wollte, aus einer Hand in die andere über, und zog gar in Husarenuniform eine Zeitlang mit einem französischen Officier im Lande herum. Sie verließ ihn aber bald wieder, weil er schroh und grämlich war, und sie zu heirathen drohte. Merkwürdig ist, was der ungarische Husar, Martin Schmitt, ihr nachheriger Geliebter, gerichtlich von ihr ausgesagt hat. Wir setzen es aus den Acten wörtlich hieher. Sie habe ihm erzählt, daß der Placken-Klos ihr erster Schatz gewesen, der sie nachher verlassen, und sich an die Buzliese-Amie gehenkt hätte, und welcher endlich bey Gelegenheit eines Vorfalls mit dieser Amie von Schinderhannes, Fink und Seibert erschlagen worden sey; von ihrer Familie habe sie ihm geäußert, daß ihr Vater zu Trier gehenkt, ihre Mutter auf der andern Rheinseite geköpft, und ihr Bruder eben dort gehenkt worden sey. Ihre Schwester habe während des Krieges einen sächsischen Officier geheirathet, und sey mit ihm nach Sachsen gezogen. Ihre Stief-Mutter sey in Lauterecken verheirathet.

Noch einige Andere vom Handwerke, die man nicht einmahl dem Nahmen nach kennt, trafen an dem obengenannten Tage in Lindenscheid ein. Iltis Jacob, der sehr eifersüchtig war, konnte es nicht leiden, daß man mit seiner Frau schäkerte; darüber kam es zu Händeln. Schnallen Peter blieb auf dem Platze, und ein zweyter, der schwer verwundet ward, starb am andern Tage im Dorfe. Die junge Elise trat den todten Körper des Ersten mit Füßen. Der Unglückliche hatte ja die Frau des Iltis Jacob schöner gefunden!

Der damahlige Beamte in Gemünden fing sogleich an die Sache zu untersuchen, und verfolgte die Mörder mit Steck-Briefen. Weil aber der Sohnwald Kriegs-Theater war, so mußte die Justitz schweigen. Johann Georg Reidenbach ward erst in der Mitte des J. IX. als Theilhaber an diesem Morde, zu zwanzigjähriger Kettenstrafe verdammt.

In solche Gesellschaft führte Fink den jungen Schinderhannes! Er ward bald sehr geschickt im Pferde-Stehlen. Seibert, Mosebach oder Fink, waren dabey gewöhnlich seine Gefährten; aber den Stockschilling, den man ihm in Kirn aufgezählt hatte, konnte er nicht verschmerzen. Er kam deßwegen mit Fink und Zigeunerhannes eines Nachts in die Stadt, um sich, wie er sich derb genug ausgedrückt hat, das A-geld bezahlen zu lassen. Eine schwere Leiter brachten sie anderthalb Stunden weit, über Gebürge vom Eichener Hofe mit, um bey dem Kaufmann Johann Prestinari im dritten Stocke ins Fenster zu steigen. Mitten durch die Nachtswache kamen sie in die Stadt, wurden aber gestört, und konnten nichts als die auf der Bleiche ausgelegte Wäsche erbeuten. Damit giengen sie geraden Weges nach Lipshausen zurück, und nahmen da die Theilung vor.

Die neue gerichtliche Organisation war indessen gegen die Mitte des Jahres VI. zu Stande gekommen. Der ehemalige Churtrierische Amtmann Fölix zu Oberstein, ward zum Friedensrichter im Canton Herrstein ernannt. Er brachte zu dieser Stelle einen unermüdeten Eifer mit, dem Diebswesen wenigstens in seinem Canton ein Ende zu machen. In der letzten Hälfte des Messidors J. VI. ließ er den Schinderhannes, der mit jedem Tage berüchtigter ward, auf der Weidener Mühle im Canton Herrstein gefangen nehmen. Unterwegs suchte er zu entwischen; war schon zu Herrstein auf das Dach seines Gefängnisses geklettert, und wollte sich mit seinem aus Stroh geflochtenen Seile herablassen. Er ward aber entdeckt und glücklich nach Oberstein vor den Friedensrichter gebracht. Hier legte er sich aufs Läugnen, bis ihn seine Mutter unter einem gewaltigen Geschrey, und mit Vorstellungen von Verführung zum Eingeständnisse brachte. Seit dieser Epoche ist er vor Gericht immer sehr offenherzig gewesen. Er gestand damahls schon eine Menge Pferdsdiebstähle ein. Am 25. Messidor ließ ihn der Friedensrichter vor den Director der Geschwornen nach Saarbrücken führen, zu dessen Bezirk damahls Herrstein gehörte. Am 28. kam Schinderhannes in dem dasigen Arresthause an, und schon am nähmlichen Tage meldete man in einem Rundschreiben seine Entweichung.

Geraden Wegs ging er zu seinen alten Bekannten zurück, die sich indessen unter einem verwegenen Menschen vereinigt hatten. Peter Petri, gemeinlich der schwarze Peter genannt, Holzhacker seines Handwerks, ist auf dem Hüttcheswasen, Cantons Hermeskeil im Saar-Departement geboren, und ungefähr 44 Jahre alt. Sein starker Körperbau und sein kräftiges gekräuseltes schwarzes Haar, das er in einem Ringe unter dem Kinn zusammenzieht, und seine wilde Farbe von Wald- und Sonnenbrand, zeichnen ihn vor allen Andern aus. Dazu kommt ein verwegener Muth, und ein hoher Grad von Rohheit. Ohne Rausch ist er der beste Mensch unter der Sonne; ein Kind kann ihn leiten. Wenn ihm aber der Branntewein zu Kopfe steigt, den er täglich und in großer Quantität zu sich nimmt, wird er ein verheerendes Raubthier. Zu Mord und Brand und der niedrigsten Grausamkeit ist er dann fähig. Er kennt sich selbst nicht mehr.

Auch er fing mit Pferde-Stehlen an. Mitten im Walde, und in der unwirthbarsten Gegend, wo er wohnte, that er im Kriege Freund und Feind vielen Schaden. Er ward mehrere Mahle gefangen, machte sich aber immer wieder durch, und sprang sogar einmahl mitten unter seiner militairischen Bedeckung über eine Brücke, und entkam glücklich. Er ward auf dem ganzen Hundsrücken gefürchtet. Iltis Jacob und Georg Reidenbach waren schon früher seine Gefährten.

Einst als der schwarze Peter Kindtauf feyerte, wobey Reidenbach Gevatter gestanden hatte, zogen sie Nachmittags durch den Sohnwald, in der Gegend des Thiergarten und der Glashütte, unter Jubel nach Hause. Iltis Jacob hatte seine schöne

Johannes Bückler, genannt Schinderhannes

Frau bey sich. Der schwarze Peter blieb mit dieser ein wenig hinter den Andern zurück, und kauerte sich mit ihr in einer saftigen Wiese an einem Baume nieder. Ein Jude von Seibersbach, Cantons Stromberg, kam gerade des nehmlichen Weges. Er war unklug genug, die Liebenden an den eifersüchtigen Ehemann zu verrathen. Dieser läuft wie ein angeschossener Eber zurück, und erwürgt sein ungetreues Weib auf die erbärmlichste Weise. Die Reue kam nach der That. Iltis Jacob beichtete seine Sünde einem Priester, und ließ Seelen-Messen für die Ermordete lesen, und für sich. Seit der Zeit fühlte er sich wieder rein, und sprach ohne Bekümmerniß von der Geschichte.

Von der andern Seite aber wollte der Wurm nicht schlafen. Der schwarze Peter konnte es dem armen Hebräer nicht vergessen, daß er ihn in seiner glücklichsten Stunde belauscht und verrathen hatte. Am 30. Thermidor 6ten J. saßen beyde, der schwarze Peter und Schinderhannes auf der Thiergarten-Hütte, zwischen Argenthal und Dernbach im Sohnwalde. Sie hatten einige herumziehende jüdische Bänkelspieler von Gemünden gezwungen, ihnen Musik zu machen. Der schwarze Peter, der schon viel Schnaps zu sich genommen hatte, nahm ein frisch gewetztes Messer zwischen die Zähne, tanzte wie ein Rasender um die Spielleute herum, und drohte sie jeden Augenblick in die Gesichter zu schneiden. Überdem führte der Jude von Seibersbach eine Kuh an dem Hause vorbey. Gerade in dem unglücklichsten Augenblicke für den Juden kam der schwarze Peter ans Fenster. Alle seine Furien erwachten. Er fordert den Schinderhannes auf, ihm zu folgen. Unweit des Hauses ereilen sie den Juden, der sich nicht zur Wehre setzen kann. Er wird über und über mit Messerstichen bedeckt, und bezahlt seine Unvorsichtigkeit mit dem Tode. Seinen Leichnam plünderten sie.

Die Cantone Kirn, Sobernheim, Herrstein, Rhaunen, Kirchberg, Simmern und Stromberg waren damahls der Schauplatz der Bande. Über die Noh breitete sich erst später aus. Im Canton Kirn waren hauptsächlich zwey Ortschaften, wo die Räuber Zuflucht und Sicherheit fanden, Hahnenbach und Schneppenbach. Dort wohnte ein schmutziges altes Weib, Anne Marie Frey, die schon lange vorher die Unterhändlerinn der Leute vom Handwerke war. Schinderhannes feyerte in ihrem Hause das Beylager mit seiner geliebten Elise Werner, die er gleich nach seiner Flucht von Saarbrücken hier etablirte, und standesmäßig unterhielt. In Schneppenbach hatte sich ein anderes Weib, Elise Schäfer von Feid im Canton Kochem mit ihrer damahls vierzehnjährigen Tochter niedergelassen. Dieses Mädchen, das nachher unter dem Nahmen Buzliese-Amie bekannter geworden ist, versammelte bald eine Menge kräftiger Räuber als Anbeter um sich. Sie war sehr gut gebildet, fleischigt anzufühlen, und nicht spröde gegen denjenigen, der ihr gefiel. Seibert von Lipshausen und Schinderhannes wetteiferten um ihre Gunst; darüber ward Placken-Klos eifersüchtig, der seine Elise an Schinderhannes abgetreten hatte.

Placken-Klos war ein wüster Mensch ohne Gleichen. Mit zwey vollen Brannteweinsflaschen und einer Pistole im Gürtel durchstreifte er die ganze Gegend, und lebte von der Faust. Ganz wüthend kam er eines Tages nach Schneppenbach, und forderte die schöne Amie von der Mutter zur beständigen Gefährtinn. Er zog sich auf der Stelle ganz nackend aus, und machte Anstalt zu einem spartanischen Tanze. Amie, deren Herz der sanftere Schinderhannes gewonnen hatte, flüchtete sich vor seinen Begierden in den Keller. Mehrere Stunden lang trieb er den größten Unfug im Hause, und bedrohte Alles mit Mord. Als aber Amie schlechterdings darauf bestand, ihm nicht folgen zu wollen, bemächtigte er sich ihrer Kleider, und machte sich davon.

Andern Tags am 1. Nivose 6ten J. kamen Schinderhannes und Seibert nach Schneppenbach. Die Alte klagte ihnen den Frevel, und daß Placken-Klos die Kleider ihrer Tochter entwendet hätte. Es wurde beschlossen, den Räuber aufzusuchen. Fink und noch einige kamen dazu. Die Mutter begleitete selbst den Haufen. Auf dem Baldenauer Hof im Canton Rhaunen trafen sie den Placken-Klos, der von Seibert und Schinderhannes auf der Stelle angegriffen und über den Feuerheerd geworfen ward. Sie brachten ihm einen Messerstich bey, und schlugen ihn vollends mit Knütteln todt. Auf dem Leichnam giengen sie mit Füßen, und schleppten ihn unter wildem Gelächter in der Küche herum.

Im Canton Sobernheim liegen der Steinerter und Marienporter Hof. Dort war ebenfalls eine Haupt-Niederlage. Schinderhannes hauste hier mit der Familie des schwarzen Peters ganze Wochen lang. Gestohlenes Vieh wurde hier geschlachtet, und das Fleisch geräuchert, um es in Zeiten der Noth zu verzehren. Um ganz sicher zu seyn, nahm der Steinerter Hofmann den Georg Reidenbach sogar als Knecht in seine Dienste.

Das zweyte Lipshausen war Sonnschied im Canton Herrstein, und fast alle in dieser Gegend liegenden Höfe und Mühlen. Sonnschied ist ein kleines Dörfchen von kaum 14 Feuer-Stellen. Drey Einwohner von da wurden auf die Galeeren, und einer zum Tode als Mitschuldiger von Schinderhannes verurtheilt.

Der schwarze Peter ward indessen zu Anfang des Jahres VII. auf den 3 Weihern im Canton Obermeschel neuerdings verhaftet und nach Kaiserslautern gebracht worden. Dort gab er sich einen andern Nahmen. Weil man aber zweifelte, so ward der Director der Geschwornen zu Simmern davon benachrichtigt, der ihn zu Kaiserslautern anerkennen ließ. Er ward darauf nach Simmern gebracht, und gestand eine Menge von Verbrechen ein, und erwarb sich sogar durch sein bescheidenes Betragen das Wohlwollen der untersuchenden Beamten. Am Abend des 29. Brumaire VII. J. entkam er aber aus seiner Gefangenschaft.

Das Hauptgefängnis in Simmern war damahls ein alter Thurm, am Ende der Stadt, in dem der Gefangenwärter selbst wohnte. In diesem Thurm ist ein unterirdisches wohl 20 Fuß tiefes Loch, das oben gewölbt ist, und mitten auf diesem Gewölbe seine einzige Öffnung hat. Die Gefangenen werden an einem Seile herabgewunden. In diesem Gewölbe saß der schwarze Peter. Am Tage hatte man erlaubt, ihn in die obere eingeheitzte Stube der andern Gefangenen zu führen.

An dem oben genannten Tage hohlte der Beschließer den schwarzen Peter aus dieser Stube ab, um ihn in sein Gewölbe hinabzuwinden. Der Räuber stellte sich krank, und bat seinen Aufseher um ein wenig warme Suppe. Dieser, der nichts Böses vermuthete, führte ihn in seine eigene Stube. Unterdessen fingen die andern Gefangenen in dem obern Zimmer einen gewaltigen Lärm an; der alte Aufseher ging um nachzusehen. Alles war verabredet. Der schwarze Peter, bey dem bloß die Frau des Aufsehers geblieben war, überfiel diese sogleich mit Stößen und Schlägen, und schlug das Fenster in der Stube ein, das unglücklicher Weise nicht mit Eisen verwahret war. Das handfeste, sich seiner selbst bewußte Weib machte dem Räuber viel zu schaffen. Sie hielt ihn an seinen Ketten zurück, und erst, als ihr linker Arm ganz zerfleischt war, und sie ein Paar starke Stöße auf den Kopf empfangen hatte, leistete sie keinen Widerstand mehr. Der schwarze Peter sprang mit seinen Eisen 15 Fuß hoch zum Fenster hinaus. Die übrigen Gefangenen hatten indessen oben den alten Aufseher überfallen, und festgehalten, und einer nach dem andern kam die Treppe herunter, und sprang zu dem nähmlichen Fenster hinaus.

Der schwarze Peter ging geraden Weges nach Klein-Weidelbach im Canton Simmern, wo ihm der Diebskumpan Heller die Eisen abnahm. Bald darauf verschwand er von dem linken Rheinufer, und schwärmte lange im Oden-Walde herum, wo er theils von der Faust lebte, theils auch mit Kohlenbrennen seine Familie, die ihm dahin gefolgt war, ernährte. Erst im Frühjahr des J. X., als man ihn längst todt geglaubt, und manche Albernheiten über ihn verbreitet hatte, erschien er wieder wie ein feindseliger Stern in dem Sohnwalde, machte mit Schinderhannes einige Streifzüge, und verlor sich wieder in die Wälder des rechten Rheinufers.

Während der Abwesenheit des schwarzen Peter gewann Schinderhannes immer mehr und mehr an Ansehen unter seinen Brüdern. Sie trieben den Pferde-Diebstahl ununterbrochen fort, und gingen am hellem Tage. Die neuinstallirten Municipalitäten* thaten nichts. Ihre Gewalt war zu sehr getheilt. Von den Friedensrichtern war das meiste zu hoffen. Aber unglücklicher Weise für diesen Punct war Rudlers Wahl größtentheils auf Männer gefallen, die schon abgelebt waren, und die neuen Formen haßten, weil sie solche nicht kannten. Auf den

* Verwaltungen

ganzen Theater standen der wackere Fölix in Oberstein und Horstmann in Bacharach allein. Was Müller in Kusel, und Hisgen im Canton Hermeskeil gethan haben, wird weiter unter vorkommen, wenn von der Birkenfelder Bande die Rede ist.

Um diese Zeit organisirte der General Wirion die National-Gendarmerie in den 4 Departementen des linken Rheinufers. Man durfte von diesem trefflichen Corps alles erwarten. Die Brigade in Kirn zeichnete sich gleich Anfangs aus. Zwey wackere Männer von dieser Brigade, Adam und Poincenet verdienen den Dank aller ihrer Mitbürger. Der Rahmen des ersten wird so lange unsterblich seyn, als Schinderhannes genannt wird. Eben so zeichnete sich der damahlige Commissaire bey der Kirner-Municipalität le Cavelier aus, er machte fast alle Streifzüge mit, und bewirthete seine Gefährten aus eigenem Beutel.

In der Nacht vom 6.–7. Ventose VII. J. ließ der Gendarmerie Lieutenant von Simmern einen allgemeinen Streifzug gegen die Räuber machen.

Die Gendarmerie von Kirn, begleitet von dem Commissaire le Cavelier, war damahls so glücklich, den Schinderhannes zu Schneppenbach im Canton Kirn aufzuheben und zwar in dem nähmlichen Hause, aus dem Placken-Klos die schöne Amie entführen wollte. Sie erfuhren in der Nacht des Streifzuges, daß Schinderhannes und sein Kamerad Johann Müller den Hanenberg passirt, und den Weg nach Schneppenbach eingeschlagen hatten. Der Müller von der Römers Mühle war es, der diese importante Nachricht dem deutsch sprechenden Adam ins Ohr geflüstert, und das Haus bezeichnet hatte, wo die Räuber in Schneppenbach wahrscheinlich zu finden seyn würden. Das Haus ward umringt, und ehe Schinderhannes aus seinem tiefen Schlafe erwachte, war er schon in den Händen der Gendarmen. Er ward nach Kirn vor den Friedensrichter geführt, dem er abermahls eine Menge Verbrechen eingestand.

Merkwürdig ist, daß damahls ein angesehener Pächter aus dem Canton Hermeskeil nach Kirn kam, und bey dem Apotheker Oellig Gift begehrte, um den Räuber aus der Welt zu schaffen. Damahls zitterte schon ein Menge angesessener Leute vor seinen Eingeständnissen.

Schinderhannes ward mit seinem Kameraden Johann Müller, der sich für seinen Knecht ausgab, nach Simmern gebracht. Er hatte eine starke Bedeckung, weil man fürchtete, daß ihn seine Kameraden im Sohnwalde befreyen könnten. Zu Simmern ward er in das nähmliche unterirrdische Gefängniß gehaspelt, wo der schwarze Peter gesessen hatte. Seine geliebte Elise besuchte ihn zwey Mahl in seiner Gefangenschaft.

Man fuhr nach dieser Zeit immer fort, die Nachsuchungen zu verdoppeln, als ein tragischer Auftritt dazwischen kam, und den Muth macher öffentlichen Beamten kühlte.

Am 28. Prairal hatten der Municipal-Commissaire und die Gendarmen in Kirn von einem Vertrauten Nachricht bekommen, daß der schwarze Peter, und mehrere von seinen Kameraden in der Nacht des nähmlichen Tages in der Birkenmühle, eine Stunde von Kirn einkehren würden. Man traf sogleich Anstalten um sie dort zu überfallen. Die Mühle ward Nachts mit bewaffneter Mannschaft umstellt. Adam, der auf der Thüre lauschte, hörte ein starkes Gespräch im Innern. Man zweifelte nicht, daß die Räuber dort versammelt wären; die Thüre ward endlich geöffnet, und einer von der Mannschaft drückte eine Pistole ab. Sogleich stürzte ein Unbekannter im bloßen Hemde über das Mühlen-Rad hinaus. Ein allgemeines Rufen: *»Der schwarze Peter! Der schwarze Peter!«* Derjenige, so ihm an nächsten stand, gab Feuer, gleich darauf ein Zweyter. Der Unbekannte fiel in einem Graben verwundet nieder. Es ward Licht gebracht, und siehe da, es war Peter Gerber, der Sohn aus der Mühle. Eine Kugel hatte ihn in das linke Schulterblatt getroffen. Der anwesende Municipal-Commissaire und die Gendarmen thaten auf der Stelle alles um den Unglücklichen zu Frieden zu stellen. Er ward nach Kirn gebracht, und auf die beste Weise verpfleget. Niemand dachte an weitere Folgen, und die braven Gendarmen von Kirn bewiesen immer gleichen Eifer.

Peter Petry, der Sohn des schwarzen Peters, ein wohlgebildeter sechszehnjähriger Knabe, unter den Verbrechen seines Vaters aufgewachsen, und schon ein Mahl aus dem Gefängnisse zu Sobernheim entsprungen, war nach der Gefangennehmung seines Vaters ein stäter Gefährte von Schinderhannes geworden. Auf geheimen Wegen, die unter Landleuten nur denjenigen Gendarmen offen stehen, die die Sprache des Landes kennen, hatte Adam erfahren, daß dieser Mensch sich in Kirchenbollenbach, Cantons Baumholder, auf halte. In bürgerlichem Anzuge gingen Adam und Poincenet dahin, und fingen den Dieb auf freyem Felde. Er hatte zwar die Flucht ergriffen, ward aber von Adam, der ihm zu Fuße nachlief, und über ihn stürzte am 23. Messidor VII. handfest gemacht.

Indessen hatte schon zwey Tage vor dieser Gefangennehmung der öffentliche Ankläger von der Saar die unglückliche Geschichte in der Birkenmühle dem Director der Geschwornen zu Birkenfeld denuncirt, denn die Anverwandten des verwundeten Sohnes hatten diese Sache in Trier als eine prämedirte That vorgestellt. Le Cavelier, Adam und sein Brigadier und Richard Rheinländer aus Kirn, wurden einer peinlichen Procedur unterworfen. Die Anklags-Geschwornen in Birkenfeld erkannten ohne weiteres die Anklage, dort, wo so mancher überwiesene Räuber losgelassen worden war, der Tod und Galeeren verschuldet hatte, war mit einem Mahle der Terrorismus an die Tagesordnung gekommen. Die Angeklagten wurden dem Gesetze gemäß vor das peinliche Tribunal von der Saar geführt, und erst dort, nachdem sie 3 Monate gesessen hatten, von den Urtheils-Geschwornen unschuldig erklärt.

Der widrige Eindruck, denn dieser Vorfall machte, wurde immer sichtbarer. Es fehlte nur noch ein größeres Unglück. Auch dieß ereignete sich. Schinderhannes entwich in der Nacht vom 2. auf den 3. Fructidor J. VII. aus dem Gefängnisse zu Simmern. Dort saß über dem unterirdischen Loche ein Kerl aus Argenthal, Cantons Simmern, mit Nahmen Philipp Arnold, der nachmahls selbst unter die Bande gieng. Schinderhannes, der am Tage nicht unten saß, schnitt mit einem ihm heimlich zugesteckten Messer die Bretter entzwey, die den Überbau seines unterirdischen Gewölbes von der Küche schieden. Die Schnitte verklebte er mit gekäutem Brote, dem gefährlichsten Instrumente der Gefangenen. In der zur Flucht bestimmten Nacht drehte er unten ein Strohseil, das er seinem Freunde Arnold zuwarf, und womit ihn dieser aus dem Gewölbe haspelte. Oben schlüpfte er in die Küche, schlug ein mit Eisen-Gitter versehenes Fenster ein, und sprang in den Stadt-Graben. Philipp Arnold machte auf der Stelle Lärm, als ob ihm Schinderhannes den Hals hätte abschneiden wollen. Der Thurmhüter kam; die Wächter erwachten, aber es war zu spät. In der Folge ward ein damahls öffentlicher Beamter zu Simmern von dem zum Tode verurtheilten Benzel beschuldigt, als ob er von Schinderhannes 200 Louisdor für diese Flucht empfangen hätte. Diese in vielen Rücksichten unwahrscheinliche Behauptung hat sich indessen nicht gerichtlich bestätigt.

Schinderhannes, der bey dieser Flucht ein Bein verenkt hatte, kam erst in der zweyten Nacht bey seinem Freunde Engers zu Sonnschied an. Dieser führte ihn zu Pferde zu Nagel nach Bärenbach, der das Bein einrichtete und dem Räuber Pflaster gab.

Sobald die Heilung vollendet ward, trat Schinderhannes auf einmahl in einer ganz andern Gestalt auf. Der Pferde-Diebstahl war ihm nach seinen eigenen Eingeständnissen zu beschwerlich geworden, weil bey der allzugroßen Concurrenz der Verkauf immer mehr Mühe kostete, und nicht mehr soviel eintrug, als anfangs. Straßen-Räuberey war bey weitem gemächlicher, und trug baares Geld ein. Die alten Kameraden wurden wieder aufgesucht, und neu geworben. Unter diesen zeichneten sich besonders Martin Schmitt, Carl Benzel, Christoph Blümling und Peter Dallheimer aus.

Martin Schmitt, ein österreichischer Husaren-Deserteur, angeblich zu Fünfkirchen in Ungarn geboren, war zu Kirn von seinem Regimente entsprungen, und trieb sich als Flüchtling in der dasigen Gegend herum. In Kirn, wo er bey dem Metzger Bernhard Helfenstein einquartiert war, hatte er diesem mehr dann hundert Thaler Werths aus seinem Hause entwendet. Die erste Bekanntschaft mit Schinderhannes machte er zu Hahnenbach in dem Hause der Wittwe Frey. Schinderhannes, dem der kräftige Ungar gefiel, suchte ihn für immer an sich zu fesseln, und trat ihm darum seine Elise ab. Seine Laufbahn dauerte nicht lange. Er ward wegen eines Pferde-Diebstahls im Canton Zell gefangen genommen, und von dem peinlichen Tribunal von Rhein und Mosel zu sechsjähriger Verhafthaltung verdammt.

Carl Benzel (wir gebrauchen hier die Worte eines seiner Vertheidiger, dem er seine Geschichte kurz vor seinem Tode erzählte.) Carl Benzel ist zu Reichenbach, Cantons Baumholder, im Saar-Departement 1778 von armen Eltern geboren, die er frühzeitig verlor. Anfangs trat er bey mehrern Landleuten in der dortigen Gegend in Dienste. Allein diese stille und arbeitsame Lebensart vertrug sich nicht mit seinem unstäten und jovialischen Charakter. Mit seiner Geige durchzog er als Bänkelspieler das Land, spielte bey Hochzeiten und Kirchweihen, und hatte bald keinen festen Wohnort mehr. Schon damahls, erzählt er, habe er sich kein Gewissen daraus gemacht, Kleinigkeiten zu stehlen, oder im Spiel zu betrügen. Gewandter als die übrigen Bauernbursche, sey er nie auf der That ertappt worden. Den Erwerb seiner Prellereyen habe er mit Mädchen vertändelt.

Den Schinderhannes, der zu jener Zeit anfieng, gefürchtet zu werden, habe er oft, sowohl auf Kirchweihen, als auf den Straßen getroffen, und nicht selten auf einzelnen Höfen, wo er auf seinen Wanderungen die Nächte zugebracht, bey ihm geschlafen. Schon damahls habe er immer eine Art Achtung für ihn gefühlt, und sich des Wunsches nicht erwehren können, in seiner Gesellschaft, auf den Raub auszugehen, um durch einen reichen Fang sich in den Stand zu setzen, sein ganzes Leben lustig zuzubringen. Auch habe dieser ihn oft eingeladen, ihn zu begleiten, und ihm die Freundschaft mehrerer wackeren Bursche zu verschaffen. Doch habe er der Versuchung standhaft widerstanden, und zwar sey es die Liebe gewesen, die ihn 4 Jahre lang zurückgehalten habe, ein Räuber zu werden.

Er habe nähmlich Bekanntschaft mit einem Mädchen aus seiner Gegend gehabt, das ihn stets vor der Gesellschaft jener saubern Gesellen gewarnt, und oft mit thränenden Augen beschworen habe, ihrem Umgange ganz zu entsagen. Immer habe er ihr dieß versprochen, und vor ihr habe er sich mehr als vor seinem Gott gefürchtet (dieß sind seine eigenen Worte), weil er bey jedem kleinen Diebstahl, deren er viele verübt, sich stets vorerst gefragt habe, ob es dann wohl möglich wäre, daß Sie Wissenschaft davon erhalten könne. Dieser Hang zum Stehlen sey ihm übrigens um so unbegreiflicher gewesen, als er in seiner Jugend von äußerst rechtschaffenen Lehrern unterrichtet worden sey. Auch habe er taglich in der Bibel gebetet, die er bis zu seinem Ende bey sich führte. Oft sey ihm dann wohl beklommen geworden, oft habe er aber auch gedacht: David, der auch ein großer Sünder gewesen, sey am Ende doch noch zu hohen Ehren gelangt.

Endlich habe er bey dem Vater um die Hand seines Mädchens geworben; dieser aber habe sie ihm, als einem liederlichen übel berufenen Burschen, geradezu abgeschlagen. Kurz darauf, habe solcher sie mit einem Schmid aus der Nachbarschaft versprochen. In der Verzweiflung habe er in der Nacht zwey Hämmel gestohlen. Dieß sey sein erster Diebstahl mit Einbruch gewesen. Er sey deßhalb sogleich ergriffen und nach Birkenfeld gebracht worden. Dort habe er sich aber herausgelogen, und mit dem Freylassungs-Befehle in der Tasche, sey er aufs Katzenloch (im Canton Rhaunen im Saar-Departement) zum Schinderhannes gezogen.

Dieser habe ihn umarmt, und zu ungefähr zwanzig unbekannten Gesellen geführt, welche um ein Feuer gelegen, und Kartofeln gebraten hätten. Bey dem Anblicke dieser fremden fürchterlichen Gesichter habe ihn ein Schauder überlaufen, allein kaum habe er einen seiner Gespielen und Jugendfreunde erblickt, so sey alle seine Furcht verschwunden, und bald wäre er der ausgelassenste von Allen gewesen. Man habe ihm statt seiner Geige, die er im Walde versteckt, einen Knüttel gegeben. Die andern wären theils mit Flinten, theils mit Beilen bewaffnet gewesen. Einer hätte einen Knüttel wie er, und Einer einen Säbel gehabt.

Schon in der Nacht darauf (vom 20.–21. Nivose VIII. J.) seyen sie aufgebrochen, um die Mühle des Müllers Horbach zu besuchen. Sie hätten aber dort bloß gegessen, und getrunken, und wären gegen Mitternacht aufgebrochen, um anderthalb Stunden von da bey einem Bauren von Otsweiler Nahmens Riegel einzubrechen, der wenige Tage vorher Geld empfangen hatte. Bey dem Müller hätten sie, da er auf ihre Drohungen betheuerte, kein baares Geld zu haben, und Mehrere diese Aussage bekräftigt hätten, nichts entwendet; doch hätten sie ihm vor dem Abmarsch die Fenster eingeschlagen.

Als sie zu Otsweiler angelangt, sey er mit ungefähr 10–12 andern vor Riegels Hause stehen geblieben, um Hilfe abzuwehren. Die andern seyen ins Haus gebrochen. Wenige Minuten darauf sey Riegel im Hemde entflohen. Auf der Flucht habe ihn ein Flintenschuß todt hingestreckt. Er, Benzel, sey von allen dem so betäubt gewesen, daß er weder sagen könne, wer geschossen habe, noch ob der Schuß aus dem Hause, oder vor dem Hause gefallen. Eine Minute nach demselben seyen die Räuber aus dem Hause zurückgekommen. Einige hätten die Beute getragen. Sie alle seyen in aller Eile dem Walde zugeflohen. Dort hätten sie die Beute getheilt. Seibert von Lipshausen, den er aber damahls nicht gekannt, sey unter der Theilung zu ihnen gekommen. Doch könne er nicht einmahl sagen, ob dieser mit zu Otsweiler gewesen, und sich verspätet, oder ob er damahls zuerst in der Gesellschaft erschienen, so groß sey seine Angst gewesen. Manche hätten nichts erhalten. Ihm habe man ein paar Beinkleider und einen Sechsbätzner angebothen, aber der Mord, wovon er Zeuge gewesen, habe ihn so erschüttert, daß er nichts habe annehmen wollen. Man habe ihn ausgelacht, und die Sachen einem Andern gegeben. Nach der Theilung habe sich die Bande getrennt, ohne daß er wisse wohin; auch habe er nicht bemerkt, daß man Ort und Zeit zu einer andern Versammlung bestimmt habe. Ihm habe Schinderhannes befohlen zu bleiben. Außer ihm wären noch 4 andere Räuber, worunter Seibert und Jülcher gewesen, zurück geblieben.

Am folgenden Morgen hätten sie sich auf den Weg zum Sohnwalde gemacht. Unterwegs (an der runden Buche, unweit der Ruinen von Koppelstein im Canton Kirn) hätten sie zwey Bauren getroffen, welche Contributionsgelder zum Empfänger getragen hätten. Schinderhannes und die Andern hätten sie angefallen, niedergeworfen, geschlagen, und beraubt. Er habe sechs Schritte davon gestanden und zugesehen. Auf einem Hofe, wo sie die Nacht zugebracht, hätten sie die Beute getheilt. Auf seinen Antheil wären 7 Louisdor gefallen.

Sein Abscheu gegen diese Lebensart habe sich aber so vermehrt, daß er dem Schinderhannes erklärt habe, er werde ihn verlassen. Dieser habe ihm darauf nicht nur die 7 Louisdor, sondern auch seine eigene wenige Baarschaft abgenommen. Er sey darauf über den Rhein gegangen, und habe sich bey dem Maynzer Landsturme anwerben lassen. Nicht volle 6 Wochen habe er dabey gestanden, so sey er desertirt, und habe in Hoffnung sein Geld wieder zu erhalten, da er von allem entblößt gewesen sey, Schinderhannes wieder aufgesucht.

Dieser habe ihn freundlich aufgenommen, sich aber wohl gehütet, ihm Geld zu geben, doch habe er ihn von Kopf zu Fuß neu gekleidet, und die Stoffe dazu bey einem Handelsmann zu Meissenheim gegen baare Bezahlung ausgenommen. Wenige Tage nach seiner Zurückkunft wären sie unweit Sobernheim dem Juden Samuel Levi von daselbst auf der Landstraße begegnet, und hätten ihn beraubt. Als der Jude sie verfolgt, habe Schinderhannes ihn vom Pferde geschossen. Er betheuerte standhaft nicht geschossen zu haben.

Von nun an sey er bis zu seiner Verhaftung bey Schinderhannes geblieben. Sie hätten immer auf einzelnen Höfen gelegen, wo man ihnen stets das Beste aufgetischt habe. Viele andere Räuber seyen ab- und zugegangen, deren Anzahl jedoch niemahls höher als fünf bis zehn gewesen. Sie hätten beynahe stets Dirnen bey sich geführt. Außer den schon angeführten, behauptete er keinem gewaltsamen Straßenraube mehr beygewohnt zu haben.

Bis zu seinem Ende bewieß er die aufrichtigste Reue ohne jedoch einen Umstand seiner Verbrechen zu gestehen, der nicht schon aus den Acten bekannt war. Ganze Tage lang laß er in der Bibel, und in seinem Gesangbuche, und sprach doch nie ohne Wohlgefallen von seinen Verbrechen. Selbst als er mit Schinderhannes herum zog, ging er eines

Sonntags mit Gefahr ergriffen zu werden, in ein Dorf, um das Abendmahl zu nehmen. Vor seinem Ende ließ er alle Verbrecher, welche damahls im Militair-Arresthause gefangen saßen, vor sich kommen, und ermahnte sie zur Besserung. Auch bat er jeden von ihnen im Falle einer seine Freyheit wieder erlangen sollte, seine Freunde zu bitten, nie seinen Tod zu rächen. Seine Mitschuldigen zu nennen, weigerte er sich standhaft, weil seine Religion ihm verbiethe arme Wittwen und Waisen zu machen. Gegen Schinderhannes war er äußerst aufgebracht, weil dieser bey seiner Verhaftnehmung, statt ihn zu befreyen, die Flucht genommen hatte, ungeachtet er, dem derselbe Weg offen stand, ihn zuerst aus den Händen des Gendarmen gerissen.

Benzel hatte um die nähmliche Zeit, als Schinderhannes zu Schneppenbach gefangen worden war, bereits unter der Bande von Birkenfeld gedient, die sich hauptsächlich in den Cantonen Baumholder, Birkenfeld, Kusel und Rhaunen zusammen gezogen hatte. Um ihn ganz zu fesseln, trat ihm Schinderhannes seine geliebte Buzliese-Amie ab, die nach dem Tode des Placken-Klos seine beständige Gefährtinn war, und nach Benzels Gefangennehmung in die Hände von Peter Zughetto überging.

Christoph Blümling, ein junger Mensch aus Laudert, Cantons St. Spar. Seine eigene Mutter verführte ihn zu Diebstählen. Er stand im J. VII. wegen eines gestohlnen Bockes vor dem peinlichen Tribunal von Rhein und Mosel, ward aber von dem Urtheils-Jury unschuldig erklärt. Stracks ging er zum Schinderhannes, und ward dessen unzertrennlicher Gefährte. Im Herbste des J. X. fiel er in die Hände der Pfälzischen Justiz zu Mannheim, wegen eines mit Schinderhannes und Mehrern von der niederländischen Bande, zu Bayerthal bey dem Juden Seligmann Feist in der Nacht vom 11. auf den 12. Julius 1801 gewaltsam verübten Diebstahls. Er ward an die fränkischen Behörden ausgeliefert, und starb den 30. Pluvios X. J. zu Kölln an einem Gefängniß-Fieber. Schinderhannes hält ihn für einen der verschmitztesten und gefährlichsten Räuber.

Peter Dallheimer aus Sonnschied, Cantons Herstein, ein junger feuriger Mensch, der in Gefahren seinem Hauptmanne den Muth lieh. Sein Vater, selbst Straßenräuber, und Gefährte von Schinderhannes, hielt zu Sonnschied eine Diebs-Herberge. An kalter Grausamkeit, und verwegener Kühnheit übertraf der junge Mensch alle Erwartungen. Mehrere Mahle trieben ihn die Kirner Gendarmen auf der Birkenmühle in die Enge, wo damahls eine Haupt-Niederlage der Räuber war. In Sonnschied wohnte seine Geliebte, bey der er sich eines Sonntags zu lange beschäftigte, und der Gendarmerie von Rhaunen in die Hände fiel, und nach Trier gebracht ward. Er wehrte sich voller Verzweiflung. Er läugnete alle Verbrechen standhaft, und überhäufte alle Zeugen mit den gröbsten Schimpfreden. Sein Tod unter der Guillotine befreyte den Hundsrücken von einem äußerst gefährlichen Räuber.

Der Mord-Raub zu Otsweiler, von dem in den Geständnissen von Benzel die Rede war, kann als diejenige That betrachtet werden, bey der die meisten und gefährlichsten Räuber versammelt waren. Augenzeugen geben die Anzahl auf wenigstens 24 an. Nach den Bekenntnissen von Schinderhannes, hatte Benzel die Anführer der Birkenfelder Bande, Benedom und Welsch dazu eingeladen. Außerdem waren Seibert, Riep und Jülcher von der Zahl. Dieser Letzte hauste damahls fürchterlich im Canton

Grumbach, und ward bald darauf zu Trier guillotinirt.

Um diese Zeit war das Unwesen so hoch gestiegen, daß man in allen Landstädten auf dem Hundsrücken vor nächtlichen Überfällen zitterte. Besonders waren die Juden täglichen Plünderungen ausgesetzt. Sie getrauten sich nicht mehr, einzeln zu reisen, und zogen immer, oft noch mit militairischer Bedeckung in großen Schaaren zu Markt, und waren dennoch ihres Lebens und ihrer Habe nicht sicher. Ein Beyspiel sey genug, in welcher Lage damahls dieses Volk sich befand. Schinderhannes, von seinen Getreuen umgeben, pflegte an Markttagen auf der Spitze von Felsen zu sitzen, unter denen der Weg vorbey führte. Dann musterte er gewöhnlich mit einem Perspectiv die anziehenden Judenhaufen. Einst am Tage des Kreuznacher Markts, saß er auf diese Weise bey Waldbeklem an der Noh. Blämling und Dallheimer waren bey ihm. Ein Trupp von mehr dann dreyßig Juden kam gezogen unter ihnen fünf Bauern. Nachdem sich Schinderhannes durch sein Perspectiv versichert hatte, daß kein verkleideter Gendarm unter ihnen war, ließ man den Haufen bis in eine Gegend ankommen, die Schinderhannes einen Zwangsweg nennt. Von der einen Seite hohe Felsen, von der andern die Noh, die gerade sehr reißend war, und der Fußsteig äußerst schmal. Dallheimer trat ihnen mit einem donnernden *»Halt!«* entgegen; oben auf dem Felsen stand Blümling mit gespanntem Hahn. Die feigherzigen Hebräer, die bey diesem unverhofften Angriffe auf der Stelle allen Muth verloren, wollten zurück, aber hier schnitt ihnen Schinderhannes selbst den Weg ab. Sie mußten ihre Börsen abliefern, und während Schinderhannes ihnen die Taschen durchsuchte, mußte der alte Jude Jacob von

Meissenheim, der mit unter dem Trupp, und vor Entsetzen zur Bildsäule geworden war, die scharf geladene Büchse des gefürchteten Straßenräubers in Händen halten, die dieser ihm gab. Am Ende zwang Dallheimer die Juden, Schuhe und Stiefel auszuziehen, die dann auch auf das genaueste durchsucht, und auf einen Haufen geworfen wurden. Die Beraubten geriethen in Streit, als jeder seine Schuhe und Stiefel aus dem Haufen suchte, und mehrere, die nur mit Schuhen bekleidet gewesen waren, behaupteten Stiefel gehabt zu haben, welches den Räubern viel Vergnügen machte. Die Bauren gaben unterdessen verstohlne Winke, wo noch Geld zu finden war.*

Man muß über diese actenmäßige Geschichte nicht erstaunen, und allenfalls einen Schluß daraus auf den Muth des Räubers ziehen. Er kannte sein Publicum. Weiter war es nichts. Eigentlichen Muth hat er niemahls bewiesen, und seine sonst große Geistesgegenwart verließ ihn sehr oft. Einen Straßenraub hat er niemahls allein ausgeführt, selbst gegen einen einzeln unbewehrten Juden nicht. Wie zitterte der gefürchtete Räuber, als sein Hercules ihn packte!

Am 22. Germinal J. 8. machten Adam und sein Brigadier die Runde im Canton Kirn. Sie kamen an den Eigenerhof, wo die Räuber immer einzukehren pflegten, und der am Ende des Sohnwaldes zu

* Auf die an Schinderhannes gestellte Frage, welcher Raub ihm am meisten Vergnügen verursacht habe, erzählte er Uns mit außerordentlicher Selbstzufriedenheit und unter einem beständigen Lachen die oben angeführte Geschichte. Wir bemerkten ihm, daß es äußerst unvorsichtig gewesen, seine geladene Büchse einem der beraubten Juden in die Hände zu geben; er versicherte uns aber, er habe deßwegen nichts zu befürchten gehabt, weil er allein die Handgriffe gewußt, durch welche sie losgedruckt werden konnte; auch seinen beßten Kameraden habe er nie dieses Geheimniß anvertraut.

einer Retraite* äusserst bequem liegt. Adam erhielt von seinem Brigadier Befehl hinein zu gehen, während dieser mit seinem Pferde eine Strecke davon im Walde halten blieb. Ohne gerade in diesem Augenblicke hier etwas zu erwarten, und ohne sich weiter in Fassung zu setzen, gieng Adam ins Haus, und öffnete die Stubenthüre. Da lag Schinderhannes in einer weißen Schlafkappe hinter dem Tische auf einer Bank; Benzel saß am Tische, und las in der Bibel. Zwey Maitressen drehten das Spinnrad. Adam schloß ganz gelassen die Thüre hinter sich zu, trat vor den Räuber, forderte ihn auf, mitzugehen, und packte ihn an der Gurgel. Schinderhannes schrie um Hilfe, und nun erst sprang Benzel auf, der ganz ruhig bey seiner Bibel sitzen geblieben war, um seinen Hauptmann zu retten. Adam packte auch ihn, und indem er sich mit beyden herumkämpfte, schrie er aus allen Kräften nach seinem Brigadier. Aber dieser hörte nicht oder wollte nicht hören. Wohl eine Viertelstunde dauerte der ungleiche Kampf. Schinderhannes mit Benzels Hülfe machte sich endlich aus Adams Händen los, streifte seinen Wamms ab, trat ein Fenster ein, und sprang hinaus. Nun öffnete Adam die Stubenthüre, die er mit dem Rücken besetzt gehalten hatte, um dem Räuber die Flucht abzuschneiden, und schleifte Benzeln an den Haaren auf die Haustreppe. Schinderhannes war schon dreißig Schritte entfernt. Benzel, der ihn noch laufen sah, that einen lauten Pfiff, und schrie nach Hülfe: *»Kamerad! es ist nur ein Spitzbub von Gendarm hier.«* Eine Ohrfeige von Adams kräftiger Hand, daß Benzel einer Ohnmacht nahe war, machte dem Spiel ein Ende. Schinderhannes war glücklich entronnen,

* Rückzug

und nun erst erschien der Brigadier in seinem Mantel gewickelt mit Pistolen in der Hand. In der Scheuer fanden sie eine schwer geladene Doppel-Flinte und eine einfache, ein Paar Pistolen, die Jagdtasche und den Hut von Schinderhannes. Benzel ward nach Kirn gebracht, und von dem Juden Levi von Sobernheim, der wenig Tage vorhin geschossen worden war, und noch lebte, anerkannt.

Adam, der Uns diesen Vorfall oft erzählt hat, gesteht noch jetzt, daß es ihm nicht sonderlich schwer gewesen wäre, den Schinderhannes niederzuhauen; daß ihm aber immer die unglückliche Geschichte von der Birkenmühl und seine Verhaftung vorgeschwebt habe, und daß er sich stets den Rücken durch die Thüre zu decken habe suchen müssen, um die allenfallsigen Anfälle der Weibsleute von hinten zu verhüten.

Wenn man das Ganze kalt übersieht, so bleibt am Ende nichts als ein armseliger Poltron von Straßenräuber übrig. In der Stube selbst hieng des Pächters geladenes Gewehr. Warum ergriff es Schinderhannes nicht? Oder warum nahm er nicht in der Scheuer seine eigene Flinte, und befreyte seinen Kameraden, dem er selbst seine Freyheit verdankte? Ohne Hut und lechzend vor Mattigkeit, kam er am nähmlichen Abend nach Sulzbach, und verschlief seine Angst in den Armen der Liebe.

Einen andern Zug von Feigheit wissen wir aus dem Munde des Jägers Gürtler zu Wartelstein, Cantons Kirn, und aus dem eigenen des Räubers.

Eines Tages kam Schinderhannes ganz allein nach Wartelstein, und ritzte sich dort, indem er ein Loch in einen Hasenknochen bohren wollte, mit einem spitzigen Messer in den Finger. Es kam Blut, und der Räuber stürzte bey diesem Anblicke ohnmächtig nieder. Gürtler gab sich alle Mühe, ihn

Eine Execution aus dem Jahre 1718

wieder zu sich selbst zu bringen; allein es dauerte wohl eine halbe Stunde, bis der Räuber wieder auf den Füßen stehen konnte.

Bald nach dem Mordraube zu Otsweiler gieng Schinderhannes auf das rechte Rhein-Ufer. Peter Stibiz von Sien Hachenbach, Juden-Peter genannt, weil er ein Judenmädchen von Seibersbach bey sich führt, gab die erste Idee dazu. Dieser Stibiz hatte den unglücklichen Riegel erschossen. Christoph Schillinger von Bontenbach, Cantons Rhaunen, gemeinlich Schinderstoffel genannt, nahm das Geschäft über sich, beyde glücklich hinüber zu geleiten. Sie brachen Morgens früh von Bontenbach auf, und brachten die Nacht bey dem Abdecker zu Schweppenhausen im Canton Stromberg zu. Andern Tags fuhren sie bey Geisenheim über den Rhein. Wie die Abdeckerfamilien in den meisten Staaten ganz enge zusammenhängen, so fand auch Schinderhannes auf dem rechten Rhein-Ufer, wo er schon vorher jedoch nur momentanisch gewesen war, alte Bekannte und Verwandte wieder. Er brachte sogar eine Geliebte zurück, die ihn aber kaum gefesselt hatte, als er sie schon wieder entließ, und sein Herz auf immer einem Mädchen von Weiherbach im Canton Grumbach, zwey kleine Stunden von Kirn, schenkte. Julchen Blasius paßte sich ganz zu dem jovialischen Räuber. Er hatte sie auf Märkten und Kirchweihen kennen gelernt, wo sie als Bänkelspielerinn (sie versteht die Geige gut genug) Aufsehen machte. Er verliebte sich in sie, und hat sich bald darauf auf der andern Rheinseite förmlich mit ihr trauen lassen. Als sie kurze Zeit nachher schwanger ward, mußte er sie wieder auf das rechte Rhein-Ufer führen, wo sie in der Gegend von Bruchsal ihr erstes Wochenbette hielt, und dem Räuber eine Tochter gebahr, die aber nicht lange am Leben blieb.

Schinderhannes selbst dichtete ein Liedchen auf diese seine Frau, das auf dem Hundsrücken bekannt genug ist, und auf allen Märkten und Kirchweihen gespielt wird. Wir nehmen Anstand, es hier wegen seines etwas cynischen Inhaltes einzurücken.

Um diese Zeit nahm die Räuberey auf einmahl einen andern Schwung. Johann Leiendecker von

Lauschied gab die Idee dazu. Er, der wegen seines körperlichen Gebrechens (er hinkt) nicht wohl immer auf den Straßen liegen konnte, und leicht gekannt war, fand es viel bequemer zur Nachtszeit mit offener Gewalt in die Häuser der Juden zu brechen. Der erste Hauptversuch ward zu Hottenbach im Canton Herstein bey Wolff Wiener im Sommer des achten Jahres gewagt, und gelang so gut, daß bald mehrere aufeinander folgten. Es waren neun Räuber, Schinderhannes an der Spitze, die ohne weiteres an der Thüre dieses Juden pochten, und mit den Worten: *»Hannes ist da, und will dich abfangen«*, eingelassen zu werden begehrten. Sie brauchten sogleich Gewalt, und Wolff Wiener war genöthigt, die Thüre zu öffnen. Sie mißhandelten die Bewohner des Hauses auf eine unmenschliche Weise. Des Juden kleines Kind empfieng drey Wunden an dem Kopf. Alles, was an Waaren und Geld fortzubringen war, ward mitgenommen. Das ganze Dorf war in Aufruhr, denn die Räuber hatten mehrere Flintenschüsse gethan, und lärmten wie Rasende. Aber keiner von den Einwohnern wollte helfen. Der Agent weigerte sich sogar auf die Aufforderung des Juden, als die Räuber noch im Dorfe waren, die Sturmglocke zu läuten. Ein Einwohner von Weiden bey Hottenbach, Jacob Stein, hatte diesen ganzen Raub eingeleitet. In seinem Hause war die Zusammenkunft, und er stand während der Ausführung mit Julchen Schildwache in dem nahegelegenen Gebüsche.

Wie weit es um diese Zeit mit dem Unwesen gekommen war, beweiset das Betragen der Bande unmittelbar nach diesem Raube.

Im Canton Kirn am äußersten Ende des Rhein- und Mosel-Departements, liegt das Schloß Schmittburg in einer wilden einsamen und äußerst romantischen Gegend, in der Mitte die Gemeinden Hahnenbach, Bruschied, Schneppenbach und Bontenbach, wo kein Verräther wohnte. Auf diesem Schlosse hätte noch vor wenigen Jahren ein Trierischer Amtmann zu Gericht gesessen. Jetzt ist es von armen Taglöhnern und von Eulen bewohnt. Dort hatten die Räuber lange Zeit ihre Herberge aufgeschlagen, und zwar hauptsächlich in der alten Schloß-Kapelle. Die Einwohner gaben ihnen Nachricht, wenn etwas zu fürchten war. Ein Mahl sogar, als von ungefähr die Brigade von Kirn vorbey ritt, marschirten die Räuber in Schlachtordnung ins Thal, um ihr die Spitze zu biethen. Es kam aber nicht zum Gefechte, weil die Gendarmen davon nicht unterrichtet waren.

In den Thälern an diesem Schlosse, ward der Raub von Hottenbach getheilt. Schinderhannes selbst mit seinem Weib und vier Vertrauten, gieng noch in der nähmlichen Nacht auf den Kallenfelser-Hof, eine Viertelstunde von Kirn zur Ruhe. Dort hatte Anne Marie Frey von Hahnenbach bereits Quartier für ihn bey dem Pächter Ludwig Rech bestellt.

Der Kallenfelser-Hof liegt auf einem jähen Felsen, und beherrscht eine treffliche Aussicht in das Thal, welches hier der Hahnenbach bildet, und über Kirn. Auf einem Theile dieses Felsen hatte das in der Geschichte der ritterlichen Rauschebärte des Mittelalters berüchtigte Schloß Stein-Kallenfels gestanden, wo ehemals der Adel seinen Raub zusammen schleppte. Ludwig Rech, der schon vorher ein Mahl eine Reise zu Schinderhannes nach Schmittburg gemacht hatte, um Geld von ihm zu borgen, nahm den Räuber und seine Gesellen freundlich auf, und räumte ihnen zwey Stuben in dem obern Theile seines Hauses ein.

Wie trefflich kannte Schinderhannes sein Publicum! In das Haus führt nur eine einzige Thüre, die von der Seite des Berges leicht besetzt werden kann, ohne daß man im Hause selbst etwas davon gewahr wird. In diesem Falle konnten zwey Gendarmen die ganze Gesellschaft fangen, denn durch die Fenster ist keine Rettung möglich, weil jeder, der hier einen Sprung wagen wollte, in dem Abhange der Felsen den Hals brechen würde. Die Verschwiegenheit konnte allein hier schützen.

Eilf ganze Tage saß Schinderhannes mit seinen Vertrauten hier, wo täglich die Gendarmen von Kirn, mit denen wahrlich nicht zu spaßen war, vorbey ritten. Er sah ihnen aus dem Fenster nach. Der gute Ruf seines Wirths schützte vor aller Haussuchung.

Noch mehr! drey Schneider waren in voller Arbeit; um den Räuberanführer und seine Frau und zwar diese letzte in Seide, ganz neu zu kleiden. Einer von diesen Schneidern saß bey der Bande auf dem Hofe von Kallenfels, der andere auf der Birkenmühle, und der dritte in Hahnenbach. Jener, als er mit seiner Arbeit fertig war, wollte den ganz neuen Anzug nach Kallenfells bringen, und begegnete unterwegens zwischen Hahnenbach und Kallenfels dem Räuber und seiner Frau. Auf der Stelle zog sich dieser mitten in dem gebahnten Wege ganz nackend aus, und ging eine halbe Viertel Stunde auf und nieder, indem er sich auf den Hintern schlug, und mit heller Stimme rief: *»Jetzt, ihr Gendarmen, kommt und hohlt den Schinderhannes!«* Darauf zog er seine neuen Kleider an, und ging nach Kallenfels zurück. Der Metzger Franz Andres von Kirn, der von dieser Scene Augenzeuge war, hat uns dieselbe selbst öfters erzählt.

Noch mehr! ganz Kallenfels, Hahnenbach, Sonnschied und Griebelschied kannte in diesen Tagen den Aufenthalt des Räubers. Die jungen Bursche aus diesen Dörfern, gingen auf den Kallenfelser-Hof, und spielten mit dem Räuber in den Karten, und tranken mit ihm. Andere kauften ihm und seinen Gesellen Munition in Kirn, und doch ward nichts verrathen!

Noch mehr, und ein Beyspiel ohne Beyspiel! Schinderhannes stellte in diesen Tagen zu Griebelschied einen offenen Ball an, bey dem die schönen Mädchen aus der Nachbarschaft mit den Räubern traulich tanzten, und bis in die Nacht zechten. Nach geendigtem Tanze gieng die Bande auf den Hof zurück, und die Frau von dem Agenten zu Kallenfels kaufte ihr ein großes Stück feines, zu Hottenbach geraubtes Tuch, ab.

Nun folgten die Räubereyen schnell aufeinander. Zu Lauffersweiler, Offenbach, Merxheim, Ulmet, Södern, Lettweiler, und an andern Orten, ward mit gleichem Glücke geplündert. Die Juden schickten ordentliche Gesandtschaften an Schinderhannes ab, um sich mit ihm abzufinden. Die Bande breitete sich bis tief in die Departemente von der Saar und vom Donnersberge aus. Die einzelnen Räubereyen werden unten näher entwickelt werden, wenn von der öffentlichen Audienz zu Maynz die Rede seyn wird.

Fast eben so auffallend, wie der Aufenthalt auf dem Hofe von Kallenfels, war der Aufenthalt von Schinderhannes zu Meddersheim, im Canton Meissenheim. Dort ging er eine ganze Woche lang am hellen Tage, und beorderte die in dieser Gegend wohnenden Juden zu sich. Unter andern kam auch ein solcher Befehl an den reichen Handelsmann Isac Herz zu Sobernheim, um zur bestimmten Stunde zu Meddersheim, in dem Hause des

Jacob Hexamer zu erscheinen, und sich dort vor Schinderhannes zu verantworten. Isac Herz erschien an dem bestimmten Tage zur Mittagszeit. Unten an der Thüre des Hauses stand eine bewaffnete Schildwache, die den Juden empfieng, und die Treppe hinauf führte. Oben stand eine zweyte Schildwache, die den Juden in das Audienz-Zimmer des Räubers geleitete, der unter Gewehren und mit einem Perspectiv in der Hand, neben seiner Frau saß, und prächtig gekleidet war. *»Warum«*, fuhr der Räuber den zitternden Hebräer an, *»Warum gehst du immer in Begleitung von Gendarmen? das wird dir wenig helfen, denn es wird nur von mir abhängen, dich aus ihrer Mitte herauszuschießen.«* Isac Herz machte Entschuldigungen, zahlte sechs Kronenthaler für die Audienz, und ward wieder auf die nähmliche Weise zurückgeführt, wie er gekommen war.

Selbst das muntere Julchen machte Streifzüge mit. Am 22. Brumaire IX. J. kam Herr Bückler mit seiner Frau Nachts in das Haus des Handelsmann Sender Isac von Weyerbach, Cantons Grumbach, beyde mit Flinten und Pistolen bewaffnet, und letztere in Mannskleidern. Sie fragten den Juden, warum er ihnen die verlangten zwey Louisdor nicht auf den Eigener-Hof geschickt habe, und setzten hinzu: *»Man müßte allen Juden die Hälse abschneiden.«* Sender Isac mußte 25 Louisdor bezahlen, und während seine Frau dieses Geld in der obern Stube zusammen suchte, hielten Herr Bückler und seine Frau ihre gespannten Pistolen auf ihn mit der Drohung: ihn auf der Stelle zu erschießen, wenn oben der geringste Lärm gemacht wurde. Sender Isac hat Uns versichert, daß Julchen diese Beinkleider-Rolle sehr gut gespielt habe.

Man darf sagen, daß der Polizey-Minister alle

Mittel anwendete, die ihm dargebothen wurden, um diesem Unwesen ein Ende zu machen. Schade nur, daß die Rathgeber nicht immer diejenigen waren, die die Lage der Sachen am beßten kannten. Der General-Commissaire Jollivet, nachdem ihm alle Plane gescheitert waren, versuchte die Räuber durch Furcht zu besiegen. Er erließ am 16. Frimaire IX. J. einen Beschluß, wodurch er alle Mitschuldige von Schinderhannes vor ein Kriegsgericht zu stellen befahl, um dort nach dem Gesetze vom 29. Nivos VI. J. gerichtet zu werden, welches jeden Diebstahl mit Einbruch mit dem Tode bestraft. Dieser unglückliche Beschluß konnte keine schlimmere Folgen haben, als er bald darauf wirklich hervorgebracht hat. Eine Menge gefährlicher Räuber theils Mitschuldige von Schinderhannes, theils Glieder von der Bande von Birkenfeld, wurden vor die zu Coblenz niedergesetzten beyden Kriegsgerichte der 26. Militair-Division gebracht. Es waren hauptsächlich folgende von der Bande von Schinderhannes:

1. Peter Zughetto von Uerzig, der älteste Pferdedieb auf dem Hundsrücken, von dem schon oben bey der Moselbande die Rede war. Der Friedensrichter von Hermeskeil hatte ihn zu Thaleck gefangen nehmen lassen.

2. Johann Seibert von Lipshausen. Er war schon in der letzten Decade des Nivose VIII. J. auf Befehl des Friedensrichters von Bacharach verhaftet, nach Simmern und von da nach Trier gebracht worden, wo ihn das peinliche Tribunal wegen des Todschlags von Placken-Klos zu zwanzigjähriger Kettenstrafe verurtheilt, die Execution dieses Urtheils aber noch aufgeschoben hatte, weil sich nach der Zeit noch andere Verbrechen gegen ihn entdeckten.

3. Carl Benzel von Reigenbach, der seit dem 22. Germinal VIII. J., wo ihn Adam auf dem Eigenerhofe packte, alle Gefängnisse im Rhein- und Mosel-Departemente gesehen hatte.

4. Johann Leyendecker von Lauschied, der ruhig in seinem Dorfe Schuhe machte, und so wenig gekannt war, daß er bey den peinlichen Gerichten oft und viel als Zeuge erschien.

5. Franz Riep, Landstreicher aus der Gegend von Kirn gebürtig, einer der kältesten Menschen, die wir je gesehen. Er ward von der Kirner Brigade am 3. Frimaire IX. J. auf dem Eichenerhofe gefangen, als er dort Essen für seine Kameraden in Requisition setzte. Schinderhannes saß auf einem Baume in der Nähe, und war mit Zunderpflücken beschäftigt, als sich der Gendarme Cottu mit ihm herumhieb. In seiner Tasche trug er zwey schwer geladene Pistolen.

6. Kosminacz, ein österreichischer Soldat aus Slavonien, wohnhaft auf dem Schlosse Naumburg, im Canton Grumbach, eine halbe Stunde von Kirn. In seinem Hause war ein Haupt-Sammelplatz der Räuber. Er selbst war Theilhaber an dem Mordraube von Otsweiler.

7. Johann Müller, in der Nacht vom 6.–7. Bentose VII. mit Schinderhannes zu Schneppenbach gefangen genommen.

8. Peter Petri, der Sohn des schwarzen Peters, seit dem 23. Messidor VII. J. bereits verhaftet.

Die Untersuchung ward von einem Monate zum andern verschoben, und endlich mit einigen Räubern angefangen, die einen Müller mit Lumpen und Zunder umwickelt und so gebraten hatten. Zwey wurden zur zwanzigjährigen, einer, und gerade der Haupt-Anführer zu sechsjährigen Kettenstrafe verurtheilt, und einige gar freygesprochen.

So ward also der Zweck, den sich der General-Commissaire vorgesetzt hatte, ganz und gar verfehlt. Das Kriegs-Gericht hatte sich Menschlichkeit gegen Räuber zum Grundsatze gemacht, die die heiligsten Rechte der Menschheit mit Füßen traten. Ein Paar andere, die mit gewaffneter Hand zu Nachtszeit in Mühlen und Höfe eingedrungen waren, wurden ebenfalls auf die Galeeren geschickt, und giengen unterwegs durch, und in den Hochwald zurück.

Was die Mitschuldigen von Schinderhannes betraf, so wurde Kosminacz zu zehnjähriger Kettenstrafe und Benzel zum Tode verdammt. Dieß letzte Urtheil ward indessen von dem zu Cöln niedergesetzten Militair-Revisions-Gerichte cassirt, und Benzel vor das zweyte zu Coblenz etablirte Kriegs-Gericht verwiesen. In Rücksicht der übrigen wurde die Untersuchung nicht einmahl angefangen.

Die gefährlichsten Räuber gingen in dem ohnedas nicht festen Militair-Gefängnisse zu Coblenz frey herum, und wurden nur Nachts in Cachots gesperrt. Sie unterhielten eine beständige Correspondenz mit ihren noch nicht verhafteten Kameraden, und ließen sich von diesen Geld schicken, worüber der Gefängniß-Wärter die Quittungen ausstellte. Es fehlte an aller Aufsicht. Die kräftigsten Vorstellungen bey dem damahligen Stadt-Commandanten waren fruchtlos.

Jollivet empfand nun selbst, daß andere Maaßregeln getroffen werden mußten. Durch einen Beschluß der Consuln vom 23. Fructidor IX. J. war in Cöln ein Special-Gericht etablirt worden. Der General-Regierungs-Commissaire befahl am 23. Brümaire X. J. alle Mitschuldige von Schinderhannes, die sich in den Militair-Gefängnissen zu Coblenz befanden, vor dieses Gericht zu führen, das über

30 Stunden von dem Schauplatze der Räuber entfernt war. Doch ehe dieser Beschluß in Vollziehung gesetzt werden konnte, geschah, was man lange erwartet und befürchtet hatte. Seibert, Benzel, Riep, Zughetto, Leyendecker und Christian Greis entwichen am 3. Frimaire X. J. aus den Militair-Gefängnissen zu Koblenz. Christian Greis von Gellenberg im Canton Birkenfeld, hatte in der dortigen Gegend unter dem Nahmen von Schinderhannes mehrere Räubereyen verübt.

Das Militair-Gefängniß zu Coblenz liegt am Ende der Stadt. Die Cachots sind an die Stadtmauer angebaut, welche sich an dem Wall senkrecht erhebt. Die Räuber hatten sich ein Messer verschafft, dieses mit einem Feuerstahl zur Säge gemacht, und die Dielen, womit die beyden aneinander liegenden Cachots abgesondert waren, durchschnitten, und auf diese Weise Nachts Communication bekommen. Die durchgeschnittenen Dielen, verklebten sie mit gekäutem Brot. In dem einen Cachot hoben sie den Boden auf, arbeiteten sich unter dem Fundament der Stadtmauer, und auf der andern Seite durch den Wall sieben Fuß senkrecht in die Höhe, und hatten so den freyen Ausgang nach dem Stadtgraben zu, der auf dieser Seite gesprengt war. Sie warteten eine stürmische regnerische Nacht ab, um unbemerkt zwischen den beyden Schildwachen durchzukommen, die Nachts auf dem Wall standen. Abends nach sieben Uhr ergriffen sie die Flucht. Peter Petri, der Sohn des schwarzen Peters war der letzte. Die Schildwache gewahrte ihn aber, und er ward wieder zurückgebracht. Die übrigen sechs entkamen. Benzel und Seibert verfehlten den Weg, und stürzten über die gesprengte Stadtmauer, wohl über 20 Schuhe in den Abgrund. Benzel brach den Arm.

Ihre Flucht ward sogleich entdeckt, und noch in der nähmlichen Nacht, gingen in alle Gegenden des Koblenzer Waldes bewaffnete Streifcorps aus. Johann Leiendecker kam erst zwey Tage nachher ohne Hut in dem Dorfe Oehr 5 Stunden von Coblenz an. Weil ihn die Einwohner in Verdacht hatten, so gestand er auch sogleich ein, daß er Einer von den Entflohenen sey, und gab vor, er habe einige Schnupftücher schmuggeln wollen, und sey deßwegen von den Franzosen gefangen genommen worden. Traun, ein trefflich ausgesonnener Laufpaß, um vor Verrätherey sicher zu seyn! Er kam glücklich bei seinem Schwager Blattau (ehemals Agent) zu Lauschied an, der ihn mit seinen eigenen Pferden über den Rhein führte. Leyendecker fand dort seinen Freund Schinderhannes wieder.

Karl Benzel kam einige Tage nach der Flucht auf dem Marienporterhofe an, ward aber von einem Mulatten verrathen, und von der Brigade zu Sobernheim gefangen genommen. Das Kriegs-Gericht verurtheilte ihn zum zweyten Mahle zum Tode, und er starb endlich am 24. Februar 1802 zu Coblenz unter dem Beile der Guillotine.

Franz Riep konnte seinen Hauptmann nicht mehr erreichen. Er hatte ihn auf der andern Rheinseite vergeblich aufgesucht. Voll Unmuths kam er zurück, und wirthschaftete noch einige Wochen auf seine eigene Faust. Am 29. Nivose X. J. verrieth ihn der Jäger Gürtler an den Maire zu Kirn. Die dasige Brigade umstellte das Schloß Wartelstein, wo er verborgen war, und sich mit seiner Flinte in ein Kamin gerettet hatte. Der Gendarme Cottu, der ihn schon einmahl auf dem Eigenerhofe gefangen hatte, und jetzt mit Adam zuerst in das Haus eingedrungen war, schoß ihn aus dem Kamin herunter.

Einige Tage darauf starb der Räuber an seinen Wunden.

Greis gieng in seine Heimath zurück, wo er sich zu den Überbleibseln seiner Kameraden schlug, und von neuem zu rauben anfing.

Seibert, und Zughetto, wurden seit ihrer Flucht unzertrennliche Gefährten, und Stifter einer eigenen Bande, in dem Bezirk von Simmern.

Die Constitution vom Jahre VIII. hatte in das Verwaltungs-Fach mehr Kraft gebracht, und die Geschäfte vereinzelt. Man spürte den Einfluß davon auch in Rücksicht auf unsern Gegenstand. Der Präfect von der Saar, und die Unter-Präfecten von Simmern, Kaiserslautern und Birkenfeld griffen die Hyder mit Macht an. Mehrere aufeinander folgende Berichte von ihnen vermochten den General-Regierungs-Commissaire Jollivet am 2. Nivose X. J. einen Beschluß zu fassen, wodurch eine eigene Polizey-Garde errichtet wurde, um bey Tag und Nacht zu streifen, und alles vor den Friedensrichter zu führen, was ohne Paß und festen Wohnort herumstreifte. Das Gesetz vom 10. Vendemiaire IV. J., welches die Gemeinden für alle auf ihrem Gebiete begangene Gewaltthätigkeiten und Räubereyen verantwortlich macht, ward von neuem publicirt. Man legte Militair in jene Dorfschaften, wo die Räuber ihren gewöhnlichen Durchzug hatten.

Die Unter-Präfecten Vanrecum in Simmern, Theremin in Birkenfeld und Petersen in Kaiserslautern bewiesen dabey eine ganz vorzügliche Thätigkeit. Bey allen dem leistete indessen doch die Polizey-Garde im Ganzen dasjenige nicht, was man sich von ihr versprochen hatte. Das Geschäft war zu sehr getheilt, und hing im Einzeln von den Mairen ab, wovon der größte Theil zu gemächlich und indolent war, um sich groß um Räuber zu bekümmern, die ihn in seinen Wohnungen nicht beunruhigten. Festes Zusammenhalten und gemeinschaftliches Hinarbeiten auf inen Zweck, gibt nur den Geschäften Kraft, und führt zum Ziele.

Indessen war am 29. Frimaire X. J. Jeanbon-St. André zum General-Commissaire in den vier Departementen ernannt worden. Er faßte beym Antritte dieses Postens hauptsächlich zwey große Gedanken, die er mit Kraft und Klugheit verfolgte, und ehrenvoll ausgeführt hat. Die Ausrottung der Räuber, und die Anlegung einer großen Straße von Maynz bis Coblenz. Er ließ sich sogleich nach seiner Ankunft in Maynz detaillirte Berichte über die Ursachen erstatten, welche bisher die Ausrottung der Räuber verhindert hatten. Was aber mehr als alles war; er arbeitete selbst über diesen Gegenstand, und zwar so geheim, daß auch nicht einmahl auf seinen verschiedenen Büreaux die Sprache davon war. Beschlüsse, Instructionen, Briefe, alles schrieb er mit eigener Hand. Es würde unschicklich seyn, alle die Geheimnisse hier zu entschleyern, die bey dergleichen Geschäften immer Haupt-Regel seyn müssen.

Das Frühjahr des zehnten Jahres, eben als Jeanbon St. André seinen Posten angetreten hatte, war eines der schrecklichsten. Seibert und Zughetto verbreiteten Angst und Entsetzen auf dem ganzen Hundsrücken. Sie hatten alle alten Reste ihrer ehemahligen Kameradschaft in den Cantonen Simmern, Bacharach und Stromberg neuerdings zusammengerafft, und zogen vom Rhein bis über Birkenfeld hinaus. Auch sie affectirten, Feinde der Juden und Freunde des Landmanns zu seyn. Daß sie aber diesem Grundsatze nicht treu blieben, haben sie bald bewiesen, da die an Juden ausgeschriebenen Contributionen nicht mehr hinreichten, sie und ihre Mädchen zu ernähren.

Seibert und Zughetto waren unzertrennliche Gefährten. Beyde mit doppeltem Gewehr bewaffnet, gingen immer allein, und nur dann, wenn ein mächtiger Gewaltsstreich auszuführen war, riefen sie ihre Gehilfen zusammen, die in Dörfern wohnten, und nicht mit herumzogen, aber gerade darum die gefährlichsten waren. Der Vorfall auf der Mayenmühle bey Windesheim im Canton Stromberg ist ein Beweis, wie Herr Seibert und seine Gesellen wirthschafteten.

In der Nacht vom 23.–24. März 1802 um halb eilf Uhr pochten drey Räuber an dem Fenster der Mühle, gaben vor, sie wären Polizey-Garden, die nach den Fremden suchen müßten, und verlangten eingelassen zu werden, widrigenfalls sie Thüren und Fenster einschlagen würden. Der Müller Simon Hoch öffnete auf diese Erklärung, und nun traten die Kerl mit Flinten und Terzerolen bewaffnet in die Stube. Ihr Gewehr legten sie auf den Tisch und forderten Brandewein. Der Müller merkte bald, was vorgehen sollte, und setzte sich durch eine Hinterthüre auf flüchtigen Fuß, ward aber von vier andern ebenfalls bewaffneten Räubern vor der Thüre ergriffen, niedergeworfen, und mit Füßen getreten. Darauf schleiften sie ihn an den Haaren zurück, und forderten sein Geld. Der arme kranke Mann, der noch dazu an einem Beinbruch laborirte, erboth sich zu Allem, und bath nur seine unmenschlichen Gäste um Gnade für sein Leben. Sie schleiften ihn aber nichtsdestoweniger an den Haaren die Treppe hinauf in die obere Stube, und raubten dort alles, was vorräthig war; damit noch nicht zufrieden, verlangten sie noch ein Simmer voll Geld, und schleiften ihn wieder an den Haaren die Treppe hinunter. Hier nun zogen sie ihn aus, und brannten ihn mit drey Wachslichtern, die sie bey sich hatten, zehn Minuten lang unter dem linken Arm, daß er vor Schmerzen in Ohnmacht fiel. In dieser Lage sprang ihm einer mit gleichen Füßen auf die Brust, und ein zweyter schüttete ihm ein Glas Brandewein ins Gesicht, um ihn wieder zu sich selbst zu bringen. Darauf rissen sie ihn unter den scheußlichsten Mißhandlungen in die Küche, und brachen den Heerd ab, unter dem Vorgeben, daß dort des Müllers Geld begraben liege. Als sie sich aber in ihrer Hoffnung getäuscht fanden, schleppten sie ihn neuerdings in die Stube, brannten ihn zum zweyten Mahle mit einem Licht unter dem linken Arme, legten ihm einen Strick um den Hals, und zogen ihn an einem Nagel in die Höhe, und zwar mit solcher Heftigkeit, daß der Nagel ausriß. Darauf schleppten sie ihn neuerdings an den Haaren die Treppe hinauf, bis an die Speicher-Thüre, wühlten dort die Früchten durch, und als sie auch hier kein Geld fanden, ging es auf die nähmliche Weise wieder herunter, wo der Müller zum dritten Mahle, ungefähr fünf Minuten lang, auf dem nähmlichen Fleck unter dem linken Arme gebrannt ward. Als dieses vorüber war, fing einer von den Räubern an: *»Nun sehen wir Hund, daß dir dein Geld lieber ist, als dein Leben«* nahm eine doppelte Flinte vom Tische, schüttete Pulver auf die Pfanne und fuhr fort: *»Nun, Hund seyst du lutherisch oder katholisch; es ist dir erlaubt, noch ein Vater Unser zu beten, und bey dem letzten Worte drücke ich ab, wenn du nicht tausend Gulden hergiebst.«* Drey Räuber warfen ihn nieder auf die Knie, und der Unglückliche betete ein Vater Unser, und bereitete sich zum Tode. Nun trat ein anderer von der Bande hervor, und nahm seinen Kameraden die Flinte mit den Worten: »*Was können wir mit dem todten Hunde machen, er muß noch mehr gepeinigt werden.*«

Sie legten ihm dann einen Strick um den Leib, und schleiften ihn vor das Haus auf die Landstraße, unter der Bedrohung ihn an einen Baum zu henken. Während dieß vorging, kam einer dazu, der bis jetzt noch nicht da gewesen war, und nachdem dieser mit seinen Kameraden in ihrer eigenen Sprache gesprochen hatte, ward der Vorschlag gemacht, dem Müller das Leben zu schenken, wenn er versprechen wolle, nächsten Freytag Abends zwey hundert Gulden durch seine beyden Tochter-Männer in den Thiergarten zu schicken. Sie sollten sich nicht fürchten und nur das Geld an den dort wohnenden Mann abgeben. Geschähe dieß aber nicht, so würden sie ihm seine beyden Mühlen ohne weiteres in Brand stecken, und ihn selbst, wo sie ihn fänden, todt schießen.

Der Müller versprach, was er mußte, und nun erst giengen die Räuber fort.

Merkwürdig ist, daß der Müller Hoch, der ganz allein auf dieser Mühle wohnte, weil seine Hausgenossen Tags vorher ausgezogen waren, am Abend der That von einem seiner Bekannten gewarnt, und ihm bedeutet wurde, daß er in dieser Nacht überfallen werden würde. Ungefähr um halb sieben Uhr, als dieser Warner weggegangen war, machte sich der Müller sein Nachtessen fertig, verschloß seine Mühle, so gut er konnte, und ging auf die Landstraße, um bey dem allenfallsigen Überfalle nicht zu Hause zu seyn. Als ihn aber gegen zehn Uhr die Kälte zu drücken anfing, ging er wieder in die Mühle zurück.

Der damahlige Friedens-Richter des Cantons Stromberg constatirte diese schreckliche Mißhandlung. Weil er aber nicht alles erschöpft hatte, so begab sich der Br. Reichensperger, damahliger Director der Geschwornen zu Simmern, selbst zu dem kranken Müller, um nichts unversucht und unerschöpft zu lassen. Allein der Müller blieb fest darauf stehen, daß er keinen von den Räubern gekannt habe.

Die zweyte ausgezeichnete That ereignete sich in der Nacht vom 20. auf den 21. Germinal, neunzehn Tage nach dem Überfalle von Hochs Mühle. Gegen zwey Uhr klopften einige Unbekannte an dem Fenster des Hauses von Jacob Dix zu Steinbach im Canton Simmern, und verlangten eingelassen zu werden. Dix durch die Zudringlichkeit dieser Kerl beunruhigt, flüchtete sich oben ins Haus, um dort abzuwarten, was es geben würde. Die Räuber wiederhohlten ihr Anklopfen mehrere Mahle, und versuchten endlich einzusteigen, worüber Dix um Hülfe schrie, und die Räuber ihm die Fenster einschlugen. Zu gleicher Zeit fiel ein Schuß. Mehrere Gemeinds-Leute von diesem Lärm aufgeschreckt, versammelten sich in dem Hause und die Räuber gingen ein wenig über die Seite. Als darauf jemand von den im Hause versammelten Nachbarn die Bemerkung machte, daß diese Kerl heute im Dorfe gesoffen hätten, erwiederte einer von den Räubern zum Fenster herein: *»Was sagt ihr, daß wir besoffen seyen? Wir erschießen euch alle!«* In dem nähmlichen Augenblicke ward eine Flinte zum Fenster herein in das Zimmer gerichtet, worauf die meisten aus der Stube entflohen. Dix faßte aber Muth, griff zu seiner Flinte und zielte auf den trotzigen Räuber, worauf dieser denn auch seine Flinte zurückzog. Bald fiel aber doch ein Schuß in der Stube, und man hörte die Worte: *»Nun hast du die Kränk! Jetzt wollen wir das Dorf* *anzünden!«* – Auf den zweyten Schuß versammelten sich die Nachbarn von neuem, und die Räuber zogen ab. Eine Kugel fand man gegen dem Fenster über in der Wand stecken, und nichts war weiter entwendet, als ungefähr drey Gulden, die einer von den Räubern wahrscheinlich gleich Anfangs aus den an dem Fenster liegenden Beinkleidern mauste.

Reichensperger gab sich eine grenzenlose Mühe die Urheber und Mitschuldige dieser beyden Verbrechen zu entdecken und zu verhaften. Besonders beschäftigte die weitläufige Untersuchung über den Überfall auf Hochs Mühle seine ganze Thätigkeit während seiner Amtsführung als Director der Geschwornen, und bald darauf als Commissaire. Er ließ auch wirklich zwey Personen, gegen welche Indicien vorlagen, verhaften. Sie mußten aber, weil sie ein vollständiges Alibi bewiesen, wieder in Freyheit gesetzt werden.

Was aber den Überfall von Steinbach betrifft, so waren Reichenspergers Bemühungen glücklicher. Philipp Rettweiler, Schäfer von Steinbach, ein bekannter Dieb und Kamerad von Seibert und Zughetto, Vater von zwey eben so berüchtigten Söhnen, ward deßwegen verhaftet, und vor den Anklags-Jury gestellt. Damahls war er aber noch nicht völlig überwiesen. Seibert und Zughetto lebten noch, und waren der Schrecken in der ganzen Gegend. Die Zeugen verstummten daher theils ganz, theils sagten sie nicht alles, was sie wußten. Als aber einige Zeit darauf jene beyden Räuber erlegt wurden, fing Reichensperger von neuem an zu sammeln, und nun ward Rettweiler völlig überführt, nicht nur bey dem Anfalle zugegen, sondern auch der Anstifter davon gewesen zu seyn. Er ward auf die Erklärung der Urtheils-Geschwornen im

Vendemiaire 11. J. von dem peinlichen Tribunal von Rhein und Mosel zum Tode verdammt; das Cassations-Gericht zu Paris bestätigte dieß Urtheil, und Rettweiler ward den 18. November 1802 zu Coblenz hingerichtet.

Notorisch ist es, daß Seibert und Zughetto diese beyden Ueberfälle in Person commandirt haben. Schinderhannes darüber zur Rede gestellt, behauptete standhaft, nichts davon zu wissen, und er hat Uns selbst versichert, daß er weder Seibert noch Zughetto nach ihrer Flucht von Coblenz gesehen habe.

Der 16. Junius 1802 war für das Arrondissement Simmern merkwürdig. Es war der Todestag von Seibert.

Dem Unter-Präfecten, Br. Vanrecum, gebührt hauptsächlich der Ruhm dieses Tages. Ein Einwohner von Lipshausen, Nahmens Jacob Friedrich, selbst ein verdächtiger Mensch, both dem Unter-Präfecten an, gegen eine gewisse Summe Geldes den Räuber Seibert zu verrathen. Die bedungene Summe ward ihm zugesichert, und Jacob Friedrich hielt Wort. Er gab dem Maire von Wiebelsheim Nachricht, daß Seibert in Lipshausen sey. Anton Macher, Secretaire des Maire und Commandant der Polizey-Garde der Mairie Wiebelsheim, versammelte am 27. Prairial Morgens um 5 Uhr die Polizey-Garden zu Wiebelsheim, und marschirte mit ihnen in den Wald von Lipshausen, wo sie der Maire noch mit bewaffneten Bauren und Holzhackern verstärkte. Von hier aus zogen sie gegen Lipshausen, und Jacob Friedrich zeigte die Wege, um ungesehen das Dorf umstellen zu können. Drey Douaniers von dem Wiebelsheimer Posten, Doctor, Glauchet und Geurling waren mit unter den Garden. Mehrere Häuser wurden visitirt, aber vergebens. Darauf ließ der Maire alle weitere Nachsuchungen einstellen, und eilte nach Rheinböllen, um noch mehrere Verstärkung zur Umstellung des Dorfes zu nehmen. Während dieses vorging, gab der Polizey-Garde Niklas Schneider von Lipshausen dem Secretaire Macher einen Wink, um in einigen am Dorfe liegenden Gärten zu suchen. Macher und die drey Zollbeamten gingen dahin. Der Secretaire sah zehn Schritte von sich einen Kerl in einem Rübenloche liegen. Die Zollbeamten gingen auf einen ihnen gegebenen Wink fort, um noch Verstärkung zu hohlen, und den Räuber lebendig zu fangen. Macher blieb auf seinem Posten, das Gewehr im Anschlag. Indem streckte Seibert den Kopf hervor, legte sich aber auf Machers Zuruf: *»Bleib liegen, oder ich schieße dich zusammen!«* gleich wieder nieder. Bald darauf sprang er aber aus seinem Loche auf, und stürzte auf Macher ein. Dieser drückte, aber das Gewehr versagte! In dem nähmlichen Augenblicke noch einmahl den Hahn gezogen, abgedrückt, und wieder versagt! Seibert ward immer wüthender. Macher ging mit gefälltem Gewehr auf ihn los, und stieß ihn mit dem Lauf auf die Brust, daß er ächzte, empfieng aber in dem nähmlichen Augenblicke einen so kräftigen Stoß von dem Räuber, daß er einige Schritte zurück taumelte. Nun floh Seibert nach der Gartenthür zu, und das Gewehr versagte dem Secretaire zum dritten Mahle. Er erwischte den Räuber aber doch noch glücklich an der Thür beym Kittel, fleischte sich die Hand an dem Pfosten, und mußte loslassen. Seibert entfloh, und Macher schrie um Hilfe. Die Zollbeamten liefen herzu. Drey Schüsse, die Doctor, Macher und Glauchet fast zu gleicher Zeit thaten, streckten den Räuber nieder. In dem nähmlichen Augenblicke kamen der Maire von Wiebelsheim und Rheinböllen mit Verstärkung an. Alle Polizey-Garden wurden zusammenberufen, und Macher ließ einen Kreis um des Räubers Leichnam schließen. Er hatte heute seine Kleidung geändert, und einen leinenen Kittel angezogen. Einen ledernen Gurt trug er um den Leib. Kein Kreutzer war darin. In den Taschen fand man ein Pulverhorn, das noch halb voll war, vier Kugeln, 37 dicke Schrot, eine Tabakspfeife und einen Feuerstahl. Vier Schritte von dem Räuberloche lag ein einfaches mit 3 Kugeln geladenes Gewehr, das einem Einwohner von Lipshausen gehörte. Der Räuber pflegte sonst immer eine doppelte Büchse zu tragen.

Der Körper kam Abends gegen acht Uhr in Simmern an. Die Polizey-Garden, mit grünen Zweigen auf den Hüten, begleiteten ihn im Triumphe, und wurden von dem Unter-Präfecten bewirthet.

Die Zollbeamten haben sich überhaupt bey der Verfolgung dieses Räubers brav bewiesen. Schon früher waren sie ihm einmahl so nahe, daß er sich mit einem Messer den Stiefel, der ihn drückte, vom Fuße schnitt, und sich rettete.

Auffallend ist es, daß die Gendarmen über diesen glücklichen Fang eifersüchtig wurden. Am 12. Messidor setzte der Lieutenant Toussaint Penot von Boppard einen Verbal-Prozeß auf, worin er am Ende sagte, daß Seibert wohl lebendig hätte gefangen werden können, wenn nicht einige unter den Polizey-Garden gewesen wären, die sich vor seinen Bekenntnissen gefürchtet hätten.

Peter Zughetto ging bald nach dem Tode seines Kameraden an die Mosel zurück, und trieb dort das Handwerk allein fort. In der Nacht vom 29. auf den 30. Messidor kam er in die Gegend von Monzel im Canton Wittlich. Die Einwohner schickten Bewaffnete gegen ihn und seine Gesellschaft aus. Einer von diesen, Nahmens Matthes Leander, ward von ihm durch einen Flintenschuß verwundet, erwiderte aber dem Räuber auf die nähmliche Art, und streckte ihn nieder. Am 30. Morgens um 7 Uhr starb er.

So endigten diese beyden fürchterlichen Menschen auf eine tragische Weise. Man hat ihren Tod bedauert, weil man hoffte, daß ihre Eingeständnisse alle ihre Verbindungen entschleyert haben würden. Man hat sich aber wahrscheinlich geirrt, denn soviel wir diese beyden Räuber von Person gekannt haben, waren sie im höchsten Grade verschlossen, und vertrauten niemand etwas an.

Über Seiberts Tod erschienen im Moniteur übertriebene Berichte. Man hätte glauben sollen, als wenn eine Mordschlacht gegen ihn und seine Bande geliefert worden wäre.

Jeanbon St. André dankte dem braven Macher und seinen wackern Gefährten. Die Regierung beschloß, daß er belohnt werden sollte.

Schinderhannes hatte um die nähmliche Zeit seinen letzten Streifzug auf dem linken Rhein-Ufer gemacht. Die thätigen und zweckmäßigen Anstalten, welche damahls Jeanbon St. André traf, und besonders die ganz genaue Kenntniß, welche der öffentliche Ankläger im Roer-Departement, Br. Keil, sich durch mehrjährige rastlose Arbeit von den geheimsten Verhältnissen des Räubers auf dem rechten Rhein-Ufer verschafft hatte, machte dem Unwesen auf einmahl ein Ende. Keil machte damahls eine eigene Reise in die benachbarten deutschen Staaten, um die dortigen Behörden über die Schlupfwinkel und Verbindungen der Räuberbanden zu belehren. Wie mußte man erstaunt seyn, einen fremden Mann so unterrichtet sprechen zu hören! von Dingen sprechen zu hören, von denen man dort nicht einmahl eine Idee hatte. Der Verfasser dieser Geschichte conferirte damahls mit dem Br. Keil in Bingen über verschiedene Zweige dieses Geschäftes, wobey Br. Keil der Meynung war, daß Schinderhannes nur auf dem rechten Rhein-Ufer gefangen werden könnte. Der Erfolg hat diese Meynung vollkommen gerechtfertigt.

Man verdankt dieses wichtige Ereigniß den vortrefflichen Maaßregeln, welche Jean-Bon St. André genommen hatte. Schinderhannes auf dem linken Rheinufer sehr in die Enge getrieben, hatte es für nothwendig gefunden, sich in seine Schlupfwinkel des rechten Rheinufers zurückzuziehen Jean-Bon St. André hatte von uns einen ausführlichen Bericht über den Zustand der Polizey in den angrenzenden deutschen Ländern gefordert; wir sagten in demselben die Wahrheit, die ganze reine Wahrheit; die strafbare Schläfrigkeit manches deutschen Beamten wurde gerügt, und die Verbindungen des Schinderhannes und der großen Räuberbande in Deutschland wurden bestimmt bezeichnet. Dieser Bericht wurde der französischen Regierung vorgelegt, und unsere Mission in Deutschland beschlossen. Der Minister der auswärtigen Angelegenheiten trug dem Residenten der Republik in Frankfurt auf, in einer Note die benachbarten Reichskreise einzuladen, uns aus allen ihren Kräften während unserer Sendung zu unterstützen. Diese Note, welche bittere Vorwürfe enthielt, in welcher aber auch einige Puncte unseres Berichtes etwas unrichtig ausgezogen waren, machte große Sensation in Deutschland; an die untergeordneten Beamten ergiengen die strengsten Befehle in Betreff der Streifzüge und der Aufsicht über das herumziehende Gesindel. – Die Räubereyen zu Hundsangen, Daisbach, Breitenau, Hilscheid und Würges hatten zwar die Convention von Wetzlar vom 28. Jänner 1801 veranlaßt, aber es schien als wenn die heilsamen in diesem Acte verabredeten Maaßregeln nicht mehr pünctlich ausgeführt würden. Obige Note gab denselben wieder neues Leben. An den Rheingegenden wurden wieder beynahe alle Tage so wohl einzelne als allgemeine Streifzüge vorgenommen.

Den 31. May 1802 durchstreifte Herr Fuchs, churtrierischer Hofgerichtsrath und Amtsverwalter zu Limburg an der Lahn, ein äußerst thätiger Beamter, Morgens bey Tagesanbruch mit einem Commando von Niederselters aus die Gegend von Hausen, Eisenbach und Haintgen. Als er ungefähr noch eine Viertelstunde von Wolfenhausen war, sah er 300 Schritte links, außer der Straße einen Menschen an einem Kornfelde herausgehen, der ihm fremd zu seyn schien. Er betrachtet ihn aus dieser Entfernung, läßt das Commando halten, nimmt den Stadtmüller von Niederselters mit sich, und reitet auf den fremden Menschen zu. Er nähert sich ihm bis auf 10 Schritte, winkt ihm heranzukommen. Der Fremde folgt mit Anstand. Er war gut gekleidet, hatte einen runden Hut auf, die vordern Haare hingen die Stirne herab bis auf die Augen, die hintern Haare waren in einem kurz gestutzten Zopf gebunden, der Backenbart lief ihm von den Ohren unter dem Kinn bis an den Hals fort. – Er trug ein mehr gräulicht, als hellbläulichtes kurzes Kamisol, lange schließende Hosen von hellblauem Tuche mit weißen runden Knöpfen, zwischen den Beinen mit schwarzem Leder ausgeschlagen, Schuhe und eine schwarze Fuhrmannspeitsche mit rothem Leder am Stiel gestickt. – Herr Fuchs fragte den Fremden, wo er her wäre, und was er hier zu thun hätte; er antwortete, er sey aus der Weilbach und wolle zu Wolfenhausen Ziegel kaufen, dort oben, auf einen Ort hinzeigend, habe er seine Fuhr stehen. *»Wenn ihr Ziegel in Wolfenhausen habt kaufen wollen,«* erwiderte ihm der Amtsverwalter, *»so wird euch auch der Ziegler kennen, kommt also mit, und wenn der Ziegler euch kennt, so entlasse ich euch wieder.«* Hierüber ward der Fremde etwas betroffen, aber noch betroffener ward er, als Herr Fuchs ihm um seinen Paß fragte. *»Ich habe keinen nöthig, weil ich aus hiesiger Gegend zu Hause bin,«* war seine Antwort. Der Amtsverwalter faßte ihn hierbey scharf ins Auge, merkte deutlich seine Verlegenheit, ergriff ihn mit dem Stadtmüller unter dem Ausrufe: *»Ihr seyd ein Spitzbube,«* und übergab solchen dem auf sie wartenden Streifcommando. Kaum war der Gefangene bey demselben angelangt, so zog er eine gelbe Tabatier heraus, und präsentirte den Soldaten öfters Tabak, und nahe an Wolfenhausen sagte er leise zu einem derselben: *»Wenn du mich entspringen läßt, so gebe ich dir ein gutes Trinkgeld;«* dieser aber antwortete: *»Es hilft dir nichts, wenn ich dir Luft mache, denn alle meine Kameraden haben scharf geladen.«* Der Fremde wurde nun nach Wolfenhausen geführt, wo sich der Wiedrunklische Lieutenant mit seinem Streifcommando befand; dieser erkannte den Gefangen für den nähurlichen, der ihm kurz vorher entsprungen war, er verlangte daher und erhielt die Überlieferung desselben. Der Lieutenant ließ ihn binden und nach Runkel führen, wo der Fremde sich unter dem Nahmen Jacob Schweikard bey einem kaiserlichen Werber hat engagiren lassen; dieses Loos hätte ihn vielleicht ohnehin nach dem 10. Art. der Convention von Wetzlar getroffen.

Als Jacob Schweikard schon einige Tage in dem

kaiserl. Werbhaus zu Limburg, wohin er von Runkel abgeführt worden, bewacht und nicht mehr als jeder andere Recrut eingeschränkt war, entdeckte am 8. Juni Johann Adam Zervas aus der langen Hecke, (ein Ort, wo sich immer Raubgesindel aufzuhalten pflegte) dem Amtsverwalter Fuchs, daß der Jacob Schweikard der berüchtigte Schinderhannes sey; der Vertraute rieth zu gleicher Zeit, seinen Bruder, den Recruten Johann Georg Zervas und dessen Beyschläferinn die sogenannte Lisel – Schwester des schwarzen Christian Reinhard, der gleichfalls Recrut war – über die Person des Jacob Schweikard zu vernehmen. Herr Fuchs und der kaiserliche Hauptmann Schaefer vernahmen diese zwey Personen über diese wichtige Entdeckung, die Angabe des Adam Zervas wurde bestättigt, und als man noch das Signalement des Schinderhannes, welches wir in den Kölnischen Beobachter nebst Notitzen über denselben hatten einrücken lassen, dieses Blatt in der Hand, mit der Person des Jacob Schweikard verglich, und jenes sehr genau auf den Recruten paßte, so hielt man sich überzeugt, den berüchtigten Räuber zu besitzen.

Man traf nun sogleich alle Anstalten um seine Entweichung unmöglich zu machen; der verkappte Schweikard wurde unter dem Vorwande geschlossen, daß er desto sicherer in das Werbhaus nach Frankfurt gebracht werden könnte; man ließ auch noch den Recruten Ebel schließen, um den ersten nicht auf den Gedanken zu bringen, daß er erkannt wäre; Schweikard glaubte, der Hauptmann befürchte seine Desertion, er both ihm daher zur Sicherheit eine Gürte mit Geld an, die er um den Leib trug, und in welcher sich hundert und einige Gulden befanden; allein dieß Anerbiethen wurde nicht angenommen. Während man ihm die

Ketten anlegte, fragte er, ob auch der schwarze Christian geschlossen würde, und als man ihm diese Frage mit Nein beantwortete, brach er in ein lautes Gelächter aus. Der schwarze Christian wurde gleichwohl noch den nähmlichen Abend in Ketten gelegt, der Recrut Edel aber entfesselt.

Den 10. Junius wurde Schinderhannes nebst andern Recruten unter Begleitung des churtrierischen Militairs und mehrerer Limburger Jagdliebhaber nach Wisbaden transportirt; als er zu Kirberg ankam, wurde er fester an seinen Kameraden, den schwarzen Christian angeschlossen, bey welcher Operation dieser letztere sehr tumultuirte. Schinderhannes blickte gedankenvoll unter sich; und sprach nur selten etwas; nur als einer der Limburger Freywilligen, der Handelsmann Verhofer sich vor ihm hinstellte und ihm starr ins Gesicht sah, wurde er unwillig und fragte denselben mit festem Tone: *»Herr! bin ich Ihm Etwas schuldig, daß Er mir so ins Gesicht schaut?«*

Auf der sogenannten Blatte, eine Stunde vor Wiesbaden, nahm eine Compagnie Jäger den Transport in Empfang; in Wiesbaden both die Beyschläferinn des Schinderhannes dem kaiserl. Feldwebel Wagner drey Caroline an, um ihren Mann nicht durch Cassel-Maynz gegenüber, zu transportiren. Schinderhannes selbst bemerkte, er habe eine große Furcht vor den Franzosen, von denen gewiß einige in Cassel seyn würden. Als unser Held von Wiesbaden abgeführt wurde, rief er im tiefsten Schmerzen aus: *»O weh! nun bin ich verloren!«* der an ihm geschlossene Christian sang aber laut: *»Ha! ha! haben wir dich einmahl!«*

Den 12. Junius kam Schinderhannes in dem kaiserlichen Werbhaus zu Frankfurt an, den 14. wurde er in Begleitung von mehr als 20 Soldaten auf das Criminal-Amt gebracht, wo er seinen wahren Nahmen und einen großen Theil seiner Verbrechen sogleich eingestand, und nur bath, ihn nicht auf das linke Rheinufer auszuliefern. Allein der Frankfurter Magistrat übergab ihn den 16. Junius Morgens um 4 Uhr den französischen Gendarmen, die ihn nach Maynz transportirten. Mit Schinderhannes saßen auf dem nähmlichen Wagen seine Maitresse, der schwarze Christian, ein Jude von Rödelsheim Nahmens Amschel und der berüchtigte Räuber Fetzer. An dem Wagen wollte das eine Rad unter Wegs nicht mehr fort. Es stockte; *»Sieh doch Kamerad!«* sagte Fetzer: *»So ist es auch mit unserm Lebensrade; mir dünkt, es ist ins Stocken gerathen, und will nicht mehr fort.« – »Geh, geh,«* antwortete Schinderhannes; *»was wirds viel seyn; mit sechs- acht Jahren Galeeren hoff' ich durchzukommen.« – »Ich nicht,«* erwiderte der tiefer blickende Fetzer, *»ich glaube, es geht uns beyden um den Kopf.«*

Schinderhannes kam am 27. Prairial in Maynz an, wo er anfangs dem Director der Geschwornen und bald darauf dem Special-Gericht übergeben wurde. Seine Bekenntnisse, von denen weiter unten die Rede seyn wird, veranlaßten eine Menge Verhaftungen von Leuten aus allerhand Ständen.

Am 18. Pluviose Jahr XI. erließ das Special-Gericht vom Donnersberg ein Competenz-Urtheil gegen nachfolgende Individuen:

I. Johann Bückler Sohn, genannt Schinderhannes, beschuldigt:

1. Über Landstreicherey, weil er im Jahr 1796 sein väterliches Haus verlassen, ohne gültigen Paß herumgestrichen, ohne in eine Bürger-Liste eingeschrieben zu seyn, und ohne irgend einen festen Wohnsitz zu haben.

2. Eines Straßenraubs in Gesellschaft mit Carl Benzel im Frühjahr Jahrs 9. in der Gegend der Winterhauch, verübt an Herz Göttschlick von Nohbollenbach, und Isac Sender von Weyerbach.

3. Eines Diebstahls begangen in der Nacht vom 10–11. Messidor Jahres 9. in dem Hause des Herz Mayer, Handelsmann zu Utrecht, Cantons Kusel, Saar-Departements, in einem Hause auf dem Lande, mittelst Erbrechung der äußeren Thüre, in Vereinigung mehrerer bewaffneten Personen, und mit verübter Gewalt an den Einwohnern des Hauses.

4. Eines nächtlichen Diebstahls, am 22. Brümaire Jahrs 9. in einem Landhause, und in Vereinigung von mehr als einer Person, bey dem Br. Sender Isac von Weyerbach, Cantons Grumbach, Saar-Departement.

5. Eines nächtlichen Diebstahls, vom 25. auf den 26. Thermidor Jahrs 8. bey dem Br. Wolff Wiener zu Hottenbach, Cantons Herstein, Saar-Departements, in einem Landhause, in Vereinigung von mehreren bewaffneten Personen, und mit Vergewaltigung der Einwohner.

6. Eines im Monat December 1797 in Vereinigung von mehreren Personen verübten Diebstahls und Mords auf dem Baldenauerhof an der Person des Niklas Rauschenbergers, eines Landstreichers.

7. Eines am 12. November 1798 nächtlicher Weile begangenen Diebstahls von eilf Schweinen bey der Wittwe Anne Marie Cathrine Zerfas zu Heinzenberg, in einem an ein Haus stoßenden Stalle, in Vereinigung von mehreren Personen.

8. Eines in Gesellschaft Peter Petri, Sohns, am 6. August 1797 in der Nacht begangenen Diebstahls von zwey Pferden bey Johann Köhler zu Nieder-

würzbach, im Canton Herstein, Saar-Departements, in einem an ein Wohnhaus stoßenden Stalle.

9. Eines im Jahr 1797 zu Bärenbach nächtlicher Weile in einem Landhause mittelst Einsteigens begangenen Diebstahls.

10. Eines zu Ende des Jahres 6. verübten nächtlichen Diebstahls von einem Pferde, in einem an ein Landhaus des Schmitthannes zu Hobstetten, Cantons Grumbach, Saar-Departements, stoßenden Stalle.

11. Eines am 6. Pluviose Jahrs 6. in der Nacht begangenen Diebstahls bey Johann Schmitt auf der Spallen Ziegelhütte, in einem Landhause mit verübter Gewalt an den Bewohnern des Hauses, und in Vereinigung von mehrern bewaffneten Personen.

12. Eines im Jahr 7. zur Nachtzeit versuchten Diebstahls von den Eseln des Müllers Horbach, auf der Antesmühle in einem an diese Mühle stoßenden Stalle.

Wenn es wahr ist, daß der neuerlich von Feuerbach aufgestellte Grundsatz: der Staat gibt Strafgesetze, um abzuschrecken, und er straft um seine Gesetze zu handhaben, der einzig richtige ist, so müssen wir bedauern, daß die französische Criminal-Jurisprudenz in manchen Fällen sogar kein Verhältniß beobachtet hat, worüber sich noch kürzlich der Großrichter in seiner trefflichen Rede, worin er der Regierung über den Gang der Justitz Rechenschaft ablegt, erklärt hat. Wer von allen unsern Lesern findet es nicht hart, einen Jacob Orth und Schei Mayer, die für ein Paar Gulden gestohlene Waaren gekauft haben, mit vier und zwanzigjähriger Kettenstrafe belegt zu sehen? Sie waren gewiß weniger Verbrecher, als Joh. Wagener, der mit dem Mordgewehre in der Hand sich auf die Landstraße lagerte, und unbewehrte ruhige Bürger beraubte. Das Gericht fühlte und handelte menschlich, und wenn es jene beyden Verbrecher mit der Strenge und Kälte des Gesetzes verfolgte, weil sie ausserdem mit der Bande in Verhältnissen standen, so haben Joseph Bosmann und Carl Gabel diese Menschlichkeit in einem hohen Grade gefühlt, und denjenigen, welche in Freyheit gesetzt worden sind, wird ihr inneres Bewustseyn sagen, daß das Auge der Gerechtigkeit scharf sieht, aber sich auch auf der andern Seite nicht durch Schein blenden läßt.

Die größte Sensation im Publicum machte die Lossprechung von Johann Georg Scherer, der von dem ganzen zahlreichen Auditorium bereits verurtheilt war. Jeder und selbst seine Richter fühlten, daß er nicht rein war, aber es fehlte leider an Beweisen, die doch nur allein ein peinliches Urtheil begründen können. Trefflich sprach für ihn der Br. Parkus. Er war der einzige unter allen Vertheidigern, den man mit Lust hören konnte. Was ließ sich auch für einen Schinderhannes und die ganze lange Zunft von Verbrechern sagen, die schon am Tage ihrer Verhaftung dem Henker angehörten? Johann Georg Scherer, kaum losgelassen, drängte sich an das Blutgerüste, und sah die übrigen mit Wohlgefallen schlachten. Diese empörende und alles menschliche Gefühl bis in die tiefste Tiefe erschütternde Handlung charakterisirt ihn besser, als alle peinliche Prozeduren.

Am 21. Nov. 1803 gegen ein Uhr Nachmittags, wurden die zum Tode verurtheilten auf fünf Wägen und von Geistlichen nach ihren verschiedenen Religionen begleitet, nach dem Richtplatze gebracht. Der Maire von Mainz hatte diesen vor dem Weissenauer Thore, da wo die churfürstliche Favorite gestanden hatte, bestimmt. Schinderhannes war unerschrocken. Als der Zug bey der Guillotine ankam, sprang er mit großer Fassung von dem Wagen herab, und bestieg das schreckliche Gerüst. Oben wendete er sich auf beyden Seiten gegen das Publicum, und sprach: *»Ich habe den Tod verdient, aber zehn von meinen Cameraden nicht.«* Doch waren diese Worte so unverständlich, daß sie nur von wenigen gehört werden konnten, die ihm sehr nahe waren. Er glaubte, daß nur derjenige zum Tode verdammt werden könne, der einen Todschlag begangen. In allen seinen Verhören leuchtet dieß auffallend hervor. Den Mord-Raub von Södern läugnete er lange Zeit, und gestand ihn endlich nur darum ein, weil er glaubte, er wäre für seinen Cameraden Schulz nicht verantwortlich.

Das ganze Trauerspiel hatte in sechs und zwanzig Minuten ausgespielt. Der Anblick der Särge, die neben der Guillotine aufgeschichtet waren, und das mit dem Blute des Anführers überschüttete Beil hatten alle Verurtheilten zu Bildsäulen gemacht. Mehrere von ihnen mußten über die Treppe getragen werden.

Schinderhannes hatte während der ganzen Audienz eine ausgezeichnete Rolle gespielt. Er schien sich an der Spitze seiner Cameraden zu gefallen, und prahlte oft und viel mit seiner Wahrhaftigkeit, wodurch er in der That dem Lande einen ausgezeichneten Dienst geleistet hat.

Wir sagen nichts von dem ungeheuren Zulaufe von Menschen, die am 28. und 29. Brümaire aus allen Gegenden, und besonders von Frankfurt aus, in Maynz zusammen strömten. Sonntags war das Gedränge nach dem Audienz-Saale so groß, daß die Einlassungs-Billete für die Gallerie bis auf

24 Francs gesteigert wurden, und nachdem der Zug auf dem Richtplatze angekommen war, sah man sich genöthigt, das Thor der Stadt zu sperren, um das Gedränge, das über alle Erwartung war, wenigstens zum Theil zu brechen.

So endigte dieser äußerst merkwürdige Prozeß, wodurch die beyden Rheinufer wenigstens auf lange Zeit hinaus beruhigt worden sind. Der schreckliche Rest der Bande ist auseinander gestäubt, die Helfershelfer und Verheeler sind schüchtern gemacht und zum Theil bestraft. Wir haben nichts zu bedauren, als daß noch eine ziemliche Menge von großen Verbrechern nicht handfest gemacht werden konnten, worunter wir hauptsächlich den schwarzen Peter, Johann Leiendecker, Krug-Joseph, Johann Martin Rinkert, Lorenzen Peter, Peter Heinrichs Hans Adam, Korbhannesen Adam, Knöpf Antons Hans Adam, Jacob Gerhard, Philipp Arnold u. a. zählen.

Der Verfasser nimmt von seinen Lesern mit dem Wunsche Abschied, daß sie nicht ganz unzufrieden mit ihm seyn möchten. Er brachte zu seiner Arbeit hauptsächlich zwey Eigenschaften mit, die ihm nicht ohne Vortheil gewesen sind. Einmahl, eine ziemlich vertraute Bekanntschaft mit den Verhältnissen der Bande in ihrer Entstehung, und zweytens eine hohe Achtung für die Sicherheit seiner Mitbürger und ihres Eigenthums. Er hatte sich bey dem Entschlusse zu der Ausarbeitung dieses Werkes fest vorgenommen, seine Leser, so viel möglich vor der Langeweile zu bewahren, und er hofft, daß ihm dieses wenigstens bis zu dem Competenz-Urtheile gelungen ist. Wenn man von hier an den Styl und den Gang der Geschäfte verändert findet, so sind seine neuen Verhältnisse, in die er um diese Zeit kam und der Umstand Schuld daran, daß er in die Presse arbeiten mußte und keine Zeit zum Ausfeilen des Ganzen hatte. Dazu kommt noch, daß eine so große Reihe von Verbrechen, die grösten Theils den nähmlichen Charakter haben, dem Geschichtschreiber nicht günstig sind. Er hätte seine Blätter noch um ein beträchtliches vergrößern können, wenn es ihm darum zu thun gewesen wäre, seine Leser mit einer sehr großen Menge von Straßen-Räubereyen und Pferde-Diebstählen zu behelligen. So hat er auch diejenigen Verbrechen, an denen Bückler auf dem rechten Rhein-Ufer Theil hatte, mit Vorbedacht übergangen, weil sie schon meist in der Geschichte der großen Räuberbande vorkommen, und alle Wiederhohlungen vermieden werden mußten.

Die Leser in fernen Gegenden werden nun hoffentlich ihre Meynung über den großen Helden von dem man in einem beträchtlichen Theile von Europa mit Auszeichnung, oder wohl gar mit Bewunderung sprach, ändern, und wir wünschen, daß es niemahls größere Verbrecher gegeben hätte, oder in die Zukunft geben möchte.

Actenmässige Nachricht über die Gauner im Reussischen Voigtlande und der Umgegend.

Daß noch jetzt zahlreiche Gaunerfamilien das fürstliche Reußische Gebiet und die Umgegend durchziehen, dieß beurkunden die weitläufigen Untersuchungsacten*, welche gegen die W... sche Diebsgesellschaft vor dem hiesigen Criminalgericht ergangen sind. Die ERSTE Erscheinung dieser Menschen auf Reußischem Gebiete scheint in die Zeit zu fallen, wo Greiz, durch Brand zerstört, wieder aufgebaut werden sollte, gleichwohl aber die nöthigen Arbeiter fehlten. Die Kunde hiervon drang bis ins Ausland und es strömten von allen Seiten arme Leute herbei, die – gereizt durch die Hoffnung auf gute Bezahlung – ihre Dienste anboten. Der erlangten Hülfe froh, übersah man es, daß diese Arbeiter ihre Weiber und Kinder in die Nähe zogen; ja man übersah es sogar, daß diese bettelnd und stehlend die Reußischen Herrschaften durchkreuzten und Sonntags das Erbettelte und Gestohlene nebst der Männer Verdienst in den Standquartiren der letztern verjubelten. Ob schon nach ein paar Jahren Greiz aufgebaut und die Hülfe jener Fremdlinge nicht mehr nöthig war, so konnten doch deren Familien unmöglich ein Land verlassen, wo sie die Reize des Gaunerlebens zuerst empfunden und die Früchte davon Jahre lang ungestört genossen hatten. Sie disponirten ihre Familienväter zur Theilnahme und bestimmten nunmehr sogar eine gewisse Ordnung, in welcher die Streifzüge vorgenommen werden sollten.

* Bis jetzt 76 Bände, ohne die Acten auswärtiger Behörden, bei denen einige der hier verhafteten Gauner schon in Untersuchung gewesen sind.

Von Lobenstein zogen sie nach Ebersdorf, dann nach Saalburg, Burgk, Schleiz, Greiz, Gera, Ronneburg, Altenburg, Borna, Leipzig, Pegau, Zeitz, Gera, Weida, Neustadt a. d. O.*, Ziegenrück und von da wieder zurück nach Lobenstein.**

So ging es mehrere Jahre. So lange die Gauner durch Betteln so viel erlangten, als zur Befriedigung ihrer Bedürfnisse erforderlich war, stahlen sie nicht; sobald aber so viel nicht gewonnen wurde, suchte man das Benöthigte auf unerlaubte Weise an sich zu bringen.

Es scheint, als hätten die mächtigen Maßregeln, die man vor zehn und mehrern Jahren gegen die Räuber an den beiden Ufern des Mains, im Spessart und im Odenwalde ergriff, mehrere jener Gauner in unsere Gegend verschlagen; denn wir finden, daß zu jener Zeit die Zahl der hierländischen Gauner sich ganz unerwartet vermehrte.***

Diese Neulinge fanden bei mehrern eigennützigen Landbewohnern die gewünschte Aufnahme; sie gewannen dadurch eine große Kenntniß der Ortsverhältnisse; erfuhren, daß hie und da im Reußischen Voigtlande die Taufregister durch Brand vernichtet worden seyen und wurden am Ende so dreust, daß sie sich bei den dortigen Behörden meldeten, irgend einen abgebrannten Ort als ihren Geburtsort nannten und dabei förmlich auf Aufnahme antrugen.

Die Behörden waren genöthigt, diesen Neulin-

* Neustadt an der Orla

** Der ältere W.. sagt hierüber Folgendes: *»In dieser Runde drehten wir uns bettelnd herum, indem wir Kinder uns nach den bösen Sitten der Ältern bildeten.«* Die Gauner wurden recht eigentlich gehegt, weil keine polizeiliche Anordnung ihnen Hindernisse in den Weg legte.

*** Der ältere W.. und der berüchtigte Gauner S.. sagen: *»die Kerls kamen draußen herein!«* ohne jedoch das Land zu bezeichnen, von wo sie gekommen.

gen NOLENS VOLENS* Aufenthaltsorte anzuweisen, weil es – wie gesagt – eines Theils an sichern Nachweisungen über die wahren Geburtsorte mangelte, andern Theils aber jene verschmitztern Gauner durch Rücksprache mit ihren Vertrauten an dem Orte selbst, wo sie geboren seyn wollten, den Nachforschungen der Obrigkeit auch von dieser Seite zuvorgekommen waren, und so wurde das Übel, das sich in der folgenden Zeit krebsartig immer weiter verbreitete, recht eigentlich auf Reußischen Boden verpflanzt.

Die Neulinge gaben sich großen Theils für Handelsleute, Kammerjäger, Scheerenschleifer, Topfbinder, Kesselflicker u. dgl. aus; sie mußten – wie sie sagten – ihr Brod auswärts suchen, und verschafften sich hierzu die nöthigen Pässe – die sichersten Ableiter vor dem ersten Sturme, – während andere, die keine von diesen Künsten erlernt hatten, sich anfänglich, gleich den Veteranen, dem Bettelgehen widmeten, und hiezu besondere Bettelbriefe erhielten.

Auf diese Weise wurde den Sicherheitsbeamten leider jede Gelegenheit abgeschnitten, diese Menschen, welche eigentlich sämmtlich Spitzbuben waren, gehörig beobachten zu können und es konnte daher auch nicht fehlen, daß sie ihr Diebshandwerk mit der Zeit ausbildeten und ihre Hülfsquellen mehr und mehr erweiterten.

Ihr Hang, Verbrechen zu begehen, wuchs immer mehr; sie – Diebe von Profession – konnten ihren Trieb, andere in ihre Verbindung zu ziehen und in der kochemer Kunst zu unterrichten, eben so wenig unterdrücken, als diese – gereizt durch die gelungenen Unternehmungen ihrer Meister und an-

* wohl oder übel

gelockt durch die leichte Art des Erwerbs – zu widerstehen vermochten. Und so kam es denn, daß die Verbindungen dieser gefährlichen Menschen sich allmählig bis nach Böhmen erstreckten, wo Juden ihnen anfänglich das Gestohlne abkauften, späterhin aber Jahre lang sich im Reußischen aufhielten und den Einkauf gestohlner Waaren zu ihrem Hauptgeschäft machten.

Obgleich diese Gauner zu einer förmlich organisirten Bande, d.h. zu einer solchen, welche unter einem beständigen Anführer steht und nur nach dessen Befehlen handelt, sich nicht vereinigt haben: so kann doch ihre Gesammtheit recht füglich eine Diebesbande genannt werden. Denn obschon sie frei für sich leben und gewöhnlich auf eigene Faust wirthschaften, so treten doch dann mehrere in momentane Verbindungen, wenn irgend ein Hauptcoup ausgeführt werden soll und bei solchen Gelegenheiten haben sie auch einen Anführer. Die Wahl trifft den, welcher entweder eine genaue Kenntniß des Terrains besitzt, wo das Unternehmen ausgeführt werden soll, oder aber eine gewisse Präpotenz unter den Genossen, sei es durch Geistes- oder Körperkraft, oder durch frühere glücklich ausgeführte Diebstähle, gewonnen hat.

Diese Gauner theilen sich in fünf Hauptclassen.* Zur ersten Klasse gehören die Kawohler**, die gefährlichsten für Leben und Eigenthum. Es werden hierunter diejenigen Gauner begriffen, welche das Diebshandwerk ins Große treiben, und soviel wie möglich jeden Widerstand durch Gewalt, nöthigen

* Der Verfasser kennt zwar die meisten Subjecte, welche zu den verschiedenen Gaunerclassen gehören, er nennt sie aber aus dem Grunde nicht, weil deshalb noch besondere Verfügungen getroffen werden sollen.

** Von dem kochemer Worte kawohlen d.h. binden.

Falls durch Mord und Brand beseitigen. Ihre Bekanntschaften sind die ausgebreitetsten und die Ausführung aller ihrer Räubereien beruht auf wohldurchdachten Plänen, welche sich auf die angezeigten Wahrnehmungen der Baldoberer (Auskundschafter) gründen. Alle ihre Anordnungen zum Raube sind auf Widerstand von Seiten dessen, dem sie einen nächtlichen Besuch machen wollen, berechnet, daher sie jedesmal so viel Kameraden zusammenbringen, als sie bei etwaigem Widerstande nöthig zu haben glauben. Sie führen Pistolen, Säbel, Bindestricke, Brecheisen, Meisel, Bohrer, Zangen, Sägen, Dietriche und Wachslichter bei sich, rauben auf Straßen, suchen öffentliche Cassen und Waarenlager heim, sprechen aber auch gern bei reichen Edelleuten, Müllern und wohlhabenden Landgeistlichen ein. Leise schleichen sie an das Gebäude, wo sie rauben wollen, heran; erbrechen in der Regel eine Hinterthür, zünden dann die Wachslichter an und besetzen die Zugänge mit bewaffneten Wachen. Finden sie keinen Widerstand, so sind sie menschlich gegen die Personen im Hause, selbst wenn sie sich in ihren Erwartungen rücksichtlich einer reichern Beute getäuscht sehen; der geringste Widerstand aber wird durch grobe Mißhandlungen vergolten, oder auch zuweilen mit dem Tode bezahlt. Es ist daher Jedem zu rathen, der in die Hände dieser Menschen fällt, und ihnen nicht augenscheinlich überlegen ist, ruhig alles zu opfern! Die Kawohler zerfallen wieder in vier besondere Klassen. Sie sind entweder Proscher, welche bloß zur Nachtzeit stehlen; oder Grandmacher, welche in großer Zahl, gewöhnlich geschwärzt, auf Diebstahl ausgehen und meisten Theils nur Geld stehlen; oder Brädelmacher, welche in Haufen gehen, und ohne alle Rücksicht morden; oder endlich Strählekehrer, welche in kleinen Gesellschaften zu 2 oder 3 Personen an Landstraßen sich versteckt halten, einzelnen Personen auflauern und sie berauben!

Zur zweiten Klasse gehören die Stänkerer. Sie führen bloß Meisel, Zange, Wachslicht und einen Sack bei sich, stehlen in abgelegenen Gebäuden, entfliehen bei dem geringsten Widerstande und stellen sich nur dann zur Wehre, wenn sie über dem Diebstahle erwischt und festgehalten, oder an der Flucht gehindert werden. Sie haben den Namen Stänkerer daher, weil sie gewöhnlich aufs Geradewohl ausgehen und Nachts eine Gelegenheit aufsuchen, (stänkern) wo sie stehlen können. Gewöhnlich gehen 3 bis 8 Stänkerer Abends entweder vom Feuerplatze, oder aus ihren vertrauten Häusern weg, schleichen sich an ein isolirt liegendes Haus in einem Dorfe, umstellen es mit Wachen; einer geht an das Stubenfenster, legt das Ohr daran, um zu hören, ob vielleicht jemand in der Stube schläft. Hat er sich vom Gegentheil überzeugt, so wird das Fenster ausgehoben und hinter dem Hause ein Wachslicht angebrannt. Mit diesem wird vorerst, um ganz sicher zu gehen, in die Stube geleuchtet, hierauf aber eingestiegen, alles was in der Stube gefunden wird, zusammengerafft und den Kameraden herausgelangt, dann aber der Rückweg angetreten.

Ist ein Fensterladen vor dem Fenster: so wird dieser vorerst aufgesprengt und dann auf obige Art verfahren. Die meisten Diebstähle dieser Gaunerclasse geschehen in Wohnstuben, deren Fenster nicht weit von der Erde entfernt sind. Selten steigen sie in die obern Behältnisse einer Wohnung ein, und stehen überhaupt glcich von dem Unternehmen ab, wenn sie finden, daß die Fenster von

Innen mit Laden versehen sind, oder daß ein Hund in der Stube liegt.

Es geschieht zwar auch, daß die Stänkerer in ein anderes Behältniß im Erdgeschosse einbrechen, aber dann suchen sie nur nach Victualien und sind – wenn sie solche Einbrüche wagen – vorher unterrichtet worden, daß in dem Behältnisse, wo sie einbrechen, Eßwaare zu finden und kein Widerstand zu fürchten ist. Die Zahl der Diebstähle, welche die Stänkerer in hiesiger Gegend verübt haben und noch verüben, ist unglaublich groß, obgleich sie unterbleiben müßten, wenn die Landbewohner achtsamer auf die Taktik der Diebe wären, und ihre Maßregeln darnach nähmen.

Bewohner isolirt liegender Häuser müssen in der Nähe ihrer Viehställe einen wachsamen Hund haben, der so placirt ist, daß ihm kein Gift beigebracht werden kann. Denn die Stänkerer stehlen zuweilen Schaafe und überhaupt kleines Vieh, das sie leicht wegtragen können. Haben sie einen solchen Diebstahl – der indessen ausgekundschaftet worden ist – vor, so wird dem Hofhunde ein paar Tage zuvor Gift beigebracht. Gelingt ihnen dieß nicht: so unterbleibt der Diebstahl.

Es ist ferner dem isolirt wohnenden Landmanne anzurathen, daß er beim Schlafengehen alles mit in die Schlafkammer nimmt, was einigen Werth hat, daß er einen wachsamen Hund in der Stube zurückläßt und alle Fenster im Erdgeschosse mit sogenannten Schiebladen von Innen verwahrt.*

In die dritte Klasse gehören die G'schockgänger,

* S.. sagte bei einem Verhöre: *»wüßten die wittischen Kaffer, wie sehr die Genofer Baußer vor Schiebmanteln und Quiens hätten: so würden sie sich ruhig ins Mettel goschen.«* d.h. wüßten die dummen Bauern wie sehr die Diebe Respect vor Schiebladen und Hunden hätten: so würden sie sich ruhig in das Bette legen.

welche die Kaufläden, öffentliche Orte, besonders Messen und Jahrmärkte besuchen. Sie gehen gewöhnlich vornehm gekleidet, zuweilen als Juden und Handelsleute und sind eigentlich die verschmitztesten Gauner. Sie kleiden sich jedesmal so, wie die Bewohner der Gegend, wo sie sich eben aufhalten, damit sie auch nicht einmal durch eine fremde Tracht auffallen.

Die G'schockgänger zerfallen wieder in drei Classen. Sie sind entweder Kiesler*, welche den Käufern das Geld aus der Tasche stehlen, oder auch wohl die Geldkatzen abschneiden; oder Aufruher, welche meistentheils Waaren mausen; oder endlich Schottenfeller, welche aus den Kramläden stehlen. Die Taktik der Kiesler ist folgende: Sehen Sie z.B. einen Menschen auf einem öffentlichen Platze, der Geld oder sonst etwas bei sich trägt, dessen Besitz sie wünschen, so drängt sich die Gesellschaft heran, der nächste verübt den Diebstahl mit ungemeiner Gewandtheit, steckt dem zunächst stehenden Kameraden das Gestohlene zu, dieser reicht es einem dritten und so geht es weiter, bis einer oder der andere im Gedränge eine schickliche Gelegenheit erzielt, die Beute in Sicherheit zu bringen.

Die Buden sind am allerwenigsten sicher vor den Aufruhern. Die Art, wie sie diese bestehlen, ist folgende. Es gehen drei, wohl auch vier Personen an die Bude und nehmen daran verschiedene Plätze ein, welche der Handelsmann nicht zugleich übersehen kann. Nun läßt jeder dieser G'schockgänger sich Waaren zeigen, indem er sich stellt, als wolle er das und jenes kaufen. Während dem ziehen sich die Kameraden – gewöhnlich Weiber mit Körben –

* Vom Worte kieseln, Geld aus der Tasche stehlen.

ebenfalls heran. Sie lassen sich mehrere Stücke Waare zeigen, ziehen sie aus einander, der Handel wird scheinbar ernstlich. Der und jener erkundigt sich nach dem genauesten Preise und während der Handelsmann dem Einen seine Forderung bekannt macht, practicirt der Andere der hinter ihm stehenden Weibsperson einen Theil der Waare in den Korb, die sich schnell damit entfernt. Es ist nicht selten, daß bei solchen Gelegenheiten jeder G'schockgänger an einer und derselben Bude Waaren entwendet. Oft bemerkt der Handelsmann auf der Stelle seinen Verlust; er schöpft natürlich Argwohn gegen die Personen, welche eben an der Bude stehen und unter deren Händen die Waare weggekommen ist; er sucht nach dem Vermißten, die Gauner bemerken dieß, stellen sich betreten, provociren mit affectirter Ehrlichkeit auf Durchsuchung ihrer Kleider, allein sie haben sich so gekleidet, daß es augenscheinlich unmöglich ist, daß sie die vermißte Waare, ohne sie zu bemerken, haben an sich nehmen können, und so ist der arme Handelsmann oft doppelt und dreifach geprellt!

Es ist sehr zu rathen, daß die Handelsleute vor ihren Buden einen aufmerksamen Menschen placiren, der alles wahrnehmen kann, was hinter dem Rücken der Käufer vorgeht.*

Die Schottenfeller stehlen fast auf dieselbe Weise, wie die Aufruher. Es gehen mehrere in den Laden, kaufen – während sie sich verschiedene Waaren zeigen lassen, – nur Kleinigkeiten und

* S.. erzählt: *»ich war vor einiger Zeit in T. auf dem G'schock (Markt) und sah den schwarzen H… mit vielen Kawehren (Kameraden) an einem Sogers-Finchen (Bude); er schuppte Wuntrich (er stahl Kattun) ein Auflinzer (Aufpasser) bemerkte es und kuffte (prügelte) den Schwarzen recht ordentlich durch.«*

stecken dabei dem hinter ihnen stehenden Kameraden oft ganze Paquete zu.

Zur vierten Klasse gehören die Scheinspringer. Dieß sind gewöhnlich furchtsame Gauner, die sich größten Theils vom Betteln nähren, und nur zur Zeit der Ärndte, nachdem sie sich genau unterrichtet haben, daß der Landmann auf dem Felde beschäftigt sei, einbrechen, oder einsteigen und stehlen. Ein guter Hofhund hat oft diese Art von Dieben verscheucht.

Zur fünften Klasse gehören endlich die Treppenschleicher, auch Hockweiler. Erstere sind Gauner, welche gewöhnlich mit unbedeutenden Dingen z. B. mit Nähnadeln, Zwirn, Seifenkugeln, handeln. Sie bieten diese Waaren in Städten und Dörfern zum Kauf an, schleichen dabei auf Böden, stehlen was sie erwischen können, sehen aber auch die Gelegenheit zu Diebstählen ab, die sie, je nachdem das Object ist, den Kawohlern, oder den Stänkerern verrathen. Die Mittagsstunden, wo die Familienglieder bei Tische sitzen, sind gewöhnlich diejenigen, wo die Treppenschleicher ihr Handwerk treiben. Sehr häufig treiben auch Handwerksbursche Treppenschleicherei und es ist wohlgethan, wenn man dergleichen Leuten, die in der Regel vorerst in die Wohnstube kommen, nachgehe und sie so lange beobachte, bis sie zum Hause hinaus sind. Die Hockweiler stehlen gewöhnlich, wenn die Hausbewohner Abends zu Tische sitzen, auch schleichen sie in Häuser, wo Spinnstuben sind. Eine gut verschlossene Hausthür verhindert oft das Unternehmen dieser Gauner.

Zum Schlusse bemerke ich noch, daß man nicht etwan glauben dürfe, diese Gauner gehörten stets einer und derselben Classe an. Haben sie einmal den Expeditionen einer höhern Classe mit beigewohnt, so giebt ihnen diese einzige Expedition ihr Prädicat unter den Gaunern. Hat z. B. der Treppenschleicher einen Scheinsprung mitgemacht: so heißt er Scheinspringer: hat dieser auf dem G'schock geschuppt: so nennt man ihn G'schockgänger und hat dieser einmal gemeinschaftliche Sache mit den Stänkerern gemacht, so erlangt er den Rang eines Stänkerers. Selten ist es indessen, daß die Kawohler einen Stänkerer zu ihren größern Expeditionen ziehen, es sei denn, er hätte sich unter seinen Genossen ganz besonders hervorgethan und dann werden sie anfänglich doch nur als Wache, oder zum Lichttragen zur Zeit des Raubes gebraucht.*

Alle diese Gauner haben das mit einander gemein, daß sie das Gestohlne unter die Theilnehmer gehörig vertheilen. Sie sondern die gestohlnen Stücke auf verschiedene Haufen, der Anführer legt ein Messer dazwischen und nun müssen die übrigen Gauner der Reihe nach sagen, was sie für einen Haufen wollen, ob den, welcher am Messerrücken, oder den, welcher an der Schneide liegt. Der Anführer bekommt übrigens nichts zum Voraus; er ist vielmehr durch die ihm gewordene Ehre entschädigt.

Jede Klasse von diesen Gaunern hat ihr besonderes Wort, (Kochemloschen) wodurch die Genossen sich kenntlich machen. Der Kawohler mischt – wenn er mit einem Gauner zusammentrifft, überdessen Person er im Zweifel ist – in seine übrigens

* Die Nacht vom letzten April zum ersten Mai ist allen hierländischen Gaunern heilig, so sprachen die beiden W.. und der mitunter drollige S.. Der Verfasser fragte nach der Ursache und erhielt die unerwartete Antwort: *»weil die Kaffer die ganze Leine hindurch schenegelten,«* d. h. weil die Bauern die ganze Nacht hindurch auf dem Zeuge wären, damit die Hexen nicht in die Häuser und Ställe kämen.

unverdächtige Begrüßungsformel, das Wort Regierung, welches Strick, Bindestrick bedeutet, worauf der Stänkerer – so ist es Brauch und Sitte – das Wort Kies (Sack), der G'schockgänger das Wort G'schock (Markt), der Scheinspringer, das Wort Schein (Tag) und der Treppenschleicher das Wort Oberkünftig (Boden) anzubringen sucht.

Die Gastwirthe müssen daher, beim zufälligen Zusammentreffen fremder Personen, ihre besondere Aufmerksamkeit darauf richten, daß ihnen der Moment nicht entgehe, wo diese Fremden sich gegenseitig zu erkennen geben.

UND GLEICH WEITERLESEN:

Gerd Elmar König: Eine Nacht unter Spatzen. Erzählungen und Gedichte mit Zeichnungen von Hubertus Blase, 100 Seiten und 6 Bildtafeln, ISBN 3 928681 04 4 15 DM

Achim Greser/Heribert Lenz: Ich lach dich tot. Cartoons mit einem Vorwort von Peter Knorr, 104 Seiten, ISBN 3 928681 05 2 15 DM

AG. Geige: Von Fröschen und Träumen. Songtexte und Bildwerke mit einem Vorwort von Hans Brinkmann, 120 Seiten mit 15 Abbildungen, ISBN 3 928681 06 0 16 DM

Eugen Egner: Meisterwerke der Grauen Periode. Bildgeschichten und Grotesken, 104 Seiten mit 63 Abbildungen, ISBN 3 928681 07 9 15 DM

Johann Christian Schmidt: Der Reußische Robinson. Ein Reiseroman aus dem 18. Jh. mit Radierungen von Jean Baptist Le Prince, 108 Seiten mit 8 Abbildungen, ISBN 3 928681 02 8 14 DM

Gerhard Henschel: Moselfahrten der Seele. Referate und Räuberpistolen mit einem Vorwort von Eugen Egner und einer Gastgeschichte von Wiglaf Droste, 192 Seiten, ISBN 3 928681 12 5 22 DM

Matthias Biskupek: Das Fremdgehverkehrsamt. Satirische Feuilletons mit Cartoons von Nel, 136 Seiten mit 13 Abbildungen, ISBN 3 928681 11 7 18 DM

Radjo Monk: Orte und Worte. Autobiographisches Poem, 144 Seiten, ISBN 3 928681 09 5 24 DM

Johann Karl Wezel: Zwei satirische Erzählungen. Mit einem Nachwort von Karl-Heinz Meyer, 112 Seiten, ISBN 3 928681 08 7 18 DM